竹中治堅著

戦前日本における民主化の挫折

―民主化途上体制崩壊の分析―

木鐸社刊

目次

第三章　体制変動論に基づく分析

第四章　明治憲法下の政治制度

第七章　民主化途上体制　一九二九年～一九三二年：危機と体制の崩壊

第八章 結論

凡　例

一　新聞及び雑誌などに掲載された社説、論文から引用した場合、漢字は新字体がある場合には改め、仮名づかいも現代仮名づかいに改めた。

二　日本語で執筆される論文の中には他の研究者の研究を紹介する場合に敬称を用いる例も見られるが、本書では敬称は全て略した。

戦前日本における民主化の挫折

序章　本書の目的と民主化途上体制

第一節　問題の所在と本書の目的

民主化が相当程度進展した政治体制――本書では、これを民主化途上体制と呼ぶ――が一層の民主化を経験することなく結局崩壊してしまうのはなぜなのか。[1]また、この政治体制が崩壊後、権威主義体制など以前に比べかえって非民主的な体制に変容してしまうのはなぜなのか。本書の目的は、戦前の日本の政治史を素材として、このような問いに答えることである。

本書の問題意識について議論する前に、まず、民主化途上体制という概念を紹介したい。現在、民主化について行われている研究は、短期間で権威主義体制などの非民主的政治体制から民主体制に移行する過程あるいは、移行後に民主体制を安定化させる過程についてのみ専ら関心を払っていると言っても過言ではない。[2]しかしながら、歴史的に見れば民主化の過程は長期間にわたって展開されることがむしろ普通である。専制体制、権威主義体制などの非民主的政治体制の民主化が始まると、政治家間の競争、定期的選挙、政治的自由、政治家に対する有権者の統制などが徐々に保障され、民主化が次第に進展することで、いったん民主化途上体制とここに定義する政治体制が成立し、次いで、民主化がさらに進展することで完全な民主体制が成立することが多い[3]。ここで、民主化途上体制は①政治における競争の状態、②公職に対する有権者の統制、③国民の選挙参加の程度、という三つの面で次の条件を満たす政治体制であると定義できる[4]。

①公職に就く者の間で実質的競争が存在し、彼等は定期的に行われる選挙を通じて選ばれる。しかし、この場合でも、政治における競争や選挙は完全に自由かつ公正ではない。また、政治的な競争と選挙を自由かつ公正にするために必要な表現や結社の自由が十分には保障されていない。

②全ての公職が有権者の直接または間接的統制に服しているわけではない。たとえ、自由かつ競争的な選挙が定期的に行われている場合であっても、有権者に対し責任を負っていない公職により政治的な権力を行使されることがある。

③国民の一部分しか選挙に参加するための権利を与えられていない。

民主化途上体制の成立後、民主化がさらに進展して、政治体制は次の条件を満たすことで民主体制が成立する。

①公職に就く者の間で実質的競争が存在し、国民が自由、公正で定期的に行われる選挙を通じて公職に就く者を選ぶこと。政治的な競争と選挙を自由かつ公正にするために必要な、表現や結社の自由や投票権の平等などの権利が保障されていること。

②全ての公職が有権者の直接または間接的統制の下にあること。言い換えれば、有権者の直接または間接的

統制の下にない公職により政治的な権力を行使されることがないこと。
③国民の相当部分（通常は全成人人口）が選挙に参加するための権利を与えられていること。

イギリスの民主化の歩みを例に取って見ると、一九世紀後半のイギリスの政治体制は民主化途上体制であったと言うことができる。①の政治における競争の状態の面では、二大政党間で競争が行われ、定期的に公正かつ自由な選挙が行われていた。しかし、②の公職に対する有権者の統制の面では、一八七〇年代になって下院の多数党が内閣を組閣する慣行が確立されるものの、この頃下院の貴族院に対する優位は確定しておらず、全ての公職に対する有権者の直接または間接の統制が確立しているわけではなかった。さらに、③の国民の選挙参加の面では、一八八四年の選挙権拡大後も、制限選挙の下で選挙権を有しているのは全人口の一六パーセントに過ぎず、国民の一部しか選挙に参加する権利が与えられていなかった。

二〇世紀に入り、一九一一年の貴族院改革で、下院の貴族院に対する優位が確定する一方で、選挙権がさらに拡大され、一九二八年に第五次選挙法改正により男女平等の普通選挙が実現することによって、イギリスは初めて上に述べた民主体制の条件を満たすようになるのであった。

また日本においても、一九一八年から一九三二年にかけて、この期間のほぼ全般を通じて政党内閣が慣行となったことで、民主化途上体制が成立していた。上記の民主化途上体制の定義に照らして見ると、まず、①の政治における競争の状態の面では、一九一八年から一九三二年にかけて一部の期間を除いて二大政党が互いに競い合い、政権を互いに担った。また、選挙は必ずしも完全に自由かつ公正ではなかったものの定期的に行われ、政党の勢力を決定した。従って、政治において完全に自由かつ公正ではなかったが実質的な競争が行われていた。②

の公職に対する有権者の統制の面では、政党内閣の慣行が成立したことにより、有権者の統制は衆議院に加え、間接的な形ではあるが内閣にまで及ぶようになった。しかし、有権者の統制は元老、貴族院、枢密院、軍部などの機関には及ぼなかったので、有権者の統制が全ての公職に及んでいたわけではなかった。③の国民の選挙の参加の面では、一九一九年の選挙権拡大後も有権者は年三円以上の男子納税者に限られ、また、一九二五年の男子普通選挙導入後も有権者は二五歳以上の男子に限られていた。

イギリスの場合、民主化途上体制はその後民主体制に発展したのに対し、日本の場合には、民主化途上体制は五・一五事件によって政党内閣の慣行が途切れたことにより崩壊し、民主体制に発展する代わりに軍部主導の権威主義体制が成立、戦前の日本の民主化はここに挫折した。

本書において、民主化途上体制の崩壊を取り上げるのは、次の二つの問題意識に基づいている。

第一は、民主化に関する研究動向についての問題意識である。ダールによる議論を見るまでもなく、民主化には時間がかかり、その過程で本書において民主化途上体制と呼ばれる民主化が相当程度進展した政治体制が成立するという議論自体は政治学にとって新しいものではない。しかしながら、現在行われている民主化についての研究の傾向を見ると、一九八〇年代以降、ラテン・アメリカ諸国や旧ソ連、東欧諸国の「民主化」が急速に進んだこともあり、権威主義体制、一党独裁体制など非民主的政治体制から民主体制への移行は、短期間に行い得るという前提に基づいて研究が行われていると言っても誇張ではない⑤。もちろん、権威主義体制から民主体制への移行についての先駆的な研究者であるオドネルやシュミッターは、自分達の研究が権威主義体制から「それ以外」の政治体制に移行する過程についてであることを強調し、移行後の政治体制が民主体制であるとは限らないということを論じているが⑥、その後の多くの研究では短期間に民主体制に移行できることを半ば所与のものとして、民主化の条件について議論がなされている。[7]

しかし、既に述べたように、歴史的には民主化には長い時間がかかることが多く、民主化がさらに進展するためには、この民主化途上体制が崩壊せず、安定化することが重要であった。また、今日的に見ても、一九九〇年代前半になされたダイアモンド、リプセットらの研究からすると、当時のタイ、メキシコ、トルコなどの国は民主化途上体制として分類することができる。[8] また、今日、疑似民主体制、非自由民主体制、委任民主体制のように様々な形容詞を付した民主体制が政治体制の類型として唱えられていること自体、完全な民主化を短期間に達成することが困難であることを示している。[9] 従って、今日的な意味においても、民主化途上体制が安定化し、さらに民主化する条件は何か、またそれが崩壊し、非民主的政治体制に逆転する条件は何かを探ることは重要な課題である。

にもかかわらず、民主化途上体制が安定化するあるいは崩壊する一般的条件を探る研究はこれまで殆ど行われていない。このような研究状況を踏まえ、本書は、民主化途上体制の崩壊を分析することで、民主化研究の発展に貢献しようと試みる。その際、目標とするのは、単になぜ民主化途上体制が崩壊したかを分析するだけでなく、崩壊がどのような形で、そして、なぜある一定の時期に起きたかについても分析することである。

第二は、明治維新以降の日本の発展の経験は、民主化のみならず、体制変動、近代化、政軍関係など政治学の多くの重要な研究分野に非常に興味深い研究材料を提供しているにもかかわらず、この経験がこれらの問題の理論的発展にこれまで殆ど活かされてきていないという問題意識である。既に、戦前の日本の政治史については歴史学者を中心に非常に多くの研究蓄積があることを考える時、これがこれまで政治理論の構築、発展にそれほど活用されてこなかったことは、日本のみならず、世界の政治学の発展から見て大変に惜しまれる。

戦前の日本の政治史を素材として扱った理論的研究は稀である。最近では、川人貞史が行った政党制度の変遷と選挙の数量分析の研究が見られる程度である。[10] 遡っても、スカラピーノが行った民主体制がなぜ日本では成立しなかったのかという問題の研究やモアが行った日本でなぜファシズムが成立したのかという問題の研究がある程度である。[11]

スカラピーノやモアの行った研究は本書で取り上げる事例と関係するので、簡単にその議論を紹介したい。スカラピーノは、研究を行った当時の民主体制が成立する条件に関する学説を念頭に置きつつ研究を行っている。彼は、研究を行った当時一般的に民主体制が成立するために必要と考えられていた前提条件が戦前の日本で満たされていたにもかかわらず、なぜ、日本では民主体制が成立しなかったのかと問う。そして、日本で民主体制が成立しなかった主要な要因として封建制度の伝統と経済発展が始まった時期が関係していたと論じる。

またモアは、各国が近代化する際に、ブルジョワ革命、ファシズムという上からの革命、共産主義革命という三つの経路のどれを辿るかはどのような要因によって決定されるかについて考察し、一つの事例研究として日本を取り上げている。それによれば、ファシズムが日本で成立したのは商業・産業エリートが国家に対抗できる程には強くなく国家の庇護を求める一方で、地主層と連合したこと、またこれに加え農民の革命を起こす力が弱かったためであると論じている。

スカラピーノやモアはいずれも経済・社会環境や伝統という構造条件が政治体制の性質を決定するという決定論に立った議論を行っている。しかし、スカラピーノの研究は半世紀近く前、モアの研究も一九六〇年代になされたもので、その後の民主化論や体制変動論は長足の進歩を遂げている。特に、近年の民主化論では民主体制が成立する政治過程、あるいは崩壊する政治過程そのものの分析に焦点を当て、議論が行われている。[12]

日本の戦前の政治史研究の中には、近年の民主化論、体制変動論に影響を受けたものもある。具体的には、酒井哲哉が行った研究にはリンスが民主体制の崩壊について行った研究の影響が見られる。リンスは民主体制の崩壊の研究の中で、民主体制が一度不安定化し危機に瀕した後に、再び安定し、体制が維持されることを体制の再均衡という概念で整理している⑬。酒井は一九一八年から一九三六年に成立していた日本の政治体制を大正デモクラシー体制と呼び、満州事変以降の政治をこの政治体制の再均衡の可能性を探る政治過程として論じている⑭。しかし、酒井の研究も個別具体的事件を時系列的に叙述し、いかに再均衡の可能性が失われていったかを示す歴史的研究であって、政治的事件が発生する一般的条件を探る理論的研究ではない。

結局、最近の民主化論や体制変動論における議論を踏まえて戦前の日本の政治を理論的に分析した研究は余りない。もちろん、政治史の研究者の目から見れば、戦前の政治史全てについて、十分な研究がなされているとは言えないのかもしれず、特に、一九二〇年代後半から一九三〇年代を繋ぐ研究が不足する、あるいは戦前の昭和期の政治史には研究課題が多く存在するなどの指摘がなされている⑮。しかし、この時代でも、升味準之輔、伊藤之雄、坂野潤治、北岡伸一らの研究があり、これらの研究を活用することは十分可能である⑯。本書は戦前の政治史の研究を活用し、民主化研究の理論的発展に貢献することを試みる。

このような二つの問題意識に立って、本書は一九一八年から一九三二年にいたる日本の政治変動を素材として民主化途上体制の崩壊を分析できる仮説の構築、提示を図っていく。このために本書では、まず、既存の理論に基づいて民主化途上体制の崩壊を分析できるかどうかを検討した上で、その問題点を指摘し、その上で民主化途上体制の崩壊を分析するための新たな仮説を提示していきたい。

ここで、本書の理論についての捉え方を明らかにしておきたい⑰。本書では基本的にプシェヴォルスキーとチューンの考えに立ち、理論とはそれによって、ある現象がなぜ発生するかについて正確に、簡潔かつ一般的な形で、説明できるものとして捉えている。[18] ここで簡潔とは、できるだけ少ない要素を使ってある現象の発生を説明できることを意味し、一般的とは、一つの理論でできるだけ多くの事例を説明できることである。しかしながら、社会科学の場合、その研究の対象となる現象が全く同じ形で二度にわたって発生するということはまずなく、たとえ同一の種類の現象であっても、個々の現象に着目すれば、それぞれが独自の要素を持っているために、正確性と簡潔性及び一般性の間には緊張関係が存在する。[19] 即ち、ある特定の事例を正確に説明しようとすると、簡潔性及び一般性は失われていき、逆に、できるだけ多くの事例を説明しようとすると、簡潔性を追求することになり、その結果、正確性は減少することになる。

このような緊張関係を踏まえ、本書においては、理論を構築する際には簡潔性及び一般性を優先するべきと考える。即ち、理論は、ある現象に最も重要であると考えられるいくつかの要素に絞り込み、それらを中心として、なぜある現象が起きたかについて説明するものである。さらに言えば、理論は、ある特定の現象がなぜ起きたかに関係があると考えられる全ての要素を指摘し、その現象が起きた過程を忠実に再現することを試みるものではなく、重要と考えられるいくつかの絞り込まれた要素によってできるだけ多くの現象を説明できるものでなくてはならない。

さて、本書における理論の捉え方を論じた上で、次の二点について注意しておきたい。第一に、本書は、戦前の日本の政治変動を取り扱うが、あくまで、民主化途上体制の崩壊を分析する仮説を提示するための素材としてこれを取り扱っているのであって、新たな史実を提示したり、史的な記述を行うことを目的としているわけではない。

第二に、本書が行う民主化研究の理論的発展への貢献は、民主化途上体制の崩壊を分析する仮説を構築し、この仮説に基づいて一つの事例を分析できることを示すことにあるということである[20]。この仮説が理論に発展するためには、この仮説の一般性、有効性をさらに複数の事例によって検証する必要がある。

本書では、以下の構成で、議論を進めていく。まず、本章は既に、本書の問題意識と目的意識について論じてきたが、残りの部分で、民主化途上体制とは何かという問題、また、これが民主体制や権威主義体制など他の政治体制とどのように異なるかという問題について議論する。第一章では、理論的側面を取り扱い、民主化途上体制の崩壊を説明するための既存の理論の紹介と新たな仮説の提示を併せて行う。

第二章では、一九一八年から一九三二年にいたる日本の政治体制が民主化途上体制であったことを論証する。第三章では、既存の理論に基づいて日本の民主化途上体制崩壊の分析を試みた上で、その問題点を指摘する。第四章から第七章にかけて、新たに提示した仮説に基づいて日本の戦前の民主化途上体制の崩壊を分析する。民主化途上体制の崩壊の分析にあたっては、いくつかの重要な事件、即ち、一九一八年の原内閣成立、一九二四年の第一次加藤高明内閣成立、一九二八年の張作霖爆殺事件、一九三〇年のロンドン海軍軍縮条約、一九三一年の満州事変、一九三二年の五・一五事件を取り上げ、いかに当初は安定していた民主化途上体制の崩壊が進んでいったかを分析する。そして、第八章では、本書で行った議論をまとめ、これが民主化論全体にとって持つ意味について検討する。

本書で用いるいくつかの政治体制の概念、これらの概念に基づいた戦前の日本の政治体制の分類、新しい仮説が必要な理由、仮説の中で用いる概念について関心がある読者はこの順に読み進まれることを勧める。しかし、これらの問題にはそれほど関心がなく、既知の日本の歴史の知識から一九一〇年代後半から一九三〇年代前半までの日本の政治体制が民主化途上体制と呼べることを理解できる読者は、第一章の議論をまとめた部分をまず読み、次いで第四章から読み進めば十分である。

第二節　民主化途上体制

本節では、第一節で紹介した民主化途上体制の定義について、このような定義を用いる理由について改めて詳しく論じたい。既に述べたように、民主化途上体制とは民主化が相当程度進展した政治体制のことを指す。民主化が相当程度進展した政治体制という概念としては、例えば、近年、ダイアモンド、リプセット、リンスによって唱えられたセミ・デモクラシーという概念があり、彼等はこれを次のような形で定義している。

選挙そのものは競争的であるものの、選挙があるからといって、真の国民主権が保障されているということはなく、また政治が国民に対し責任を負っているということにはならない。これは、選挙によって選出された公職者の実質的権限が限定されているか、政党間の競争が限定されているか、さらには、選挙が完全に公正で自由でないためである。また、私的自由や政治的自由が完全には、保障されていないため、いくつかの政治思想や政治利益が恐怖感を抱くことなく平和的に組織されたり、表現されることができない。[21]

同様に、民主化が相当程度進展した政治体制を一つの政治体制として捉えたものとして、ダールがポリアーキーを論じる際に触れた準ポリアーキー[22]、及び、篠原一が唱えたセミ・ポリアーキーがある。[23] ダールは、準ポリアーキーについて、ポリアーキーに比して、「公的異議申立てに厳しい制限を加えているという場合もあるし、また公的異議申立ての可能性は同じだが、包括性の程度が劣るということもありうる」と述べているに過ぎず[24]、篠原もセミ・ポリアーキーについて、「政治的近代化の末期にあらわれ」、「ポリアーキーに近接する体制」と述べているに過ぎないが[25]、準ポリアーキーもセミ・ポリアーキーも民主化が進展した結果、次の八つの条件を不完全ながらも相当程度実現している政治体制であると考えられる。

①組織を形成し、参加する自由
②表現の自由
③投票の権利
④公職への被選出権
⑤政治指導者が、民衆の支持を求めて競争する権利
⑥多様な情報源
⑦自由かつ公正な選挙
⑧政府の政策を、投票あるいはその他の要求の表現に基づかせる諸制度[26]

さて、民主化が相当程度進展した政治体制の定義について検討を行う場合には、そもそも民主化とは何かということに立ち返って考察しなくてはならない。ダールが論じているように、民主化の本質とは、国民に政治的に同じ権利が保障されており、その国民の選好に政府が応えるような政治体制が発達していくことにある。[27]

このような政治体制が発達していく過程については数多くの研究がなされているが、もっとも代表的なダールの議論を紹介すると、民主化には公的異議申し立ての機会が増大していく側面と包括性が拡大していく側面の二つがある。[28]公的異議申し立てという用語と包括性という用語は抽象的であるが、彼の議論を基にこれを言い換えると、民主化には政治において実質的競争が行われるようになっていく側面と政治に参加する権利を有する者が増大していく側面がある。

ダールの考えは民主化の本質をよくまとめているが、その中で十分に明確化されていないものがある。これは、近年の民主化についての議論の中で盛んに強調されているように、民主化の結果、全ての公職が有権者の直接または間接的な統制に服さなければならないということである。[29]これが重要なのは、仮に民主化が進んだ結果、政治における実質的競争が実現され、政治に参加する権利を有する者が増大したとしても、公職のうちのいくつかが有権者の統制に服さず、権限を自由に行使することができるのであれば、国民の選好に対し政府が必ず応えられることにはならないからである。従って、公職に対する有権者の直接または間接的な統制が拡大していくことも民主化の持つ一つの側面として捉えられるべきである。

このように民主化には、①政治において実質的競争が行われるようになる側面、②公職に対する有権者の統制が拡大していく側面、③政治に参加する権利を有する者が増大していく側面があることを踏まえ、民主化途上体制の定義を検討していくと、これまでに民主化が相当程度進展した政治体制として唱えられた、セミ・デモクラシー、準ポリアーキー、セミ・ポリアーキーの何れも不十分である。ダイアモンド、リプセット、リンスによるセミ・デモクラシーの定義は、民主化の政治に参加する権利を有する者が拡大していく側面を十分捉えているとは言えない一方、ダールや篠原の準ポリアーキーやセミ・ポリアーキーについては、有権者の公職に対する統制が拡大していく側面が十分捉えられているとは言いがたい[30]。

　これに対し序章の冒頭で用いた定義は、前述の①から③の民主化の三つの側面を十分表わした定義である。この三つの側面でさらに民主化が進むと最終的に民主体制が成立する。

　なお、民主体制の定義についても非常に多くの形で定義がなされている。ダイアモンドが整理しているようにこれらの定義の大半は、公職に就くものが競争的で定期的に行われる選挙によって選ばれることを民主体制の条件とする選挙民主体制か、これでは不十分で、これに加え、全ての公職が有権者の統制に服し、公職相互の間で権力が分立され、プルーラリズムが成立していることを条件とする自由民主体制という二つの極の間のどこかに位置づけることができるが、本書での民主体制の定義はこの中間に位置する[31]。選挙民主体制の定義は、先に強調した、全ての公職を有権者の統制に服させるという側面が十分含まれていない点で民主体制の定義としては不十分である。この一方で、自由民主体制の定義にもやはり問題がある。自由民主体制の定義は、いったん選挙民主体制や、本書の定義に基づく民主体制が成立した後にもさらに国民の選好に政府が一層応えるような政治体制が発達する条件を探る場合には有益な定義となり得る。しかしながら、国民の選好に政府が応えるための最低限の水準を満たす政治体制が成立する条件を探る場合には、余りにも多くの事項を民主体制の定義として含んでいるために、条件の特定を難しくし議論を煩雑にしてしまう恐れがある。

第三節　民主化途上体制と他の政治体制との比較

　これまで、民主化途上体制とはどのような政治体制を指すのかについて論じてきた。それでは、この民主化途上体制は他の政治体制とどのように異なっているのであろうか。民主化途上体制と民主体制の違いは、これまでの議論から明らかになっているので、ここでは、民主化途上体制と他の非民主的政治体制の違いについて論じたい。これまで、非民主的政治体制については多くの定義が紹介されてきたが、ここでは非民主的政治体制のうち典型的と考えられる競争的寡頭体制と権威主義体制をそれぞれ民主化途上体制と比較する。[32]

一　競争的寡頭体制との比較

競争的寡頭体制とは、ダールが『ポリアーキー』の中で触れている政治体制であり、歴史的には二大政党制確立期のイギリスの政治体制がこれにあたると考えられる。ダールは競争的寡頭体制について厳密な定義づけを行っていないが、競争的寡頭体制とは、ダールが紹介した民主化の二つの側面のうち、政治における競争は成立している一方で政治への参加の拡大は進んでいない政治体制と考えられる。即ち、競争的寡頭体制の下では、政治において実質的な競争が存在し、競争を実質的なものにするための政治的権利も保障されている。[33]しかしながら、選挙権が拡大されておらず、有権者の数がごく限られている状態にある。従って、民主化途上体制と競争的寡頭体制は政治において実質的競争が存在する点では共通しているが、政治に参加する権利を有する者の数が競争的寡頭体制の方がより制限されているという違いがある。

二　権威主義体制との比較

権威主義体制はリンスによる定義が最も代表的なものであるので、それをここに紹介すると、権威主義体制は次のような政治体制であり、フランコ統治下のスペインが代表的な権威主義体制であると考えられている。

政治的多元主義が完全な形では存在せず、また、有権者に対し責任を負うという形で存在しないこと。選挙民が存在せず、イデオロギーがない（但し、一定のメンタリティーはある）こと。（体制の成立過程における ある一定の時期を除き）、活発かつ広範な政治運動がないこと。指導者（または指導グループ）が形式的には不明確な形ではあるものの、実質的には極めて予測可能な形で、権力を行使すること。[34]

より詳しく説明すると権威主義体制の下では、体制の支持層の中で、複数の異なるグループが存在し、この意味で政治的多元性が限定的な形では見られるが、政治指導者層は国民に対してではなく、支配階級や支配的地位にあるグループに対して責任を負っている。また、体制を支える単一政党が存在する場合が多いが、国民は政治に対し受動的であるか無気力であり、政治参加が起こる場合であっても、体制側からの働きかけによることが多い。経済、社会の分野について言えば、国家は、経済、社会の分野における全ての活動をコントロールしているわけではなく、国家から独立したいくつかのグループが存在する。

イデオロギーがなくメンタリティーがあるということについて説明すると、イデオロギーとは、それを信奉する者が従わなくてはならない考えを明確に定めているのに対し、メンタリティーとは「明文化されてはいないものの、様々な状況に対応するいくつかの方法を」漠然と示すものである。[35]権威主義体制では、国民は特定のイデオロギーを信奉することを求められておらず、特定のイデオロギーの代わりに、体制を支持する様々なグループが支持するいくつかの考えが体制のメンタリティーとして漠然と広まっているに過ぎない。言い換えれば、いくつもの勢力、利益、政治的伝統、組織が複雑な連合を作っているために、支配者は、権威主義体制を維持するためにその連合に共通の考えを漠然とシンボル的に用いなくてはならないのである。[36]

民主化途上体制と権威主義体制は、共に国民に責任を負っていない公職が大きな政治権力を行使できるという点で類似性がある。しかしながら、最大の違いは、民主化途上体制の下では、いくつかの公職が選挙を通じて国民に対し実質的責任を負っているのに対し、権威主義体制の下では国民に対し責任を負っている公職が殆ど存在しないということである。

また、政治における競争の程度も、権威主義体制はより限定的なものとなっている。権威主義体制の場合、仮に選挙や政党が存在する場合であっても、体制を支える単一の政党が特権的地位にあって、通常は選挙の際も政党間に実質的な競争が見られない。これに対して、民主化途上体制の場合には、政党間の実質的競争があり、選挙が完全に公正かつ自由というわけではないかもしれないが、選挙の結果が各政党が議会において有する力の大きさに直接反映される。さらに、権威主義体制の場合、国民は受動的に政治に参加するに過ぎないが、民主化途上体制の場合、国民は自発的かつ積極的に政治に参加するという違いが存在する。

第四節　まとめ

これまで本章では、民主化には、①政治において実質的競争が行われるようになる側面、②公職に対する有権者の統制が拡大していく側面、③政治に参加する権利を有する者が増大していく側面があり、民主化がこの三つの側面で相当程度進展した政治体制が民主化途上体制であると論じ、その定義を紹介した。また、具体例として、一九世紀後半のイギリスや一九一八年から一九三二年にいたる日本の政治体制が民主化途上体制であったことを紹介した。

その上で本章では、本書の目的が、一九一八年から一九三二年にいたる日本の政治変動を素材として民主化途上体制の崩壊の条件を探り、崩壊を分析するための仮説を提示することにあることを述べた。また、この目的を設定した問題意識としては、現在の民主化論の研究に偏りがみられること、また、戦前の日本の政治史の研究が民主化論などの分野における理論的発展に十分活用されてこなかったことの二つがあることを述べた。

次の章では民主化途上体制の崩壊を分析するための仮説の提示を行っていきたい。

---

(1) なお、本書は政治体制の定義として山口定が用いている「政治権力が社会内で広範な服従を確保し、安定した支配を持続するとき、それを形づくる制度や政治組織の総体をさしていう」（阿部齊・内田満編『現代政治学小辞典』有斐閣、一九七八年）という定義に依りたい。山口定『政治体制』東京大学出版会、一九八九年、四～五頁。政治体制をめぐる議論については、同書、特に一～三六頁参照。

(2) 民主化論の研究文献は膨大であるが、例えば、Guillermo O'Donnell and Phillipe Schmitter, *Transitions from Authoritarian Regimes: Tentative Conclusions about Uncertain Democracies* (Baltimore: Johns Hopkins University Press, 1985); Samuel Huntington, *The Third Wave* (Norman: University of Oklahoma Press, 1991); Juan Linz and Alfred Stepan, *Problems of Democratic Transition and Consolidation: Southern Europe, South America, and Post-Communist Europe* (Baltimore: Johns Hopkins University Press, 1996); Stephen Haggard and Robert Kaufman, *The Political Economy of Democratic Transitions* (Princeton: Princeton University Press, 1995);Larry Diamond, *Developing Democracy* (Baltimore: Johns Hopkins University Press, 1999); Richard Gunther, P. Nikiforos Diamandouros, and Hans-J ü rgen Puhle, *The Politics of Democratic Consolidation: Southern Europe in Comparative Perspective* (Baltimore: Johns Hopkins University Press, 1995) などが挙げられる。

（3）民主化の見本と考えられることの多いイギリスも一九世紀後半頃までは民主化途上体制であったと考えるのが適当で、完全に民主体制が成立するのは、一九一一年の貴族院改革後と考えるのが適当である。長期間にわたる民主化をモデル化した研究としては Robert Dahl, *Polyarchy* (New Yaven: Yale University Press, 1971), が最も代表的な研究として挙げられる。また、民主的要素が徐々に発展的に積み重なって民主体制が成立することを強調した研究として、Richard Sklar "Developmental Democracy," *Comparative Studies in Society and History* 29 no. 4 (October 1987): 686-714; Diamond, *Developing Democracy* がある。

（4）民主化途上体制の名称は、脚注（1）で紹介した民主的要素が徐々に発展的に積み重なって民主化が進むとしたSklarやDiamondの考え及び広く経済発展段階にある国々を指す発展途上国という名称から考案した。

（5）この考えを最も端的に表明したものとして、Juan Linz "Transitions to Democracy" *The Washington Quarterly* (Summer 1990), 143-144.

（6）O'Donnell and Schmitter, *Transitions from Authoritarian Regimes: Tentative Conclusion*.

（7）例えば、Juan Linz and Alfred Stepan, *Problems of Democratic Transition and Consolidation: Southern Europe, South America, and Post-Communist Europe;* Stephen Haggard and Robert Kaufman, *The Political Economy of Democratic Transitions;* Larry Diamond, *Developing Democracy;* Richard Gunther, P. Nikiforos Diamandouros, and Hans-Jürgen Puhle, *The Politics of Democratic Consolidation: Southern Europe in Comparative Perspective* など。

（8）Larry Diamond, Juan J. Linz, and Seymour Martin Lipset, eds. *Politics in Developing Countries: Comparing Experiences with Democracy*, 2d ed. (Boulder, CO: Lynne Rienner, 1995).

（9）疑似民主体制は pseudo democracy、非自由民主体制は illiberal democracy、委任民主体制は delegative democracy の筆者による訳である。これらの概念を簡潔に紹介したものとして Diamond, *Developing Democracy*, 15-16, 34-49 を参照。

（10）川人貞史『日本の政党政治　一八九〇―一九三七年　議会分析と選挙の数量分析』東京大学出版会、一九九二年。

（11）Robert Scalapino, *Democracy and the Party Movement in Prewar Japan* (Berkeley: University of California Press,

1953). Barrington Moore, *Social Origins of Dictatorship and Democracy* (Boston: Beacon Press, 1966).

（12）最も代表的な議論として以下の二つの研究を挙げておく。Juan Linz, *The Breakdown of Democratic Regimes: Crisis, Breakdown, & Reequilibration*.(Baltimore: Johns Hopkins University Press, 1978). Guillermo O'Donnell and Philippe C. Schmitter. *Transitions from Authoritarian Rule: Tentative Conclusions about Uncertain Democracies*.

（13）Linz, *The Breakdown of Democratic Regimes*, 87-97.

（14）酒井哲哉『大正デモクラシー体制の崩壊』東京大学出版会、一九九二年。

（15）このような指摘は伊藤隆や酒井哲哉によってなされている。伊藤隆「昭和政治史研究への一視角」同『昭和期の政治』山川出版社、一九八三年、二二～二五頁。酒井『大正デモクラシー体制の崩壊』一～五頁。

（16）一九二〇年代から一九三〇年代にかけての研究として、升味準之輔『日本政党史論』第五巻、東京大学出版会、一九七九年。伊藤之雄『大正デモクラシーと政党政治』山川出版社、一九八七年。坂野潤治「『憲政常道』と『協力内閣』」近代日本研究会編『政党内閣の成立と崩壊』〈年報・近代日本研究　六〉山川出版社、一九八四年、一八三～二〇三頁。坂野潤治「政党政治の崩壊」坂野潤治、宮地正人編『日本近代史における転換期の研究』山川出版社、一九八五年、三四九～四〇一頁などの研究があり、またこの時期の通史的歴史書として、北岡伸一『政党から軍部へ』〈日本の近代　5〉中央公論新社、一九九九年。井上光貞、永原慶二、児玉幸多、大久保利謙編『第一次世界大戦と政党内閣』〈普及版　日本歴史大系　16〉山川出版社、一九九六年。井上光貞、永原慶二、児玉幸多、大久保利謙編『革新と戦争の時代』〈普及版　日本歴史大系　17〉山川出版社、一九九七年がある。

（17）本書の議論の捉え方については次の二つの研究の、以下に掲げる部分に多くを負っている。Adam Przeworski and Henry Teune, *The Logic of Comparative Social Inquiry* (New York: Wiley-Interscience, 1970), 1-23; Kenneth Waltz, *Theory of International Politics*(New York: McGraw Hill, 1979), 1-17. 両者は、理論の構築方法について違う考えを取っており、前者は帰納的に、後者は演繹的に構築するということを前提にしている。しかし、理論がその対象とする社会現象をどこまで説明できるかについては、同様の考えを取っており、理論というものをどのように捉えるかについて参考になる。

（18）Przeworski and Teune, *The Logic of Comparative Social Inquiry*, 20-23.

（19） Ibid., 20-21.

（20） 事例研究と理論の関係については、Arend Lijphart, "Comparative Politics and the Comparative Methods" *American Political Science Review* LXV (Sept. 1971), 682-693. Harry Eckstein, "Case Study and Theory in Political Science," in *Handbook of Political Science* vol.7: *Strategies of Inquiry,* eds. Fred I. Greenstein and Nelson W. Polsby (Reading, MA: Addison-Wesley, 1975), 79-137.

（21） Larry Diamond, Juan J. Linz, and Seymour Martin Lipset, "Introduction," in *Politics in Developing Countries,* eds. Larry Diamond, Juan Linz and Seymour Martin Lipset (Boulder, CO: Lynne Rienner, 1995), 7-8.

（22） Dahl, *Polyarchy,* 8.

（23） 篠原一『ヨーロッパの政治』東京大学出版会、一九八六年、八〜九頁。

（24） Dahl, *Polyarchy,* 8-9.

（25） 篠原『ヨーロッパの政治』九頁。

（26） Dahl, Polyarchy, 3.

（27） Ibid., 1.

（28） 公的異議申し立て、包括性という訳語についてはダール『ポリアーキー』三一書房、一九八一年、九頁など参照。

（29） Philippe C. Schmitter and Terry Lynn Karl, "What Democracy Is ... and Is Not," *Journal of Democracy* 2, no. 3 (Summer 1991):81. Diamond, *Developing Democracy,* 9.

（30） ポリアーキーの中の、政策を投票あるいはその他の要求の表現に基づかせる諸制度という条件には、公職が有権者の直接または間接の統制に服すということを含むのかもしれないが、十分明確ではない。

（31） 民主体制の定義のされ方の紹介、選挙民主体制、自由民主体制については、Diamond, *Developing Democracy,* 7-15.

（32） 例えば、リンス、ステパンは代表的なものとして、全体主義体制、ポスト全体主義体制、権威主義体制、スルタン体制を挙げている。これらについては、Linz and Stepan, *Problems of Democratic Transition and Consolidation*, 38-

65参照。また、ダールは競争的寡頭体制と包括的抑圧体制を挙げている。Dahl, Polyarchy, 7.

（33） Dahl, *Polyarchy*, 7.

（34） Juan Linz, "An Authoritarian Regime: Spain," in *Cleavages, Ideologies and Party Systems*, eds. Allardt and Littunen (Helsinki: The Academic Bookstore, 1964), 297.

（35） Ibid., 297-329. Juan Linz, "Totalitarian and Authoritarian Regimes," in *Handbook of Political Science*, vol. 3; *Macro Political Theory*, eds. Fred I. Greenstein and Nelson W. Polsby (Reading, MA: Addison-Wesley, 1975), 264-274.

（36） Linz, "Totalitarian and Authoritarian Regimes," 268.

第一章　民主化途上体制崩壊を分析する仮説

民主化途上体制の崩壊を分析するにあたっては、この問題に関連する民主化や政治体制の変動についてこれまで唱えられてきた理論に基づいて行うことが考えられる。本章では、これらの理論に基づいて民主化途上体制の崩壊の分析を行う場合の問題点を指摘し、その上で、民主化途上体制の崩壊を分析するための仮説を構築し、これを提示する。

第一節　既存の理論の検討

民主化途上体制の崩壊を分析する方法として三つの方法が考えられる。第一に、民主化が進展する条件が欠けていたために体制が崩壊したと分析する方法。この場合、民主化論では、様々な形で民主化が進む条件が探求されており、この議論を逆転させて分析することが考えられる。

第二に、これを広く政治体制の変動の一類型として捉え分析する方法。この場合、既に政治体制の変動に関する一般的な理論が存在するので、これに基づいて分析することが考えられる。

第三に、政治体制の変動の一類型ではなく、あくまで民主化途上体制という固有の政治体制の崩壊として捉え、これを分析する方法。この場合、参考にできる議論はあるが、民主化途上体制の崩壊を一般的に分析する理論はこれまで提唱されていないので、新たに仮説を構築しなくてはならない。

ここでは、まず既存の理論、つまり、民主化論や体制変動論に基づいて民主化途上体制の崩壊の分析を行うことができるかどうか検討する。

一　民主化論

これまで民主化論の中では民主体制の成立にはある特定の条件が必要とされるのかどうかをめぐって議論が行われてきた。ここでは、民主化と経済発展の水準と政治文化の関係をめぐる議論が民主化途上体制の崩壊の分析に用いることができるのかどうか考察する。

1　経済発展の水準と民主体制成立の関係

民主化途上体制の崩壊を分析する場合、民主化途上体制の経済発展の水準を検証し、経済発展の水準が不十分であったために民主化途上体制は持続できず、崩壊することが運命づけられていたと説明することが考えられる。

この議論は、民主体制の成立を経済の発展水準に関連づける議論に基づいている。経済発展と民主体制の関係について最初に論じたのはリプセットである。(1) 彼の議論の要点は「国家が発展していればしているほど、民主体制が維持される可能性が高い」という命題にまとめられる。(2) 彼は、欧州及び英語圏諸国とラテンアメリカ諸国の二グループを作り、さらにそれぞれのグループをより民主的な諸国とそうでない諸国に分類している。その上で、豊かさ、工業化、教育、都市化という経済発展についての四つの指標を用いて、先に分類した四グループについてそれぞれの指標の平均値を計算し、経済発展と民主体制の関係についての仮説を検証している。計算の結果によれば、「平均的豊かさ、工業化及び都市化の水準、さらに、教育水準はより民主的な諸国の方がずっと高く」、彼の命題は裏付けられた[3]。

ダールもまた経済発展の水準と民主体制の関係について検証しており、一国の社会・経済水準が高ければ高いほど、その国の政治体制は包括的または準ポリアーキーである可能性が高く、もしある政治体制がポリアーキーであれば、その国は相対的に高い社会経済水準である可能性が高いと論じている[4]。

ダールはさらに民主体制が成立する可能性が増減する「分水嶺」についても言及しており、一九五七年時点で、一人あたりのGNPが七〇〇～八〇〇ドル以上の国では民主体制が成立する可能性が高いのに対し、一人あたりのGNPが一〇〇～二〇〇ドル以下の国では民主体制が成立する可能性は低いとしている[5]。しかしながら、これには例外も多く、例えば、旧ソ連のように経済が相当発展していたにもかかわらず民主体制が成立しなかった国がある一方で、米国のように経済が発展する以前に民主体制が成立した国も見られる。また、ダールは、経済水準と民主体制には相関関係は認められるものの、因果関係は必ずしも単純なものではないと論じている。ハンティントンも同じように、ある国において民主体制が成立する可能性が高まる「分水嶺」について検証しており、彼の議論によれば一九七六年の時点で一人あたりGNPが三、〇〇〇ドルを超える国では、民主体制が成立している可能性が高く、一人あたりGNPが一、〇〇〇ドルを下回る国では、民主体制が成立している可能性が低い[6]。ハンティントンはさらに、一、〇〇〇ドルから三、〇〇〇ドルの間を「移行ゾーン」と呼び、一九七〇年代中頃にこの水準にあった国の多くが一九八九年までに民主化したと論じている[7]。

ダイアモンドは経済発展の水準と民主体制の発展の関係について検証した先行研究を精査し、研究・調査方法に違いはあるもののほぼ全ての研究において経済発展と民主体制に相関関係が認められることを明らかにしている(8)。その上で、自らもこの関係について定量分析を行い、経済発展と民主体制には強い相関関係が認められることを立証している。

しかし、このように経済発展の水準と民主体制の成立を関連づける理論を基に、民主化途上体制が崩壊した要因について分析することは難しい。そもそも、これまでの経済発展の水準と民主体制の成立の関係についての研究は、両者には相関関係があり、経済発展は民主体制の成立及びその確立に貢献することを認めているものの、経済発展は民主体制が成立する必要条件あるいは十分条件であると論じているわけではない。従って、民主体制が成立したことあるいは成立しなかったことを経済発展の水準にのみ帰することは難しい。また、仮に、民主体制の成立には一定の経済発展を達成していることが必要であり、達成されていない場合には、民主体制は成立しないという理論の成立を認めたにせよ、これによって民主化途上体制の崩壊を説明することはできない。民主化途上体制が崩壊することと民主体制が成立しないことは同じではない。この理論によって、民主化途上体制が一定の経済水準に達していなかったため、一層の民主化が進展せず、民主体制に発展しなかったと論じることはできる。しかし、民主体制に発展しない場合も、民主化途上体制がそのまま維持されることは十分考えられ、この理論に基づいて、いったん成立した民主化途上体制がなぜ崩壊したかについては説明できないのである。

2　政治文化と民主体制成立の関係

多くの研究者は経済発展の水準と並んで政治文化の果たす役割を重要視しており、特定の政治文化が民主体制の成立、安定化に寄与すると論じている。アーモンドとヴァーバは、政治文化を「政治体制とその様々な部分に対する態度及び体制における自己の役割についての態度」と定義した上でイギリスとアメリカにおいて典型的にみられる政治文化を「市民文化」と呼び、これが安定的な民主体制の発展に貢献していると論じている[9]。彼等は、個人の政治体制、政策形成過程及び政策実施過程に対する態度、また個人の自分自身の捉え方によって政治文化を信徒型政治文化、臣民型政治文化、参加型政治文化の三類型に分類している。信徒型政治文化においては、個人は政治体制に対し何ら期待せず、政策形成過程にも政策実施過程についても関心がなく、自分自身を政治における積極的な参加者とは考えていない。臣民型政治文化においては、個人は政治体制全般や政策実施過程について関心を持ってはいるものの、政策形成過程には関心を持っておらず、また、自分自身を政治における主体的参加者とは考えていない。参加型政治文化においては、個人は、政治体制全般や政策実施過程について関心を持っているのみならず、政策形成過程にも関心を持っており、自分自身を政治における主体的参加者と考えている。

市民文化とはこの三つの文化が組み合わさったもので、個人は自分自身を政治における参加者であると自覚すると同時に、政治における信徒、または臣民であるとも思っている。このような政治文化が広まっていると、各国民は参加者として指導者に要求を加える一方で、信徒または臣民として指導者が決定した政策に従うために民主体制は安定化する。

ダイアモンドも、アーモンドとヴァーバと同様に政治文化を重要視し、民主体制の成立や確立には、指導者や国民の間で自己抑制、協調、取引、要求への対応などを重要視する政治文化が発達することが不可欠であると論じている[10]。

問題はこのような政治文化が普遍的に成立するかどうかということである。一部の研究者は、このような政治文化が普遍的に成立することはなく、一部では地域独特の政治文化が存在するために民主体制はなかなか成立しないと論じている。例えば、パイは、西欧の政治文化とは異なり、アジアの政治文化の下では、集団主義が重視され、多元主義が成立しにくく、個人は特定の要求を行うためではなく、単に集団に対する帰属意識を強めるために政治参加を行うので、アジアでは民主体制が成立しにくいと論じている。[11]

戦後、日本において民主体制が安定したことに加え、近年、韓国と台湾も民主化したことを考えるとパイの議論は理論としてそもそも成立しにくい。[12] また、仮に特定の政治文化の下では民主体制は成立しないという理論を認めた場合でも、これによって、民主化途上体制の崩壊はやはり説明できない。民主化途上体制の崩壊を経済発展の水準によって説明できないのと同様に、ある特定の政治文化が存在したために民主化途上体制の民主化が進まず、民主体制が成立しなかったと論じることはできても、いったん成立した民主化途上体制がなぜ崩壊したかは説明できない。即ち、民主化途上体制は特定の政治文化――たとえ、それが民主体制の成立を困難にするものであっても――の下でもいったん成立しており、一国の政治文化というものが短期間には変化しないと考えられる以上、この政治文化が崩壊の原因であったと論じることは論理的に矛盾していることになる。

3　これらの議論の問題点

これまで見てきたように、経済水準や政治文化のために、民主化途上体制が民主体制に発展しなかったと論じることはできても、なぜ、民主化途上体制が崩壊したかについては説明できない。繰り返しになるが、民主化途上体制がなぜ民主体制に発展しなかったかということと、民主化途上体制がなぜ崩壊したかということは別問題である。民主化論において展開されてきた議論の多くは、民主体制の成立に必要あるいは貢献する条件を探るもので、これを逆にしたからと言って民主化途上体制の崩壊を説明することはできない。

従って、民主化途上体制の崩壊を分析するためには、これを民主体制が成立しなかったという形で説明するのではなく体制崩壊そのものに着目して分析することが必要である。以下では、民主化途上体制の崩壊を政治体制が変容する一つの類型として捉え、政治体制の変動に関する一般的な理論である体制変動論によって分析することを検討したい。

二　体制変動論

体制変動論については、既にこれを政軍関係との関連で捉えたハンティントンの代表的な研究がある。[13]ハンティントンは近代化と政治的安定及び政軍関係の関係について研究し、近代化はしばしば政治的混乱を招き、軍部の政治介入を招くと論じている。

この理論によれば、近代化の進展は伝統的な慣習を打ち壊し、国民の欲求を増大させるが、経済は欲求の増大と同じペースでは発展しない。このため国民の欲求と実際に彼等が得られると期待できるものの間にはギャップが生まれ、国民の間に不満が増大する。このような不満は、経済や社会における流動性が高まれば解消されるが、流動性が高まらない場合、国民は政府に対する要望を増加させ政治参加が拡大する。

このように近代化の進展によって政治参加の拡大が起こった場合、政治的安定は、政治制度が十分発達し拡大する政治参加を吸収できるかどうかにかかっている。ハンティントンは既存の政治制度が十分に政治参加を吸収し、政治的に安定している政治体制のことを「市民型政治体制」と呼び、既存の政治制度が十分に政治参加を吸収することができず、政治的に不安定な政治体制のことを「衛兵型政治体制」と呼び、政治参加の水準と、政治参加に対する政治制度の発達の比率により、政治体制を以下の六通りに分類した[14]（表1-1）。

表 1－1　ハンティントンによる政治体制の分類

政治参加	政治参加に対する制度の発達の比率	
	高い：市民型	低い：衛兵型
低：伝統的	有機的	寡頭的
中：移行的	ホイッグ的	急進的
高：近代的	参加的	大衆的

出所：Huntington, *Political Order in Chenging Societies*, 80, Table 1.6.

近代化を経験する多くの国では政治制度の発達は政治参加の拡大に遅れる場合が多く、この場合、政治制度が政治参加の拡大を十分吸収できないため政治は不安定化し、市民型政治体制は衛兵型政治体制に変動する。衛兵型政治体制においては、しばしば、軍部はこの政治的に不安定な状態を解消し、政治秩序を回復するために政治に介入し、軍部が政治において中心的な役割を占めるようになる。

ハンティントンは本書の分類方法とは異なり政治体制を政治参加の程度及び政治参加に対する制度の発達の比率という二つの基準で分類しているが、それによると、民主化途上体制がこのうちのどちらにあたるかが問題となる。民主化途上体制においては政治に参加する権利を有するものが相当程度存在するということ、及び政治が安定的であるということから、民主化途上体制は、ホイッグ的体制の一類型として分類できる。従って、この理論によれば、既存の政治制度が政治参加の拡大を吸収できず、政治が不安定化し、民主化途上体制は崩壊し、急進的衛兵型政治体制に変容した過程を分析することになる。

しかし、この理論には多くの問題点がある。特にこの理論が説明するような形で一連の変化が連鎖的に起こり政治体制の崩壊が引き起こされるまでの因果関係を論証することは難しい。言い換えれば、一連の変化が同時期に起こることを示すことはできても、相互の変化に因果関係があることを証明することは難しい。

また、この理論において用いられる政治参加の拡大、政治の不安定化、政治制度の発達という概念は曖昧であり、政治を安定させるためには、政治参加の拡大に対しどの程度の政治制度が発達している必要があるのかについて特定されていないという問題がある。

およそ、全ての政治制度には何らかの形で不備がある。このため、デモ、ストライキ、暴動など何らかの形で政治の不安定化を示唆する事件が起これば、この理論によれば、何らかの形で事後的に政治制度の不備を指摘し、政治の不安定化をこれに帰することできる。つまり、この理論には反証可能性がないのである。従って、民主化途上体制の崩壊を説明することは難しい。体制変動論に基づいて民主化途上体制の崩壊の説明を行うことが難しいことについては、第四章で、日本を具体的な例としながらさらに詳しく論じていくことにする。

第二節　仮説構築のための基本的考え方

ここまで、民主化途上体制の崩壊を民主化論と体制変動論に基づいて分析することを検討してきたが、これまでの議論でいずれの方法も問題があることが明らかになった。従って、第三の方法、つまり、民主化途上体制の崩壊を体制変動の一類型ではなく、あくまで民主化途上体制という固有の政治体制の崩壊として分析することを検討する必要がある。

これまで、民主化途上体制の崩壊についての理論は構築されておらず、理論の構築を目指し、まず仮説を構築することから始めなければならない。ここでは、既存の議論も参考にしつつ仮説の構築を行っていく。

まず民主化途上体制の特性を考える必要がある。これまで紹介してきた民主化途上体制とは、民主化が相当程度進展した結果、有権者の統制が及ぶ政治勢力（民主的勢力）と及ばない政治勢力（非民主的勢力）が併存するようになった政治体制である。従って、民主化途上体制が崩壊するということは、民主的勢力と非民主的勢力の関係が変化し、非民主的勢力の挑戦の前に、民主的勢力が打倒されることであると整理することができる。従って、民主化途上体制の崩壊は、民主的勢力と非民主的勢力の力関係が変化していく政治過程として分析することができる。

この政治過程を分析するための仮説をどのように組み立てるのが適当であろうか。既に述べたように、本書では、理論というものは一般性を備えていなければならず、多くの事例を分析できるものでなければならないものとして捉えており、このことを踏まえると民主化途上体制の崩壊過程についてもいくつかの要素に絞り込んで、仮説を構築する必要がある。

まず、重要であると考えられるのは政治制度という要素である。近年、政治過程、政治行動の研究にあたって、政治制度が政治過程や政治行動に及ぼす影響についての関心が高まっている。[15] 政治過程、政治行動は、結局、政治制度によって課せられる制約の下で展開されるものであり、政治体制が崩壊する政治過程の分析にあたってもその政治体制が置かれていた制度からどのような影響を受けていたかを考慮する必要がある。

しかしながら、政治制度が一定である場合、そこから政治過程に及ぶ影響も常に一定であると考えられる。それにもかかわらず、ある政治体制がいったん成立しその後崩壊するという変化が起きるということは、政治制度の政治過程に対する影響以外の要素が働いていると考えるのが適当である。

それでは民主化途上体制の崩壊に政治制度以外にどのような要素が関係しているのであろうか。これまでのところ、民主化途上体制の崩壊を一つの政治過程として捉えて分析を行った先行研究は殆ど見られないが、リンスらが行った民主体制の崩壊についての共同研究が分析の参考になる。[16] 民主体制と民主化途上体制は異なる政治体制であるが、有権者の統制に服す勢力がそうでない勢力によって打倒されることにより体制が崩壊するという点は民主体制の崩壊も民主化途上体制の崩壊も共通している。従って、民主化途上体制崩壊の分析を行うための仮説を構築するために、リンスが先の共同研究をまとめた議論は参考になる。

リンスは、欧州諸国やラテンアメリカ諸国における民主体制の崩壊の研究を基に、一般的に民主体制の崩壊がどのような形で起こるのかについて論じている。彼は民主体制の崩壊そのものを説明するためには、実際に展開された政治過程そのものに注目する必要があると論じ、崩壊過程の「描写的」モデルの構築を試みている。民主体制が崩壊する際には、民主体制の正統性、暴力、反逆、準忠誠、政党システム、民主体制の当初の成立の仕方、危機・重大な問題の発生などが重要な「要素」として関係してくる。彼によれば、民主体制が緊急の政策課題を有効に解決できない時、体制の正統性に対する国民の信念が揺らぎ始め、反逆勢力が体制への攻撃を開始する。これに続き、反逆勢力の政治的暴力の行使、体制支持勢力の暴力に対する曖昧な態度、一部の体制支持勢力の反逆勢力に対する暗黙の支持、体制支持勢力の分裂などが見られ、民主体制の正統性がさらに損なわれる。この一方で、反逆勢力は国民の支持を増大させ、国民の動員を拡大させることで力を増し、実力を行使するようになる。このような状況の下で、民主体制の指導者は、反逆勢力の指導者が体制支持勢力と協調することを示唆するために欺かれ、反逆勢力を支配層に組み込もうとする。しかしながら、このような試みが行われるために反逆勢力が権力を掌握することが可能となり、この結果、「合法的革命」が達成され民主体制は崩壊してしまう(17)。

リンスらはそれまでさほど研究されなかった民主体制の崩壊を取り上げたことにより、大きな学術的貢献を果たしており、リンスのまとめた議論は、民主化途上体制の崩壊の研究にあたっても参考になる点を多く含んでいる。しかしながら、理論に繋がる仮説の構築を目指すという観点から彼の議論を見た場合に、彼の「描写的」モデルには余りにも多くの要素が民主体制の崩壊に関係があるものとして含まれているという問題がある。リンスらの共同研究は、歴史叙述そのものに比べれば民主体制の崩壊に関係する要素を絞り込んだものであるが、彼等自身認めているように、この共同研究は民主体制崩壊についての一般化を十分図ったものではない⑱。リンスがその議論の中でこの共同研究が民主体制崩壊についての理論化を図ったものであるとは決して述べていないのは恐らくそのためではないかと推察される。

従って、リンスの議論を参考にしながら民主化途上体制の崩壊を分析するための仮説を構築する場合、リンスの提示した要素をさらに絞り込む必要がある。絞り込むにあたっては、まず、リンスが民主体制の崩壊に関係していると挙げている要素のうち、いずれの要素が特に重要な役割を果たしているのか検討し、その上で、重要な役割を果たしていると認められる要素を改めて民主化途上体制の崩壊を分析するための仮説に含めるべきかどうか検討する。

リンスが挙げる要素を精査すると、その多くは結局正統性に影響を及ぼすことによって民主体制の崩壊に影響を及ぼしていることが分かる。即ち、危機・重大な問題は、民主体制がこれを解決できないために正統性が損なわれるのであり、体制の成立の仕方も体制の正統性に永続的な影響を及ぼす問題である。リンスは分極的な多党システムは民主体制の崩壊に繋がりやすいと論じているのみで正統性との関係には言及していないが、これも詰まるところ、分極的な多党システムでは政策課題を処理するのが困難なため正統性が損なわれやすいという問題に帰着する。

また、列挙した要素のうち暴力についてリンスは、暴力と民主体制の崩壊の関係はそれほど重要ではないと論じている⑲。

このように検討を進めると、リンスが列挙した要素のうち民主体制の崩壊に重要な役割を果たしていると考えられるのは、正統性、準忠誠、反逆である。正統性は、後に詳述するように民主体制に限らずおよそ全ての政治体制の維持に関係する最も基本的な要素の一つと考えられている。従って、正統性は、民主化途上体制の崩壊を分析するための仮説に含めるべきである。

準忠誠は、民主化途上体制の持つ特性のため体制の崩壊に特に重要な役割を果たすと考えられ、特に仮説に盛り込むべき要素である。リンスによれば準忠誠とは体制に対する挑戦行為を体制内の他者に対し「働きかけ、それを黙認、取り繕い、寛大に取り扱い、許容し、正当化しようとする意思」のことを指す[20]。民主化途上体制は、民主的勢力と非民主的勢力が拮抗し、そのバランスが微妙な形で保たれている政治体制であると言っていい。従って、民主的勢力の一部が民主化途上体制に準忠誠の態度を取り、非民主的勢力に対して曖昧な態度を取ることは、両者の力関係を大きく変化させ、体制崩壊に大きな役割を果たすことになる。

反逆は、民主体制の崩壊に重要な役割を果たす要素として強調されているが、本書のように民主化途上体制の崩壊を民主的勢力と非民主的勢力の間の対抗関係として捉える場合、反逆は分析の対象であって、要素ではない。

このようにリンスが列挙する数多くの要素のうち、民主化途上体制の崩壊の分析に最も重要な役割を果たすものとして、正統性と準忠誠の二つに絞り込むことができる。

第三節　仮説に盛り込む要素

これまで、民主化途上体制の崩壊を民主的勢力と非民主的勢力の力関係が変化する政治過程として捉え、政治制度、正統性、準忠誠という三つの要素に絞り込んで民主化途上体制の崩壊を分析する仮説を構築していくことについて論じてきた。以下の部分でこれらの要素についてさらに詳述し、最後にこれらの要素を中心に仮説を構築する。

一　政治制度

政治制度は、政治が行われるルールを定めることで、政治に参加するアクターの持つ政治力に影響力を及ぼすほか、アクターが追求する戦略にも影響を与える。民主化途上体制においては、政治制度の中に民主的要素と非民主的要素が混在しており、これが体制内の民主的勢力と非民主的勢力に及ぼす影響が体制崩壊の過程に大きな意味を持つ。即ち、非民主的勢力は民主的勢力に対抗する場合に政治制度の中に存在する非民主的要素を合法的に自己の勢力拡大に利用することができる。民主的勢力の側から見ると、非民主的勢力の挑戦が既存の政治制度において有する権限を利用して行われる以上、これに抵抗し、それを抑えるのは非常に難しいことになる。

二　正統性

リプセットがウェーバーを「正統性理論の始祖」と呼んでいるように、政治における正統性の役割についての議論はウェーバーに遡ると言って誇張ではない[21]。ウェーバーによれば、支配を継続するために統治者は「習俗や利害状況」及び「純情緒的ないし純価値合理的」動機以外に正統性に対する信念に頼っているとされる[22]。言い換えれば、政治体制を維持するためには正統性が保たれていることが必要であり、民主化途上体制においても、民主的勢力は体制の正統性を保つことによりそれを維持していく。

ウェーバー以降も、政治体制の存亡にあたって正統性が果たす役割は重視されており、今日、多くの研究者が「正統性は政治思想と政治学において最も重要な考えの一つである」ということを認めている。[23] しかしながら、正統性をめぐる議論は完全に収斂しておらず、正統性の定義、社会におけるどの集団の正統性に対する信念が重要であるのか、正統性に影響を及ぼす要素、及び正統性の測り方などの問題について議論が行われている。

1　正統性の定義

これまでいくつかの形で正統性は定義されてきた。最低限の定義として、リンスは、正統性を「欠陥や失敗はあるにしても、現行の諸政治制度が確立される可能性のある他のいかなるものよりも優れており、従って、服従を要求することができるのだ、という信念」と定義している。[24] また、リプセットは、いかに「正統性が現行の諸政治制度が社会にとっても最適のものであるという信念を生み出し、維持する体制の能力に関係している」ものであるかについて説明している。[25] さらに、メルルマンは、政治的正統性を「一般国民が政治体制に属するために必要であると考えている（その政治体制の）『適切さ』の質」と定義している。[26]

今日正統性は民主体制との関係において捉えられており、多くの研究者が民主体制の崩壊や新しく成立した民主体制の安定化という特定の問題における正統性の役割や西側先進諸国における正統性の位置づけについて研究している。[27] このため、多くの研究者が「民主的正統性」及び「民主体制の正統性」の定義づけを行っている。例えば、メルクルは、「民主的正統性」を次の三つの「政治的価値観についての合意によってまとまっている社会または国家が存在すること」、「厳粛かつ広く受け入れられた民主的性格をおびた憲法的、法的秩序が存在すること」、「国民の明確な必要に対し応える選挙によって選ばれた政府が存在すること」という要素からなっていると論じている[28]。また、研究者の中には正統性の定義自体に民主体制の価値を含めてしまう者もある。モリノとモンテロは、正統性を「民主的機構が最適な政府の形態であると考えている社会の民主的機構に対する一連の肯定的な態度」と定義している[29]。

民主体制が最適な政治体制であると広く考えられていることからすると、それが現代世界において正統性を獲得できる唯一の政治体制であると考えることは自然かもしれない。しかしながら、民主体制との関係で正統性を論じるようになったのは、今世紀後半に民主体制が広まったことを踏まえた最近の傾向に過ぎない。歴史的に見ても、また、現代においても、民主体制以外の政治体制が正統性を確保している例はいくつもある。ウェーバーが正統性の三類型を提起したのはこのためである。リプセットも、「抑圧的なものを含めて様々な形態の政治機構が正統性を持ち得る」と明確に述べている[30]。

つまり、いかなる政治体制も正統性を持ち得る以上、その定義は特定の政治体制と関連づけられるべきではない。従って、本書はリンスによる定義を正統性の定義として用いたい。

2　正統性に対する誰の信念が重要なのか

正統性を議論する時には、政治体制が永続するにあたり、社会内のある特定の集団に対する正統性が他の集団に比べてより重要なのかどうかということが問題となる。政治体制の正統性に対する信念の変化を検証するにあたり、社会に存在する異なる集団を区別しないで行われている研究も存在する[31]。しかしながら、多くの研究者は正統性に対する信念をエリート層と一般国民層に区別して論じ、通常、エリート層の間における正統性に対する信念の方をより重視している[32]。しかし、このような研究者も、一般国民層の間における正統性に対する信念が全く関係ないと論じているわけではないことに注意する必要がある[33]。

このような議論は一見すると矛盾しているようにも思われるが、単に現実を反映しているに過ぎない。一般に、エリート層と一部の組織化された集団は現実の政治の場で政策課題を設定する能力や資金源を有していることに加え、情報をより簡単に入手できることが多いので一般国民層に比べ大きな権力を持っている。このことを前提とすれば、民主体制にあっても、エリート層や一部の組織化された集団に対する体制の正統性の方が一般国民層のそれに比べ体制を維持していく上で重要であるということになる。しかしながら、一般国民層が政治において全く無力というわけでなく、民主体制において、一般国民層は投票権を行使する以外にも様々な形でエリート層に影響を及ぼしている。従って、一般国民層に対する民主体制の正統性もまた、体制を維持していく上で重要な役割を果たす。

民主化途上体制では有権者の選挙による統制の外にある公職が存在しているため、エリート層は民主体制に比べ一層大きな権限を持っている。このため、民主化途上体制を維持するためにエリート層に対する体制の正統性が民主体制に比べより重要な意味を持っている。

3　正統性に影響を及ぼす要素

それでは政治体制の正統性は何によって影響されるのであろうか。ここで一番問題となるのが、特定の政権の実績が振わない場合に、政治体制の正統性そのものが損なわれるのかどうか、つまり、国民は、特定の政権の実績を政治体制の正統性自体と区別できるのかということである。この区別が可能であれば、特定の政権の実績が振わない場合であっても、政治体制の正統性が損なわれることにはならない。しかし、この区別ができない場合には特定の政権の実績は政治体制の正統性に直ちに影響を与え、実績が振わない場合に政治体制の正統性は傷つけられ、それだけ体制崩壊の危険性が増すことになる。

長期的には、政治体制の実績はその正統性に影響を及ぼす。国民に現行の政治体制が他に考えられる政治体制よりも優れているという信念を抱かせるためには、現行の政治体制の方が他の政治体制に比べ国民の福祉をより増進させることができることを示す必要があり、長期的には政治体制の実績がその正統性を左右することになる。

しかしながら、特定の政権のために政治体制の実績が短期的に振わない場合であっても、このために直ちに正統性が減少するとは限らない。政治体制の正統性が損なわれるのは次の二つの条件が満たされる場合である。第一の条件は、既に政治体制の正統性が十分確立されているかどうかということである。政治体制の正統性が十分確立されている場合には、国民は政治体制の正統性を特定の政権の実績と区別することができ、特定の政権の実績が直ちに政治体制の正統性に影響を与えることはない。このような政治体制は短期的に特定の政権の実績が振わない場合であっても、「正統性の巨大な貯蔵庫」に頼ることができる[34]。この一方で、「政治体制が確固たる正統性を伴っていない場合には、不安定で現在の実績により依存することになり、経済的社会的苦境の時期に崩壊の危険にさらされることになる[35]」。リンスは、ワイマール共和国が経済危機に直面し崩壊した主要な理由の一つとして、それ以前に政治体制の正統性が確立されていなかったことを挙げている[36]。

第二の条件は、現行の政治体制に取って代わる政治体制が考えられるかどうかである。たとえ、政治体制の正統性がしっかり確立されていない場合であっても、それに取って代わる可能性のある政治体制が国民の関心を惹かなければ、特定の政権の実績が振わないために政治体制の正統性が損なわれることはない。正統性が「現行の諸政治制度が確立される可能性のある他のいかなるものよりも優れて」いるという信念と定義されているように、

図1-1　正統性の低下する条件

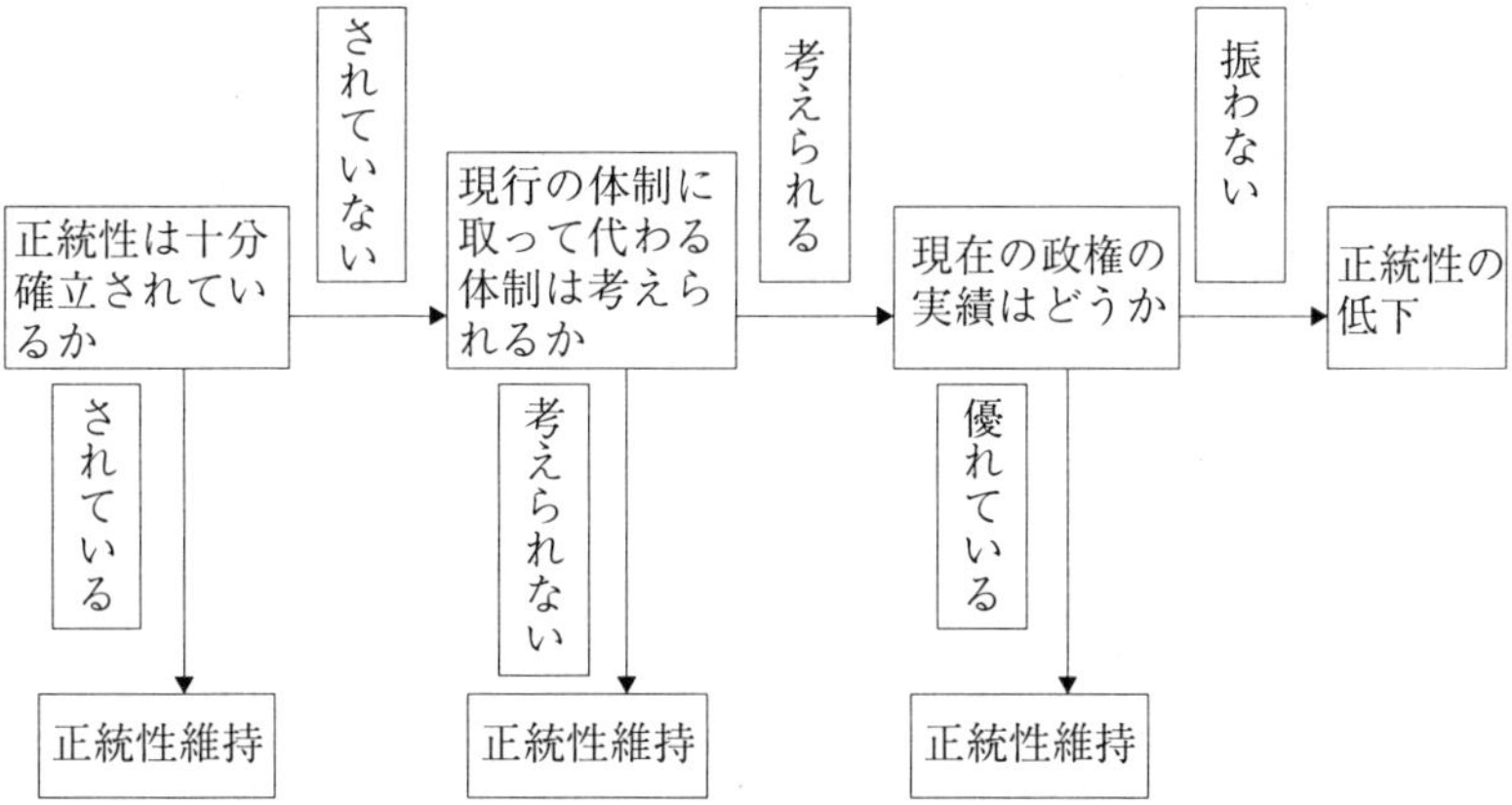

そもそも正統性とは相対的な概念である。言い換えると、他の政治体制がより魅力的であると考えられはじめた時から現行の政治体制の正統性の低下は始まり、政治体制の実績が振わない場合であっても、そのために直ちに政治体制の正統性が損なわれることにはならないのである。

具体的な例をあげると、モリノとモンテロは、「民主体制に取って代わるはっきりと認知される政治体制がなかったこと」がスペインに新たに樹立された民主体制の正統性が体制樹立後の一九八〇年代に様々な問題が山積していたにもかかわらず低下しなかった理由であると論じている[37]。この一方で、リンスとステパンはワイマール共和国においては、既存の民主体制に取って代わる可能性のある政治体制が充分国民の関心を集めたために経済危機が体制の崩壊に繋がったと論じている[38]。

これまでの議論を要約すれば、①政治体制の正統性が十分確立されていない、②現行の政治体制に取って代わる政治体制が考えられる、③現在の政権の実績が振わない、という三条件が揃う場合に政治体制の正統性が低下する可能性が高く、政治体制そのものの存続に対し危険性が高まることになる(図1－1)。

以下では、政治体制の実績についてさらに詳細に検討し、実績の中身について考察していきたい。最初の方法は政治体制の実績を政策実施という手続き的な側面から捉えるものである。リンスは政治体制の実績を手続き面から検証する場合、政治体制の実績は体制の実効性と有効性という二つの要素に左右されると論じている[39]。リンスは、実効性を政治体制が「直面している基本的な諸問題（ならびに特定の歴史的時点で突出した諸問題）に対し、意識的な市民から見て満足のいく解決策を発見する能力[40]」と定義し、有効性を「具体化された政策を実施し、望み通りの結果を生み出す能力[41]」と定義している。

つまり、実効性とは政策立案能力を意味し有効性とは政策実施能力のことを指すが、国民の要求に応えるためには、政治体制は両方の能力を備えていなければならない。たとえ、ある政治体制が国民の福祉を増進させるために最善の政策を立案したとしても、政策を実行に移す手段を持ち合わせていなければ、この体制は国民の福祉を増大させることができない。また、仮にある政治体制がいかなる政策をも実施できる能力を備えていたとしても、現下の問題に対処する政策をそもそも立案できなければ、問題を解決することができない。従って、実効性と有効性、即ち政策立案能力と政策実施能力を区別することによって、政治体制の実績が振わない場合、問題の根源を指摘することが可能になる。

政治体制の実績を研究するもう一つの方法は、政策分野ごとに、政治体制の実績を検証することである。ここでは、政策分野を経済・社会分野と政治分野に区別して議論したい[42]。経済・社会分野においては、政治体制の実績は、経済成長率、失業率、平均個人所得、国民一人一人の平等感などによって評価することができる一方、政治分野においては、政治体制の実績は、政治的暴力の広まり、政治腐敗の程度、政治過程の透明度などによって評価することができる。正統性の低下は、経済分野での実績が振わないために起こることが多いものの、政治体制の実績の評価は他の分野も関係していることに注意する必要がある[43]。特に重要なのが複数分野で実績が伴わない場合の相乗効果である。例えば、経済改革が正統性に及ぼす影響について論じる際に、ダイアモンドは「政治的正統性を傷つけるものは（中略）政治的コネクションや腐敗のために（中略）多くの人々が苦境に陥り、あえいでいる時に、一部の人々が得をしているという認識である」と論じている[44]。つまり、一つの分野において政治体制の実績が振わない時に他の分野でも政治体制の実績が望ましいものではない場合、二つの分野における政治体制の実績からは相乗効果が生まれ、正統性をより大きく傷つける可能性を高める。

ここまで論じてきた政治体制の実績と正統性の関係は、主に民主体制について議論されてきたことであるが、ここで、正統性の果たす役割が民主体制と民主化途上体制ではどのように異なっているかについて簡単に触れたい。民主体制と民主化途上体制の違いは、前者は主に権威主義体制などのより専制的な政治体制を支持する者からの攻撃に備えればよいのに対し、後者はより専制的な政治体制を支持する者からの攻撃に加え、より民主的な政治体制を求める者からの攻撃にもさらされるため、民主体制の場合に比べその正統性はより脆弱である。権威主義体制を支持する者は民主化途上体制の中の民主的な要素を攻撃する一方で、民主体制を支持する者あるいは体制の一層の民主化を求める者は民主化途上体制の中の非民主的な要素を攻撃する。言い換えれば、民主体制が一方の極からの攻撃に備えなければならないのに対し、民主化途上体制の場合はいわば左右両極からの挟撃に備えなければならないのである。

4　正統性の水準の測り方

最後に政治体制の正統性の水準をどのように測るのが適当かという問題が残る。多くの研究者が政治体制の存続あるいは崩壊にあたって正統性が重要な役割を果たすことを認めているものの、この概念を実際に用いて分析を行うことは極めて難しい[45]。これは、特定の政権の人気と政治体制の正統性を区別して測ることが難しく、国民の政治体制に対する満足感がどのように正統性の蓄積に繋がっていくのか示すことも難しいためである[46]。今日、政治体制の正統性の水準を測ろうとする研究者は、例えば、政府を信用するか否か、民主体制と権威主義体制のどちらの方を好むかなどをたずねる世論調査によって正統性の水準を測ろうとすることが多い。その上で、長期にわたる世論調査の変化を統計的手法などを使い、正統性の水準を測ろうとすることが多い[47]。

しかし、実際にはこのアプローチには二つの問題が存在する。まず第一に、このような世論調査がそもそも存在しない場合には、正統性の水準の推移が測れない。第二に、このアプローチは現在の正統性をめぐる議論を必ずしも反映しているとは言えない。即ち、これまでも議論してきたように、多くの研究者はエリート層の間における正統性に対する信念を一般国民の間におけるそれよりも重視している。しかし、世論調査によって正統性の水準を測る場合、そこで測られる正統性の水準は一般国民層の正統性の水準であってエリート層のものではない。

このような問題があるため、本書では正統性を別の方法で測ることにする。本書では、新聞論調、知識人の意見、政治指導者の意見、投票率、労働争議及び農民争議の数、暗殺事件などを材料として利用しながら、正統性の水準の変化を測っていく。このような資料はエリート層に関係するものが多いため、正統性の水準の測定はエリート層を中心に行うことになる。しかしこのために、正統性の水準の測定に大きな問題が生じるとは考えにくい。これは、既に論じたように民主化途上体制の下では、エリート層の間における正統性に対する信念の方が一般国民層の間におけるそれに比べより重要であるからである。また、新聞論調などは、世論の形成に影響を与え、一般国民層の間における正統性の水準にも影響を及ぼしているものと考えられる。

三　準忠誠

リンスは、「準忠誠」という概念を民主体制の崩壊を説明するために用いているが、民主化途上体制の崩壊を分析するにあたってもこの概念は非常に有用である。[48] 準忠誠という概念を正確に理解するためには、政治体制に対し忠誠であることの意味、また、政治体制に反逆することの意味について理解する必要がある。政治アクターが政治体制に忠誠であるということは、統治方法や権力の獲得の仕方を定めている「ゲームのルール」に従うことである。忠誠な政治アクターは仮に政治体制の特定の政権の推す政策に反対する場合であっても、例えば、野党が与党に対し国会の議場で論戦を挑むように、あくまでゲームのルールに則って政策に反対することになる。政治体制に反逆した政治アクターはこれとは全く逆に、ゲームのルールに従うことを拒否し、政権の政策を全く無視し、物理的暴力によって政権を倒そうとする。

準忠誠は忠誠と反逆の間の態度を指す。準忠誠は政治体制に対し明確に挑んでいくことを指すわけではなく、「平和的で正当な政治のパターンの限界をこえて、他の参加者に働きかけ、それを黙認、取り繕い、寛大に取り扱い、許容し、正当化しようとする意思」のことを指す。[49] 言い換えれば、準忠誠とは政治体制に対する反逆を「働きかけ、それを黙認、取り繕い、寛大に取り扱い、許容し、正当化しようとする」ことである。「政治暴力・暗殺・陰謀・失敗したクーデター・頓挫した革命の試みは準忠誠に対するテストを提供[50]」し、例えば、政治体制を転覆させようとしたクーデターが発覚した場合に、関係者を厳罰に処することについて反対する政治アクターは政治体制に対し準忠誠であると言える。

民主化途上体制において民主的勢力の一部が準忠誠の態度を取る場合、長期的な影響力の浸透をはっきりとは意識せず、単に短期的に自己の権力を増大させようとしているに過ぎず、民主化途上体制を打ち倒そうという意思は持っていないことが多い。しかしながら、一部の重要な政治アクターが準忠誠の態度を取ると、民主化途上体制に忠誠な民主的勢力とそれに挑戦している非民主的勢力の間の均衡に大きな影響を与えるので、民主化途上体制の運命に対し非常な悪影響がもたらされることになる。準忠誠の態度を取る者は、非民主的勢力に働きかけたりその行動を正当化することで非民主的勢力の立場を強める一方で、民主的勢力と連帯して非民主的勢力に対抗することを拒むことによって、民主的勢力の立場を弱めてしまう。この結果、非民主的勢力が民主化途上体制に挑戦する中でこの体制を支持する民主的勢力が後退し、民主化途上体制の弱体化が進むことになる。

四　政治制度と正統性、準忠誠

政治制度はその下に置かれるアクターに影響を及ぼす。正統性は直接的には政治体制の実績に影響されるが、政治体制の実績が政治アクターによって作られるものである以上、政治制度はアクターの行動に影響を与えることを通じて、正統性にも影響を及ぼす。また、政治制度は政治行動に影響を及ぼすので、一部の勢力が準忠誠の態度を取ることにも影響を及ぼしている場合がある。

第四節　仮説の構築

これまで行ってきた議論を基に、民主化途上体制の崩壊を分析するための仮説を構築したい。既に述べたように、民主化途上体制の下では、民主的勢力と非民主的勢力が併存している。両者の力関係に大きな影響を与える

図1-2　民主的勢力と非民主的勢力の関係

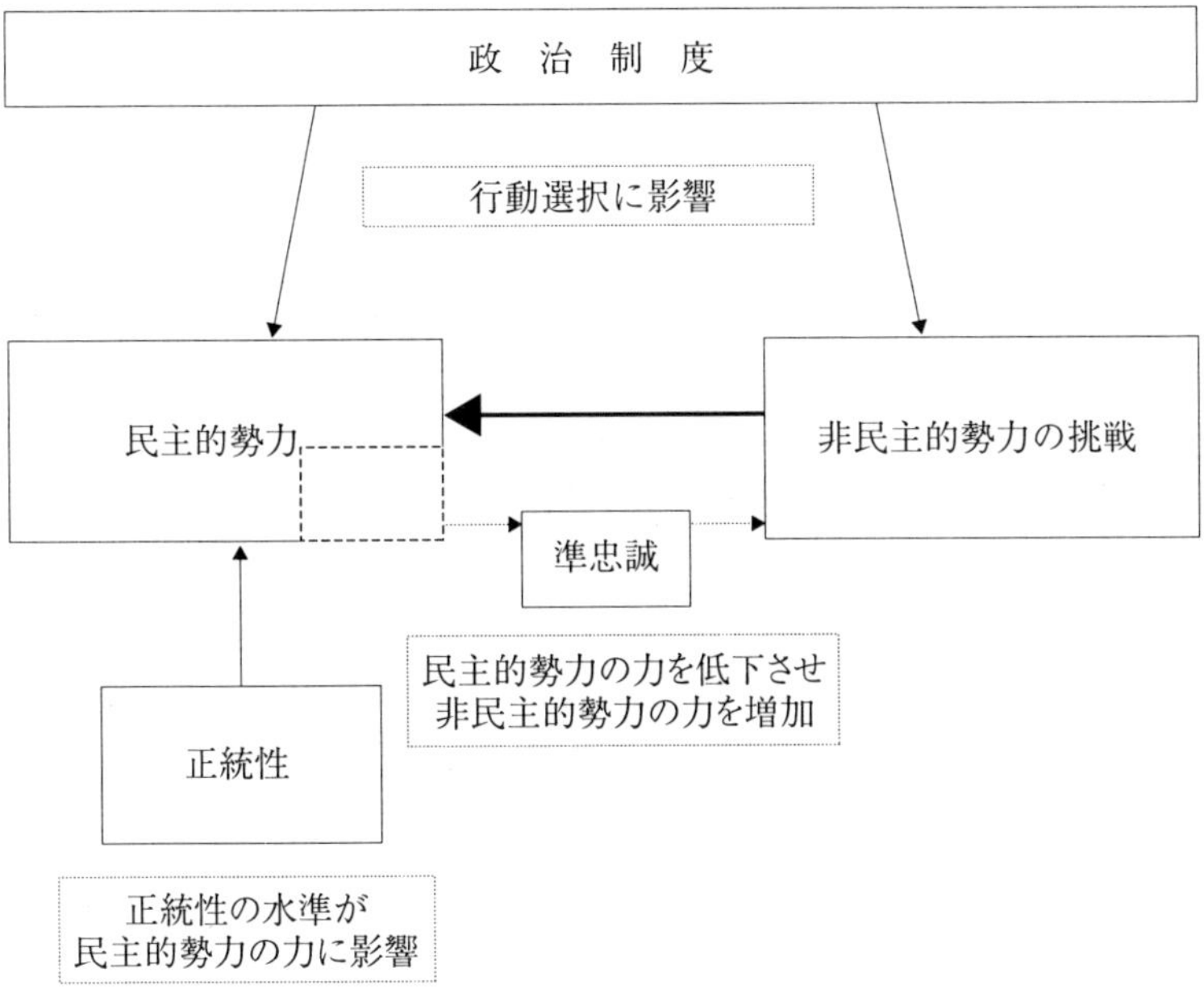

要素は、政治制度、正統性、及び準忠誠である（図1-2）。第一に、政治制度は民主的勢力と非民主的勢力の法的権限を定め、両者がどのような行動を選択するかに大きな影響を及ぼす。特に、政治制度によって非民主的勢力が有する法的権限は、彼等が民主化途上体制に挑み民主的勢力に対抗するにあたりどのような行動を取るかに影響を与え、また、民主的勢力が有する法的権限は、どのように非民主的勢力の挑戦に対し対処できるかに影響を与える。また、政治制度は、民主的勢力と非民主的勢力がどのような行動を選択するかに影響を及ぼすことを通じて正統性の水準及び準忠誠にも影響を与える。

第二に、正統性の水準は民主的勢力が非民主的勢力による挑戦に対抗する力に影響を及ぼす。正統性の水準が高い時は、民主的勢力は非民主的勢力を抑え込めるが、正統性の水準が低下するに伴って、民主的勢力が非民主的勢力に対抗する力は弱体化する。第三に、一部の民主的勢力の民主化途上体制に対する準忠誠の態度は、民主的勢力の力を低下させる一方で、非民主的勢力の力を増加させることになる。

最終的には、正統性が消滅する中で民主的勢力の一部が民主化途上体制に対し準忠誠の態度を取り、他の民主的勢力と一致して非民主的勢力からの挑戦に対抗することを拒むことにより、民主化途上体制は崩壊する。

第五節　予想される批判に対して

この仮説について予想される批判にここで予め触れておく。第一に、この仮説は結局多くの要素を含みすぎており、この結果、この仮説に基づいて分析を行う場合、その分析は説明的ではなく描写的なものになるという批判が予想される。この仮説に含まれる正統性が経済危機、腐敗など様々なほかの要素のために変化するためにこのような批判がなされると考えられる。確かに、正統性は様々な出来事によって変化する。しかし、このことと、これらの出来事を全て関係のある要素として仮説に含めることとは同じではない。ある事象に関係のあった全ての出来事を関係のある要素として仮説に入れると、この仮説を多くの事例の説明できる理論に発展させることが難しくなる。民主化途上体制の崩壊を一般的に説明できる理論を作り出すためには、正統性や準忠誠という一般的な用語によって定義される重要な要素に集中することが必要である。

第二に、一部の論者は、正統性の水準を測る方法について疑問を呈すかもしれない。しかしながら、ある要素が重要であると考えられるのであれば、その測定が困難であるという理由によってその要素を用いることを放棄するべきではない。ここで、ラカトスが述べた既存の理論を反証する方法を紹介したい。[51]ラカトスによれば、既存の理論では説明できない事例が存在するというだけでは、既存の理論の反証にはならず、既存の理論が説明できないことを説明できる新しい理論が生み出されてはじめて反証されたと言える。簡単に言えば、既存の理論よりも優れた理論が誕生するまでは既存の理論は放棄されないのである。同様のことが正統性の水準の測定の問題についても言える。既存の測定方法に問題があるというだけでは、この測定方法を放棄する理由にはならない。既存の測定方法は、これまで測定できなかったものを測定できるようにする方法が現われて初めて放棄されるべきである。従って、本書において提案した正統性の水準の測り方に問題があるからと言って、この測り方を直ちに放棄するべきではない。

現在でも、正統性の理論と正統性の水準の測り方の間にはギャップがある。理論はエリート層の間における正統性の水準を強調しているにもかかわらず、現実には世論調査を主に活用して行う正統性の水準の測り方は一般国民層の間における正統性を重視していることになる。ここで提案した正統性の水準の測定方法は、このギャップを埋めることに貢献することが期待される。

第六節　まとめ

これまで、民主化途上体制の崩壊を、これまで展開されてきた民主化論や体制変動論に基づいて分析することは難しく、従って、民主化途上体制の崩壊を一つの政治体制の崩壊として捉えて分析を行うことが必要になることを論じてきた。しかし、この場合、民主化途上体制の崩壊についての理論はまだ存在しないので、本章において政治制度、正統性、準忠誠という三つの要素を基に新たに仮説を構築し、提示した。

民主化途上体制の崩壊の過程では、民主的勢力と非民主的勢力の力関係が変化し、この三つの要素は両者の力関係に大きな影響を与える。政治制度は民主的勢力と非民主的勢力の法的権限を定め、両者が取る行動の選択に大きな影響を及ぼす。正統性の水準は民主的勢力が非民主的勢力に対する力を左右し、正統性が減少すると民主的勢力が非民主的勢力に対抗する力は低下する。また一部の民主的勢力の民主化途上体制に対する準忠誠の態度も同様に、民主的勢力が非民主的勢力に対抗する力を弱めてしまう。最終的には、正統性が消滅し民主的勢力の力が非常に低下する一方で、民主的勢力の一部が民主化途上体制に対し準忠誠の態度を取り、非民主的勢力の体制に対する挑戦を働きかけたり、体制に対する挑戦に対し、他の民主的勢力と一致団結して対抗することを拒むことにより民主化途上体制は崩壊する。

次の章では、日本に一九一八年から一九三二年にかけて成立した政治体制が民主化途上体制と分類できることを論証する。その上で、体制変動論に基づいて、民主化途上体制の崩壊を分析する場合の問題点を日本の事例を具体例として用いながら論証し、その後、本章で提示した仮説によって、日本の事例を分析できることを論証していく。

（1） Seymour Martin Lipset, *Political Man* (Baltimore : Johns Hopkins University Press, 1981), expanded edition.
（2） Ibid., 31.
（3） Ibid., 33.
（4） Robert Dahl, *Polyarchy* (New Haven: Yale University Press, 1971), 65.

（5） Ibid., 67-68.

（6） Samuel Huntington, *The Third Wave* (Norman: University of Oklahoma Press), 59-63.

（7） Ibid., 62-63.

（8） Larry Diamond, "Economic Development and Democracy Reconsidered," *American Behavioral Scientist 35* (March/June 1992):450-499.

（9） Gabriel Almond and Sidney Verba, *The Civic Culture* (Newbury Park, CA: Sage, 1989), 6, 12.

（10） Larry Diamond, *Political Culture in Developing Countries* (Boulder, CO: Lynne Rienner, 1993), 7-10.

（11） Lucian Pye, *Asian Power and Politics: The Cultural Dimensions of Authority* (Cambridge: Belknap Press, 1985), アジアの政治文化について、ibid., 25-29、民主体制が成立しにくいことについて、ibid., 342. なお、スカラピーノは、これと同じ考えに立ち、戦前の日本において民主体制が成立しなかった理由の一つは、封建主義の伝統を引きずった日本の政治文化であると論じている。Robert Scalapino, *Democracy and the Party Movement in Prewar Japan* (Berkeley: University of California Press, 1953).

（12） 韓国の民主化については、Larry Diamond and Byung-Kook Kim eds., *Consolidating Democracy in South Korea* (Boulder: Lynne Rinner Publishers, 2000) ; Larry Diamond and Doh Chull Shin, eds., *Institutional Reform and Democratic Consolidation in Korea* (Stanford: Hoover Institution Press, 2000) 参照。台湾の民主化については、Yun-Han Chu, *Crafting Democratization in Taiwan* (Taipei: Institute for National Policy Research, 1992) 参照。

（13） Samuel Huntington, *Political Order in Changing Societies* (New Haven: Yale University Press, 1968). また、ハンティントンの理論を使った研究例として、Alfred Stepan, *The Military in Politics* (Princeton: Princeton University Press, 1971); Guillermo A. O'Donnell, "Modernization and Military Coups: Theory, Comparisons, and the Argentine Case," in Abraham F. Lowenthal and J. Samuel Fitch, *Armies & Politics in Latin America* (New York: Holmes & Meier: 1988) revised edition, 96-133; J. Samuel Fitch, "The Military Coup d'état as a Political Process: A General Framework and the Ecuardorian Case," in Lowenthal and Fitch, *Armies & Politics in Latin America*, 151-164 がある。

（14） Huntington, Political Order in Changing Societies , 80.（サミュエル・ハンチントン『変革期社会の政治秩序』上

巻、サイマル出版会、一九七二年、七五～七六頁の訳を参照し、修正。)

(15) これについての研究は数多く見られるが、代表的なものとして、Sven Steinmo, Kathleen Thelen, and Frank Longstreth, eds., *Structuring Politics - Historical Institutionalism in Comparative Analysis* (Cambridge: Cambridge University Press, 1992) と James E. Alt and Kenneth A. Shepsle, eds., *Perspectives on Positive Political Economy* (Cambridge: Cambridge University Press, 1990) がある。また、政治制度の果たす役割についての議論を紹介したものとして、小堀貴子「アメリカ政治学における『新制度論』」『法学政治学論究』二一号、三一五～三五〇頁、加藤淳子「新制度論をめぐる論点」『レヴァイアサン』一五号、一七六～一八二頁参照。

(16) Juan Linz and Alfred Stepan, eds., *The Breakdown of Democratic Regimes: Europe* (Baltimore: Johns Hopkins University Press, 1978) Juan Linz and Alfred Stepan, eds., *The Breakdown of Democratic Regimes: Latin America* (Baltimore: Johns Hopkins University Press, 1978). これらの研究をまとめたものとして、Juan Linz, *The Breakdown of Democratic Regimes: Crisis, Breakdown, & Reequilibration*. (Baltimore: Johns Hopkins University Press, 1978).

(17) Linz, *The Breakdown of Democratic Regimes*., 79-81.

(18) Juan Linz and Alfred Stepan, "Editor's Preface and Acknowledgements" in Linz, *The Breakdown of Democratic Regimes*. xi.

(19) Linz, *The Breakdown of Democratic Regimes*, 14-15.

(20) Ibid., 32.(J・リンス『民主体制の崩壊』岩波書店、一九八二年、七六頁の訳を参照し、修正。)

(21) Seymour Martin Lipset, "The Social Requisites of Democracy Revisited," *American Sociological Review* 59, no. 2 (February 1994): 8.

(22) マックス・ウェーバー『支配の諸類型』創文社、一九七〇年、四頁。

(23) Juan Linz, "Legitimacy of Democracy and the Socioeconomic System," in *Comparing Pluralist Democracies*, ed. Mattei Dogan (Boulder, CO: Westview, 1988), 65.

(24) Linz, *The Breakdown of Democratic Regimes*, 16.(リンス『民主体制の崩壊』四三頁の訳を参照し、修正。)彼は、同じ定義を "Legitimacy of Democracy and the Socioeconomic System" においても用いており、これを「最低限の定義」

であるとしている。Linz, "Legitimacy of Democracy and the Socioeconomic System," 65.

（25） Lipset, *Political Man*, 64.

（26） Richard M. Merelman, "Learning and Legitimacy," *American Political Science Review* 60, no. 3 (September 1966): 548.

（27） 民主体制の崩壊における正統性の役割については、Linz, *The Breakdown of Democratic Regimes*, 16-23. 多くの研究が、民主体制の確立における正統性の役割を扱っている。Larry Diamond, Juan Linz, and Seymour Martin Lipset, "Introduction" in *Politics in Developing Countries*, eds. Larry Diamond, Juan Linz and Seymour Martin Lipset (Boulder: Lynne Rienner Publishers, 1995); Leonarld Morlino and José R. Montero "Legitimacy and Democracy in Southern Europe" in *The Politics of Democratic Consolidation: Southern Europe in Comparative Perspective*, eds. Richard Gunther, P. Nikiforos Diamandouros, and Hans-Jürgen Puhle (Baltimore: Johns Hopkins University Press, 1995); Peter McDonough, Samuel H. Barnes, and Antonio Lopez Pina, "The Growth of Democratic Legitimacy in Spain," *American Political Science Review* 80, no. 3 (September 1986): 735-760. 西側先進諸国における正統性の位置付けについては Dogan, *Comparing Pluralist Democracies* 参照。

（28） Peter H. Merkl, "Comparing Legitimacy and Values" in *Comparing Pluralist Democracies*, 21.

（29） Morlino and Montero, "Legitimacy and Democracy in Southern Europe" 232.

（30） Lipset, *Political Man*, 64.

（31） 例えば、McDonough, Barnes, and Lopez, "The Growth of Democratic Legitimacy in Spain" や Morlino and Montero "Legitimacy and Democracy in Southern Europe" など。

（32） 例えば、ダールは、「活動家や指導者の政治思想は、他の人のそれより決定的に重要な役割をはたす可能性がある」と論じている。Robert Dahl, *Polyarchy* (New Haven: Yale University Press, 1971), 126-127（ロバート・ダール『ポリアーキー』三一書房、一九八一年、一五五頁の訳を参照。）リンスも体制において知識人が体制の正統性の評価を決定するにあたり大きな影響を与えると論じている。Linz, *The Breakdown of Democratic Regimes*, 47-48.

（33） 例えば、ダイアモンド、リンス、リプセットは、「民主体制の理論は、民主的安定性のためには、指導者層と一般国民層において、民主体制の正統性に対する広範な信念を必要とすることを強調している」と説いている。

Diamond, Linz, and Lipset "Introduction," 9. ダールもまた、「非活動的、あるいは政治から排除されている階層すらも時々は動員される可能性があるので、彼らの信念が全く無関係ということはない」と論じている。Dahl, *Polyarchy*, 131.（ダール『ポリアーキー』一五五頁の訳を参照。）

（34） Diamond, Linz, and Lipset, "Introduction," 10.

（35） Ibid.

（36） Linz, "Legitimacy of Democracy and the Socioeconomic System," 91.

（37） Morlino and Montero, "Legitimacy and Democracy in Southern Europe," 244-246. ダイアモンド、リンス、リプセットも、権威主義体制に対する確固とした拒否感があったため、経済問題のために政治的危機が生じることがなかったと論じている。Diamond, Linz, and Lipset, "Introduction," 10.

（38） Juan Linz and Alfred Stepan, *Problems of Democratic Transition and Consolidation* (Baltimore: Johns Hopkins University Press, 1996):80-81.

（39） 実効性及び有効性という訳語については、リンス『民主体制の崩壊』四六頁の訳を参照。

（40） Linz, *The Breakdown of Democratic Regimes*, 20.（リンス『民主体制の崩壊』五一頁の訳を参照し、修正。）

（41） Ibid., 22.（リンス『民主体制の崩壊』五五頁の訳を参照し、修正。）

（42） この区別を行うにあたっては、ダイアモンドの論文を参照。ダイアモンドは、政治体制の実績は、経済成長と社会改革の面だけでなく政治の面においても評価されると論じている。Larry Diamond "Political Culture and Democracy" in *Political Culture and Democracy in Developing Countries*, ed. Larry Diamond (Boulder CO: Lynne Rienner, 1994), 13.

（43） Lipset, Political Man, 64-66. Diamond, Linz, and Lipset, "Introduction," 11.

（44） Larry Diamond, *Developing Democracy* (Baltimore: Johns Hopkins University Press, 1999), 80.

（45） Morlino and Montero, "Legitimacy and Democracy in Southern Europe," 233. Ulrich Widmaier, "Tendencies Toward an Erosion of Legitimacy," in *Comparing Pluralist Democracies*, 145. M. Stephen Weatherford は、正統性についての研究を批判して、正統性についての理論が正統性についてどのように研究を行い、正統性を測るかを決めているのでは

なく、現在、正統性を測るために利用可能な方法がどのように理論が構築されるかを決めていると論じている。M. Stephen Weatherford, "Measuring Political Legitimacy," *American Political Science Review* 86, no. 1 (March 1992):149-166.

（46）McDonough, Barnes, and Pina, "The Growth of Democratic Legitimacy in Spain," 740. Merkl, "Comparing Legitimacy and Values," 23-24.

（47）世論調査を使って、正統性を測った例については、Morlino and Montero, "Legitimacy and Democracy in Southern Europe" 及び McDonoubh, Barnes, and Pina, "The Growth of Democratic Legitimacy in Spain" 参照。

（48）Linz, *The Breakdown of Democratic Regimes*, 32-33.

（49）Ibid., 32.（リンス『民主体制の崩壊』七六頁の訳を参照し、修正。）

（50）Ibid., 33.（リンス『民主体制の崩壊』七七頁の訳を参照し、修正。）

（51）Imre Lakatos, "Falsification and the Methodology of Scientific Research Programmes," in *Criticism and the Growth of Knowledge*, eds. Imre Lakatos and Alan Musgrave (Cambridge: Cambridge University Press, 1970): 91-196（ラカトス／マスグレーヴ編『批判と知識の成長』木鐸社、一九八五年）。

第二章　民主化途上体制による統治

一九一八年～一九三二年

本章の目的は、序章で紹介した民主化途上体制の定義に照らし一九一八年から一九三二年にかけて日本に民主化途上体制が存在し、この政治体制が一九一八年以前に存在した政治体制と一九三二年以降に存在した政治体制と区別できることを示すことである。

まず、民主化途上体制が長期的民主化の過程で成立したことを示すため、一八八九年から一九一八年にかけて成立した政治体制の性格を民主化の三つの側面に照らして検証し、この政治体制が競争的寡頭体制であったことを示す。次いで、一九一八年から一九三二年にかけて成立した政治体制が民主化途上体制であったことを明らかにする。さらに、この政治体制がそれ以前の競争的寡頭体制及びそれ以後の権威主義体制といかに異なっていたかについて論じる。最後に、日本の民主化及び民主化途上体制の特徴を一層明確にするために日本とイギリスの民主化過程の比較を簡単に試みる。

第一節　競争的寡頭体制：一八八九年～一九一八年

一八八九年に明治憲法が発布された。憲法の発布は次の二つの理由によりこれ以前の時代と一線を画し、これ以降一九一八年にいたる日本の政治体制は競争的寡頭体制であったと言える。第一に、明治憲法の発布は明治維新以降進められてきた内閣制度、官僚機構などの近代的統治機構の整備が一応完了したことを意味し、また、政治体制の正統性の源の中心が天皇という伝統的権威から法的権威に移ったことを現わしていた。第二に、明治憲法の発布により帝国議会が開設され極めて限られた形ではあったものの国民の政治参加への道が開かれた。

以下の部分では、一八八九年から一九一八年にいたる日本の政治体制が競争的寡頭体制であったことを既に論じた民主化の三つの側面に照らして議論し、その上でこの期間がどのような意味で民主化途上体制の成立に繋がる過程であったのか議論したい。[1] また、この部分の終わりでは、この競争的寡頭体制は権威主義体制とは異なる政治体制であったことについても若干説明する。

一　政治における競争の状態

一八八九年から一九一八年にかけて、既に政治の場では実質的な競争があった。[2] まず、藩閥勢力間で薩摩閥と長州閥の間を中心とする競争が存在した。さらに、同じ藩閥勢力の中でも伊藤博文と山県有朋の関係に代表されるように熾烈な対立関係が存在した。伊藤博文と山県有朋は多くの問題について意見を異にし、伊藤が政党勢力の台頭に理解を示し自ら政友会の総裁に就任するほどであったのに対し、山県は政党勢力を敵視し、また、外交政策においても日清戦争後に伊藤が日英同盟に反対し日露協商を支持したのに対し、山県は日英同盟を支持した。[3]

藩閥勢力間及びその内部でも熾烈な競争があったことに加え、藩閥勢力と政党勢力も権力の行使をめぐって競い合った。まず、政党勢力は議会が開設されてからしばらくの間、幾度も政府の予算案の削減を試み、藩閥勢力に対抗する一方で、藩閥勢力は政党勢力の力を削ごうと議会を何回にもわたって解散した。その後、日清戦争を経て、藩閥勢力と政党勢力の間の関係は次第に安定的なものになっていったが、両者の関係の背景には常に権力獲得を狙った争いがあり、両者は協力の条件をめぐって争うことが多かった。特に、第一次桂内閣成立以降、藩閥勢力を代表する桂太郎と政友会総裁の西園寺公望が交互に政権を担当したため、日露戦争後は、藩閥勢力と政友会の間には協調関係が成立したように見えるが、これは藩閥勢力と政友会の勢力関係が拮抗していたことを反映したに過ぎず、この裏には、藩閥勢力を代表する桂と政友会の間に権力をめぐる争いが存在した。

上記のことに加え、政党勢力相互の間にも対立が存在し、各政党と藩閥のリーダーが様々な関係で結ばれたために、藩閥勢力内の関係のみならず藩閥勢力と政党勢力の関係もさらに複雑化した。例えば、第二次伊藤内閣は一八九五年に自由党と提携したのに対し、第二次松方内閣が一八九六年に成立するとこの内閣は進歩党と手を握った。その後、第二次山県内閣が憲政党と提携した後は、憲政党及びその後継政党である政友会と長州閥の連合が長い間、政治の場で優位となり、特に、既に述べたように、一九〇一年から大正政変までは、桂と西園寺が交互に政権を担当した。しかし、長州閥と政友会の関係は安定的なものではなく、両者は他の政治勢力と提携する余地を探っていた。例えば、第二次桂内閣は発足当初憲政本党などの政友会以外の政党から支持を得る一方で、第二次西園寺内閣は薩摩閥と提携することを試みた。桂の憲政本党などと結ぶ動きは第三次桂内閣の下での同志会の結成に繋がり、この一方で政友会と薩摩閥の提携は第三次桂内閣に代わって成立した第一次山本内閣の下で実現した。

このように、一八八九年から一九一八年にいたる政治体制の下では、政治において様々な形で競争が行われ実質的競争が存在した。

二　公職に対する有権者の統制

一八八九年から一九一八年にかけて、政治機関のうち有権者の統制は法的には衆議院にしか及んでおらず、政党内閣期のように有権者の統制が間接的な形で内閣にも及ぶということも殆どなかった。つまり、この政治体制の下では、公職に対する有権者の統制は極めて限定されていた。

三　選挙参加の程度

明治憲法の下で衆議院議員は選挙によって選出された。しかし、この政治体制の下で有権者の数は当初一八九〇年の第一回総選挙の時点で約四五万人に過ぎず、これは当時の成人人口（二〇歳以上）のわずか二・〇パーセントに過ぎなかった[4]。一九〇〇年に選挙権は拡大されたが、拡大後の一九〇二年の第七回総選挙時でも、有権者の数は約九八万人に過ぎず、これも成人人口の三・九パーセントに過ぎなかった[5]。要するに、一八八九年から一九一八年にいたる政治体制の下で、選挙を通じて政治に参加する権利を有しているものは極めて限られていた。

結局、この政治体制の下では、政治において実質的な競争が存在したものの、公職に対する有権者の直接または間接的な統制も限られていた上、そもそも有権者の数が極めて少なかったので、この政治体制は競争的寡頭体制と言うべきものであった。

四　競争的寡頭体制と権威主義体制の違い

次に一八八九年から一九一八年にいたるまで成立していた競争的寡頭体制が、権威主義体制とはどのように異なった政治体制であったか見ていきたい。

権威主義体制では、いくつかの特定のグループに政治権力が集中するのに対し、競争的寡頭体制ではより大きな政治的多元性が見られ、政治権力を行使することのできるグループがより広範に存在した。また、権威主義体制では、議会や政党は仮に存在する場合であっても殆ど名目的なものにすぎないのに対し、競争的寡頭体制の下では、権威主義体制に比べ、議会や政党ははるかに大きな権限を持っていた。衆議院は政府の提出する予算審議権の他、立法権など実質的権限を有している一方、政党は衆議院の権限を背景に次第に政府に対する影響力を高めていった。

さらに競争的寡頭体制では権威主義体制に比べより広範な形で国民の政治参加が見られた。選挙権は制限されていたものの、両院のうちの衆議院は選挙によって直接選出され、選挙では政党間の実質的競争が行われた。一八八九年から一九一八年の間に成立していた競争的寡頭体制を、権威主義体制の代表例とされているフランコ支配下のスペインを比べることで、この政治体制が権威主義体制とは明確に異なっていたことが一層明確になる[6]。

まず国民を代表する機関について論じると、議会に対する法的な制約は、フランコの下のスペインの方が大きかった。スペインの議会にあたるコルテスの権限は非常に制約されていた。政府はコルテスに国家財政、国家機構などごく一部の事項についてのみ法律案を提出し、その承認を得ることが求められているに過ぎず、それ以外の事項については自由に法律を制定することができた[7]。また、本来はコルテスの承認を得るべき権限についても、コルテスを無視して政令を発出することができた[8]。

これに対し、日本の場合、政府は全ての法律案を議会に提出しなければならず、議会はしばしば政府によって提出された法律案や予算案の承認を拒むだけでなく、自ら法律を策定することもできた。

確かに、帝国議会にも制約がなかったわけではなかった。政府は、法律と同じ効力を有する緊急勅令や独立命令を制定することができ、議会が予算案の承認を拒んだ場合には、前年の予算を執行することができた。しかし、緊急勅令を制定した場合、次期議会で承認を求めなくてならず、承認を得られない場合効力を失った。この一方で、独立命令によって既存の法律を変更することはできず、憲法によって法律が定めることを求めている事項について定めることはできなかった。[9] また、予算案の承認が拒まれた場合、執行できるのはあくまで前年の予算であり、自由に新たな予算を編成できるわけではなかった。

さらに、フランコの下のスペインでは国民は自らの代表を議会に殆ど送ることができなかった。コルテスの構成は非常に複雑なものであったが、一九六七年の「家族代表制」の導入後も議員のほんの一部しか国民から直接選出されず、政府とフランコは多くの議員を任命する権限を有していた。[10] 帝国議会の場合、貴族院は国民から選出される機関ではなかったが、衆議院は国民から選出される機関であった。また、選挙権は制限されていたが、全衆議院議員は定期的に行われる選挙を通じて有権者から選出されており、内閣が衆議院を支配することは不可能であった。これに対し、スペインの場合、政府は議員を任命する権限を通じてコルテスを支配下に収めることは可能であった。[11]

最後に、フランコの下のスペインと日本に成立した競争的寡頭体制の最大の違いの一つは、政党の果たした役割である。フランコの下のスペインでは、ファランヘ党（後にムヴィメントナチオナル党）を除いて政党は非合法化されていた。[12] これに対し、日本の競争的寡頭体制の下ではいくつもの政党が存在し、互いに同等の権利を有していた。また、ファランヘ党は政策決定にあたり大きな影響力を有していなかったのに対し、日本の競争的寡頭体制の下で、諸政党は、衆議院における審議に加え、内閣に参加することによって政策形成に大きな影響力を行使することができた。さらにフランコの下のスペインと競争的寡頭体制の下の日本で議会と政党の役割が異なっていたことは、両国における政治参加の性格も異なったものにした。衆議院と政党の台頭を通じて、国民の意見が僅かであっても次第に政治に反映されるようになったが、フランコの下のスペインでは、政治参加は「圧倒的に受動的なものであった⑬」。

五　競争的寡頭体制の下での民主化の進展

競争的寡頭体制の特徴は、この体制の下で民主化が進展したことである。第一に、選挙権が拡大され有権者の数が増加したため、政治に参加する権利を有する者が拡大するという側面で民主化が進展した。一九〇〇年に第一次選挙権拡大が実現し、選挙権が年一〇円以上の納税者にまで拡大され、この結果、全成人人口の三・九パーセントが有権者となった。

第二に政党や国民の意思が内閣の存廃に与える影響が次第に大きくなっていったので、有権者の公職への統制が拡大するという側面でも民主化が進展した。もちろん、一九〇八年に行われた第一〇回総選挙で与党政友会が勝利を収めたにもかかわらず、総選挙の二ヶ月後に藩閥勢力からの圧力によって第一次西園寺内閣が総辞職に追い込まれたように、内閣の存廃が有権者の意思を反映しない場合も多かった。しかしながら、逆に内閣と衆議院の対立が内閣の総辞職に繋がることも多かった。特に日露戦争後は内閣に対する国民の不満が内閣の命運を決することが増え、実質的には内閣はその政策に対する責任を衆議院や国民に対し事実上負わざるを得ないことも多かった。

例えば、第二次松方内閣は一八九七年に進歩党や自由党などから内閣不信任案を提出されると衆議院を解散した後に総辞職した。また、第三次伊藤内閣も地租増徴法案が一八九八年に衆議院の圧倒的多数によって否決されると衆議院を解散し、総辞職した。日露戦争後は、衆議院を支配する政党との関係に加え、民衆運動が内閣の運命に影響を与えるようになっていく。まず、一九〇五年の第一次桂内閣の総辞職は民衆運動が内閣の運命に影響を与えた最初の事例であった。第一次桂内閣は実際に内閣不信任案可決などによる議会と内閣との対立によって総辞職したわけではなかったが、桂首相はポーツマス条約に民衆が反対し議会運営が厳しくなることを懸念し、次のように西園寺に政権を委譲することを決意した⑭。

（日露戦争中の）軍事上の成功は国民の一部をして過度の信念を生ぜしめ、為めに平和克復に際し講和条件は以て其予期を充たすに足らざるの感想を生ぜしめ、一部不平の徒にして自己の慾望又は団体の野心を達さむとする者は、此機会を利用して民衆を煽動し、新聞紙の大多数は外交失敗を疾呼して、思慮なき民衆の反抗的気勢を激成するに勉めたり。（中略）民心既に平和を歓迎するも、戦後経営の負担を継続するは内心決て快感をゆうするものにあらず。此時に当り、絶大の計画を提けて準備なきの議会に臨む、政策遂行の困難固より言を俟たざる所にして、勢の激する所、或は議会の解散となり、為めに国務の阻滞するに至るも亦計るべからず。（中略）政界の大勢上述する所の如くにして、内閣既に此難局に際会す⑮。

また、一九一三年の第三次桂内閣の崩壊は、内閣が衆議院と国民に対する責任を認めたことが一層明確な事例である。第二次西園寺内閣が二個師団増設問題で総辞職に追い込まれると藩閥勢力を批判する世論が強まり、第一次憲政擁護運動が起こった。第三次桂内閣の成立後、第一次憲政擁護運動はさらに高まり、議会開会中、政友会、国民党から同内閣に対し、内閣不信任案が提出されると、民衆運動の高揚と内閣不信任案を前にして、同内閣は衆議院を解散することもできず総辞職に追い込まれた。さらに例を挙げれば、一九一四年に第一次山本内閣はシーメンス事件が起こり民衆運動が政府に対し向けられる中で総辞職に追い込まれ、一九一八年に寺内内閣は米騒動の責任を取る形で総辞職したのである。

要約すれば、この競争的寡頭体制の下で、衆議院及び国民の意向が内閣の命運に与える影響は徐々に高まり、内閣は次第に衆議院や国民に対し事実上の責任を負うようになっていったのである。

六　競争的寡頭体制の意義

競争的寡頭体制は、この体制の下で政治指導者が政治的競争に慣れ、世論が次第に政治に反映されていくようになったという意味において、日本の政治的発展史上大きな意味を持っていた。言い換えるならば、この競争的寡頭体制は後の民主化途上体制への道を開くものであった。

第二節　民主化途上体制：一九一八年～一九三二年

以下の部分で、原内閣の成立から犬養内閣の崩壊にいたるまでの日本の政治体制の性格を明らかにし、この政治体制がいかなる意味で民主化途上体制と言えるのかについて明らかにしていきたい。

一　政治における競争の状態

まず、政党間で激しい競争が繰り広げられたということが一九一八年から一九三二年にいたる時期の政治の大きな特徴である。一九一八年から一九三二年にかけては、三党鼎立状態であった一九二四年から一九二七年にいたる時期を除いて、二大政党（政友会と憲政会（後に民政党））が互いに競い合い、一九二二年から一九二四年にいたる時期を除いて、政権を互いに担った。[16] また、三党鼎立の状態で行われた一九二四年の第一五回総選挙を除き、二大政党はこの期間に行われた衆議院総選挙で総議席の八〇パーセント以上を獲得していた。さらに、二大政党は各議員の個人的努力に依るところは大きかったものの、各府県に支部を張り巡らし、この結果、一九二〇年代の終わりまでに府県会議員の約九〇パーセントは二大政党のいずれかに属するようになっていた。[17]

次に、政党間の競争の具体的内容について見ると、政友会と憲政会・民政党はいくつもの政策課題について違った主張を行い競い合った。[18] 原内閣の下で、男子普通選挙の導入が問題となった時、政友会が時期尚早を唱えたのに対し、憲政会は即時導入を訴えた。また、経済政策についても両党の主張は異なり、政友会は拡張的な財政政策を支持したのに対し、憲政会・民政党は緊縮財政を支持した。この経済政策に対する両党の立場の違いは金解禁の時に最も端的に現れた。浜口内閣が金解禁を実施し、実施後もその政策を固持したのに対し、政友会は金解禁に反対した。

さらに、両党の外交政策も異なっていた。一九二〇年代後半に、国民党が中国再統一を進めた際に、民政党が英米との協調の下で、日本の権益を維持しようとしたのに対し、政友会はより強硬な政策を支持し、日本の権益を維持するためには英米との対立も辞さない構えを見せ、必要であれば武力を行使することも必要であると考えていた。一九二四年の第一五回総選挙を除き、両党はこのように異なる政策への支持を求めて、選挙で互いに競い合ったのであった。

しかしながら、二大政党間の熾烈な競争にもかかわらず、政府側が与党側候補者のために選挙に干渉したり、治安維持法による制限などが存在したため、選挙は完全に公正かつ自由な形で行われたわけではなかった。[19] 与党は、選挙を自分に有利なように進めようとし、このため、与党の党員を知事に任命したり、内務省の人事に介入し、与党の影響の下にある知事や内務官僚に、野党の候補者の選挙運動違反をより厳しく扱うなど、選挙運動の取り締まりを恣意的に行わせた。しかし、一九二八年の第一六回総選挙で田中内閣が政友会候補のために行った選挙干渉にもかかわらず、同党が衆議院の過半数を占めることができなかったように、政府の行う選挙干渉が実際にどの程度の影響を及ぼしたかを測ることは難しい。

これに加え、一九二五年に成立した治安維持法は、「国体若ハ政体ヲ変革シ又ハ私有財産制度ヲ否認スルコトヲ目的トシテ結社ヲ組織」することを禁じ、政治における競争を制限した。この法律によって共産主義者の政治参加は妨げられ、共産主義運動は厳しく弾圧され、例えば、一九二八年の三・一五事件及び一九二九年の四・一六事件において、共産党党員は一斉に検挙された。

要するに、一九一八年から一九三二年にかけては、政府が選挙に介入したり、特定の政治思想を持つ者が選挙に参加することができなかったため、選挙は完全に公正かつ自由ではなかったが、政党間に実質的な競争が相当程度存在していたのである。

二　公職に対する有権者の統制

民主化途上体制の第二の側面である公職に対する有権者の統制は一九一八年から一九三二年にかけてどの程度実現されていたのであろうか。一九一八年から一九三二年にかけては、明治憲法の下の様々な政治機構のうち衆議院と内閣が有権者の実質的な統制に服していたと言える。明治憲法の下では衆議院のみが直接国民に対し責任を負う機関であり、衆議院は内閣によって提出された法案や予算案を承認する権限に加え自ら法案を提案する権限を有していた。明治憲法の下で、内閣は衆議院に対してではなく天皇に対し責任を負っており、今日の議院内閣制のように衆議院に対する統制を通じて有権者が間接的に内閣を統制するということはなかった。

しかしながら、一九二二年から一九二四年の時期を除いて一九一八年から一九三二年にかけては、政党の総裁が首相に任命され、政党が内閣を支配した。当時の首相の任命方法に確固たる決まりがあったわけではないが、実際に行われた首相の任命の例を見ると一定の法則があった[20]。まず、首相が死亡または健康上の理由で辞任した際には、出身政党の後継総裁が首相に任命され、首相が政治的苦境に直面し内閣が総辞職した場合には、野党第一党の党首が後継首相に任命された。従って、この時期に有権者は政党を通じて事実上内閣も統制していた。もし、政党内閣の慣行が長期にわたり続き、一九世紀のイギリスにおいて起こったメルボルン卿の罷免のように内閣が国王に対してではなく、議会に対して責任を負っていることをはっきりさせる事件が起こっていれば、日本も慣習によって議院内閣制を打ち立てられる可能性はあった[21]。しかしながら、政党内閣の慣行は、軍部の政治介入の前に崩れてしまったのである。

一九一八年から一九三二年にいたる殆どの期間、有権者は衆議院と内閣を統制していたが、この時代にあっても、元老、貴族院、枢密院、軍部という四つの機関が有権者による選挙を通じた統制を受けず、大きな権力を行使した[22]。従って、一九一八年から一九三二年にかけて、有権者は選挙を通じて直接または間接にいくつかの公職に対して統制を及ぼしたが、有権者の統制が全ての公職に及んだわけではなかった。

三　選挙参加の程度

一九一八年から一九三二年にかけて、選挙権は一層拡大された。一九一九年に原内閣の下では年三円以上の納税者にまで選挙権が拡大された。この結果、一九一七年の第一三回総選挙時には有権者の数は成人人口の四・八パーセントにあたる約一四二万人であったのが、一九二〇年の第一四回総選挙時には有権者の数は成人人口の一〇・二パーセントにあたる約三〇七万人にまで倍増した[23]。さらに、一九二五年には、二五歳以上の男子に選挙権を付与する男子普通選挙が実現し、一九二八年の総選挙では、成人人口の三七・三パーセントにあたる約一、二四一万人が選挙権を有していた[24]。

男子普通選挙導入後の有権者の数は、少なくとも民主化途上体制の条件を満たしていたが、一九一九年に行われた選挙権の拡大をどう捉えるかという問題が残る。つまり、有権者の数が成人人口の一〇・二パーセンを占めていたことをもって、民主化途上体制の条件を満たしたと考えるかどうかである。仮に、制限選挙の下で、選挙権を有する者の意見や利益がほぼ均一で、選挙権を有しない他の国民の意見や利益から明確に異なっていた場合には、政治における競争を非常に限られたものにするという意味で、民主化途上体制の条件すら満たさないということも考えられる。確かに、制限選挙の下では、普通選挙の場合に比べ有権者の意見や利益の均一性はより高く、限られた有権者は専ら自分達の利益になる政策のみを支持すると考えられる。一九二〇年に政友会が普通選挙時期尚早論を唱えて総選挙に勝つことができたのはこのためであったかもしれない。既に選挙権を有していた有権者にとっては、男子普通選挙の実施にはそれほど大きな関心がなかったとも考えられる。

しかしながら、絶対数で見れば、当時の有権者の数は三〇七万人にのぼっており、全有権者の利益及び意見が一致していたと考えるよりは、多様な利害関係及び意見があったと見る方が自然であり、有権者の間での利害関係及び意見の異同は、社会全体の多様性とある程度一致していたと考えられる。例えば、二大政党が唱えた経済政策が異なっていたということは、この問題について有権者の意見が異なっていたことを示唆している。さらに、いくつかの問題については、制限選挙の下でも有権者の意見が選挙権を有しない国民の意見と一致していたともいえる。例えば、清浦内閣反対の世論が形成される中で行われた一九二四年の第一五回総選挙において、有権者は護憲三派を支持し清浦内閣を総辞職に追い込んだのであり、この投票行動は世論と一致していた。

要するに、選挙権が年三円以上の納税者に限られていた時期に、政府の政策は、有権者、即ち有資産者の利益に偏っていたことは否定できない。しかしながら、三〇七万人の有権者の間には多様な利益が存在し、その結果、社会全体に存在するいろいろな利益を政策に反映させたと考えるのが自然である。従って、成人人口の一〇・二パーセントが投票権を有していたことをもって、民主化途上体制の条件は満たされていたと言っていい。

これまで論じてきたように、一九一八年から一九三二年にかけて、政治における競争、有権者による公職の統制、国民の選挙参加という三つの側面でいずれも、民主化途上体制の条件が満たされており、民主化途上体制が成立していた。

最後に、一九二二年から一九二四年に成立した中間内閣のために、民主化途上体制はいったん中断されたのではないかという問題について論じたい。たしかに中間内閣が三度にわたり成立したが、一九一八年から一九三二年にかけて民主化途上体制が継続的に成立していたとすることに問題はない。そもそも、中間内閣は二年間続いたが、清浦内閣は、政党内閣を求める政党勢力の前に、組閣後一ヶ月も経たないうちに衆議院の解散に追い込まれ、実質的に選挙管理内閣として存続したにすぎなかった。また、政党内閣を求めた政党勢力が一九二四年の総選挙で勝利を収めたことにも表われているように、当時は政党内閣が既に規範となっていた。これらのことに加え、政治競争や選挙参加の面でも民主化途上体制の条件を満たしており、一九二二年から一九二四年を含めて民主化途上体制が成立していたとすることに問題はない。

第三節　民主化途上体制と競争的寡頭体制の違い

一九一八年から一九三二年にかけて民主化途上体制が存在したと論じるためには、この政治体制がそれ以前と以降に存在した政治体制とは明確に異なることを論証しなくてはならない。ここでは、まず、民主化途上体制と競争的寡頭体制がどのように異なっていたか、見ていきたい。

一　政治における競争の状態

まず、競争的寡頭体制と民主化途上体制では、政治における競争の性質が異なっていた。競争的寡頭体制の下では藩閥勢力と政党勢力の間が競争の中心であった。これに対し、寺内内閣の崩壊と原内閣の成立をもって、競争の中心は、藩閥勢力と政党勢力の間の競争から政友会と憲政会・民政党という二大政党間の競争に移り、民主化途上体制の下では、政党間のそれが競争の中心となった。確かに、競争的寡頭体制の下でも政党間の競争は存在したが、政友会の形成された後は、同志会が第二次大隈内閣の与党になった時を除いて、政友会に対抗し得る政党勢力は存在しなかった。政党間の競争は、常に政友会が優位に立つ形で行われていた。これに対し、民主化途上体制の下では、同じような勢力を誇る二大政党の間で競争が行われたのであった。

このような議論に対しては、清浦内閣が政党勢力と対立したことをもって、民主化途上体制の下でも、それ以前の競争的寡頭体制と同じように、非政党内閣と政党勢力の間の対決が行われたという反論が予想される。しかしながら、清浦内閣の性質は競争的寡頭体制時代の非政党内閣とは異なっていた。一九二二年二月の山県有朋の死に見られるように、元老の物理的衰弱もあって、この頃、政治勢力として一体性を持った藩閥勢力はもはや存在せず、枢密院、貴族院、軍部など有権者の統制に服さない政治勢力が個々に分散して存在していたにすぎなかった。従って、清浦内閣と政党勢力の対立は、有権者の統制に服さない勢力を糾合した藩閥勢力と政党勢力の対立とは質的に異なったものであった。

二　公職に対する有権者の統制

競争的寡頭体制と民主化途上体制の最大の違いは、公職に対し有権者の統制が及ぶ程度であった。競争的寡頭体制においては、政党内閣という形を通じて有権者の間接的統制が内閣に及ぶことはなかった。確かに、この政治体制の下でも、政党が内閣に参加した例はあり、伊藤博文や西園寺公望のように政党の総裁が首相に任命された内閣もあった。

しかしながら、競争的寡頭体制の下では、政党総裁によって組閣された内閣は時たま現れただけであり、政党総裁によって組閣された内閣が継続的に成立するということはなかった。これに対し、一九二二年から一九二四年を除いて一九一八年から一九三二年にかけては政党が連続して内閣を組閣した。また、政党による内閣の統制は競争的寡頭体制に比べ、強力なものとなっていた。前者においては、政党総裁が内閣を組閣した例はあっても、これは、伊藤博文は藩閥勢力のリーダーであり、西園寺公望は華族であるという政党総裁の個人的属性によるところが大きかった[25]。また、二次にわたる西園寺内閣では、閣僚のうちの数人が政党員であったに過ぎない。これに対し、民主化途上体制においては、政党総裁は、政党総裁であるというそのこと自体によって首相に任命されたのであり、大部分の閣僚が政党員であった。

三　選挙参加の程度

最後に、国民の選挙参加の程度について論じると、選挙に参加する有権者の数が競争的寡頭体制においてはずっと少なかった。既に述べたように、一九一九年の選挙法改正以前の有権者の数は、成人人口の四・二パーセントにあたる約一四二万人にすぎず、一九一九年の選挙法改正以後、成人人口の一〇・二パーセントにあたる約三〇七万人、一九二四年の選挙法改正後は、成人人口の三七・三パーセントにあたる約一、二四一万人が選挙権を有したのに比べ少なかった。

以上のことから、一九一八年から一九三二年にかけて存在した民主化途上体制は、それ以前に存在した競争的寡頭体制とは明確に異なる性格を持っていたことがわかる。

第四節　民主化途上体制と権威主義体制の違い

さて、次に民主化途上体制が一九三六年以降に成立した軍部を中心とする権威主義体制とも異なる性格を持っていたことを論じる。一九三二年から一九三六年にかけては、政党内閣は存在しなかったが政党が相当程度の力を内閣において有しており、過渡的な期間であった。この過渡期を経て、一九三六年から一九四五年にいたるまで軍部を中心とする権威主義体制が成立した[26]。

この権威主義体制の特徴は、軍部が政治的に非常に強力であったことと有権者によって選ばれる機関の役割が低かったことにある。軍部は、この政治体制の中心にあり、各内閣の成立や政策形成に大きな影響力を発揮し幾度となく全ての政治権力をその支配下に置こうと試みた。一方で、議会の役割が次第に低下し、一九三八年には国家総動員法が成立するにいたり、また政党の力も徐々に弱くなり、一九四〇年には全政党が解散した。

しかしながら、軍部の中にも陸軍と海軍の対立があり、また、この他にも官僚機構、重臣が支配者層として存在し、ある程度の政治的多元性（プルーラリズム）が存在した。結局、陸軍は結局全権力を自己の下に集約することはできず、支配者層内の他の勢力は陸軍に権力が集中することに抵抗した。さらに、権威主義体制は日本の国体固有の価値を強調し、対外危機に対し総動員体制を築き上げることを強調したが、それ以外に特定のイデオロギーを信奉することはなかった。

以下に、権威主義体制が民主化途上体制と民主化の三つの側面においてどのように異なっていたか見ていくが、権威主義体制の下でも男子普通選挙制度は維持されたので、異なっていたのは政治における競争の状態と公職に対する有権者の統制の側面においてであった。

一　政治における競争の状態

既に述べたように、一九三六年以降に成立した権威主義体制の下で、政党と衆議院の役割は限定的なものであった。また、民主化途上体制から権威主義体制への移行期に、政治的な競争を可能にし、選挙を公正かつ自由なものにするために必要な権利の保障は大きく損なわれた。例えば、一九三五年に岡田内閣は天皇は憲法の下での一機関として権力を行使しているに過ぎないという天皇機関説を禁止した。美濃部達吉の唱えた天皇機関説は、天皇が絶対君主として無制限の権限を持つことを否定した上で立法権の優位性及び立法権を有する議会の天皇からの独立性を唱えるものであり、通説として憲法学の面から政党内閣を支えるものとなっていたが、岡田内閣の下で天皇に対し不敬であるという理由で攻撃され、最終的に禁止された[27]。また、共産党及び共産党員は幾度にもわたり、弾圧され、一九三五年までに完全に崩壊させられた[28]。

また、一部のイデオロギーだけが抑圧されたのではなく、軍部は軍に反対する意見を厳しく取り締まり、この結果、一九三七年一月には広田内閣は総辞職に追い込まれ、一九四〇年三月には斉藤隆夫議員が衆議院から除名された。広田内閣の総辞職からまず論じると、一九三六年一二月に始まった第七〇議会において政友会の浜田国松議員は軍部の政治介入を非難した。寺内寿一陸相はこれに激怒し内閣に対し報復として衆議院を解散することを求めた。結局、内閣は解散するかどうか決定できなかったため、広田弘毅首相は内閣が総辞職することを選んだ[29]。また、一九三九年一二月に開会した第七五議会において、民政党の斉藤隆夫議員は、支那事変をめぐる政府と軍の政策を非難した。これに対し、陸軍と内閣が衆議院に斉藤議員を除名するよう要求すると、衆議院はこの要求に屈し、一九四〇年三月に斉藤議員を衆議院から除名した[30]。

このように、権威主義体制の下では、政治的競争と公正かつ自由な選挙のために必要な政治的自由が極めて制限されていた。しかしながら、この政治体制の下で政治的な競争が完全に消滅したわけではなかった。政治的多元性は限定された形で存在しており、支配者層である陸軍、海軍、官僚機構、重臣の間で競争は存在した。陸軍以外の勢力も体制内において権力を保持したため、陸軍の体制内で覇権を打ち立てようとする試みは妨げられた。

この政治体制の下で陸軍はしばしば内閣の構成や政策立案に介入したが、重臣は首相を天皇に推薦する権限を保持した。また、陸軍は政府の全ての機関をその支配の下に置くことはできなかった。例えば、陸軍は経済政策について広範な権限を持ち、他の省を統制する法的権限を持つ機関を内閣に置こうと何回も試みたものの、たとえそのような機関が内閣の政策を調整、統合するという名目で設置された場合であっても、海軍や官僚機構からの抵抗に会い、他の省を統制する権限は与えられなかった。(31)また、陸軍はそもそも内閣に設置されたこのような機関をも完全にコントロールすることができず、各省と協力せざるを得なかった。

二　公職に対する有権者の統制

公職に対する有権者の統制の程度について見ると、民主化途上体制の時代に比べて、公職に対する有権者の統制の程度は非常に減少し、極めて限定的なものとなっていた。政党内閣はもはや存在せず、有権者の統制は間接的な形でも内閣に及ばなくなり、有権者の統制が全く及ばない軍部、特に陸軍が内閣の形成と政策決定にあたり大きな権力を振った。例えば、広田内閣の発足時に陸軍は広田弘毅首相に閣僚の任命と内閣の政策についての要求を認めさせた。さらに、広田内閣の下で、陸軍は陸軍省官制を改正し軍部大臣現役武官制の復活に成功し、内閣の形成と政策に影響力を及ぼすための制度的な特権を手にしたのであった。(32)これにより、軍部は首相の任命そのものに反対であったり内閣の政策に反対である時は、軍部大臣の入閣を拒むことによって内閣の発足を妨げたり軍部大臣を辞任させることで内閣の総辞職を引き起こすことができるようになった。

この権限は名目的なものではなく、陸軍は実際にこれを利用して内閣の命運を左右した。一九三七年一月には、宇垣一成が天皇によって首相に任命されたにもかかわらず、陸軍は陸軍大臣の入閣を拒み、首相の任命を辞退するよう追い込んだ。また、一九四〇年七月には陸軍大臣を辞任させ後継大臣を入閣させないことにより米内内閣を総辞職に追い込んだ。

また、陸軍は政策立案にも大きな影響力を持っていた。一九三七年五月の第一次近衛内閣の発足の際に、杉山元陸相が留任にあたって出した条件に近衛文麿首相は同意し、また、同内閣は陸軍の策定した重要産業五ヶ年計画を国策として採用した[33]。また、第二次近衛内閣が陸軍からの強い希望もあって発足した後に、内閣は第二次世界大戦が勃発したことを受け、外交政策の方針として「世界情勢ノ推移ニ伴フ時局処理要綱」を決定したが、これも実質的内容は陸軍が作成したものであり、この中では、南方に進出する機会を窺う一方で、独伊との関係を強化することが謳われていた[34]。さらにその後日米間の緊張が高まった際に、米国が日本の中国からの撤兵を要求した時も、一貫してこの要求を拒否したのは陸軍であった。

このように陸軍は強大な権力を誇ったのに対し、政党は力を失い続け、一九四〇年には大政翼賛会が結成され全ての政党が解散するにいたった。また、衆議院も重要性を失った。これに対する反論として、一部の政党政治家が閣僚に任命され、議会が形式的には憲法によって与えられた権限を維持し続けたため、政党と議会がある程度の権限を維持したと論じることも可能かもしれない[35]。

しかしながら、政党と議会が維持できた本当の権限を検証するためには、政党と議会の状況をさらに深く観察することが必要である。まず、閣僚に任命された政党政治家の多くは親軍派であり、また、重要度の低い閣僚に任命された[36]。また、この権威主義体制の下では、多くの内閣は、首相、陸相、海相、外相、蔵相からなる五相会議を設けていることが多く、重要な決定はここで下された。従って、政党政治家が数名閣僚に任命されているといってもその影響力は微々たるものであった。

また、ここで大政翼賛会について若干触れておくと、大政翼賛会は近衛文麿によって一九四〇年一〇月に結成された[37]。これまで、繰り返し述べてきたように、権威主義体制の下で最も強力であった陸軍すらも、全ての権力を集中させることはできず、様々な政治プレーヤーの権力を統合し、首尾一貫した政策を立案、形成できる機関は存在しなかった。近衛はこの問題を認識しており、閣僚、衆議院議員、貴族院議員、右翼グループ、ジャーナリスト、政党政治家、企業家を集めた組織を設立し、議会と政府を一体化させようとした。政党政治家は、自らの権力を回復させようという考えから政党を解散し、大政翼賛会に加わったが、彼等の思惑が様々であったために、結局大政翼賛会は近衛の当初の目的を果たすものとはならず、政府の補助機関に留まった。

議会の役割もまた、権威主義体制の下では限定的なものとなっていった。まず、粟屋憲太郎のこの時期の立法記録の研究によれば、第六九議会から第八七議会にかけて政府が提出した八八〇法案中七九〇法案が成立する一方、議員立法が衆議院で成立したのは三法案だけであり、議会はその権限を大きく削がれていたのであった[38]。さらに、議会は、二・二六事件以降は、予算について実質的な審議を行わず、軍事支出の膨張を容認していった[39]。軍事支出は、一九三六年には既に歳出の四九・二パーセントにあたる一四億円、一九四一年には歳出の七五・六パーセントにあたる一二五億円にのぼった[40]。さらに、一九三八年の国家総動員法の制定後は、経済活動の統制を法律でなく勅令によって行うことが可能となったため、議会はさらに無力化されることになった[41]。バーガーが主張するように、政府は日華事変にはこの法律を適用しないと約束したが、法律成立後政府はこの約束を破り、公布後間もなくこの法律を適用し、議会を無力化した[42]。

要するに、権威主義体制の下で公職に対する有権者の統制は極めて限られたものであった。確かに、政府の激しい選挙介入が行われた一九四二年の翼賛選挙までは、有権者は衆議院に対する統制力を及ぼしていたと言えるかもしれない。しかしながら、有権者は衆議院を除く他の機関に対し影響力を全く有しておらず、政府の政策に影響を及ぼすことが全くできなかった。第一に、政党政治家は内閣において重要な地位をもはや占めていなかった。第二に、有権者の統制が及ぶ唯一の機関であった衆議院すらも、政府の提出する法案及び予算案を審議し自ら法案を立案するという機能を殆ど果たさなくなっていたのである。

第五節　戦前の日本の民主化とイギリスの民主化の比較

これまで、一八八九年から一九四五年にかけて、日本には、三つの異なる政治体制が順に成立していったことを論じてきたが、最後に日本の民主化とイギリスの民主化の過程を比較し、日本の民主化途上体制及び民主化の特徴を明らかにし、日本の民主化途上体制が民主化の過程で成立したことを一層明確に示したい。

一　イギリスの民主化

1　王権の縮小と議院内閣制の成立

既に広く知られているように、イギリスの民主化は長期間にわたって進展したものであった。一六八八年から一六八九年にかけて起こった名誉革命の後も、直ちに議会が王権に対する優位を確立し、議院内閣制が成立したわけではなかった。イギリスの民主化は、王権が次第に政治的権限を失い、改革や前例の積み重ねによって議院内閣制が確立される一方で、選挙権が次第に拡大されることで徐々に進展していったのであった。

名誉革命後も、王権は議会で成立した法案に対する拒否権を有し、「最も人気のある大臣や最も政治的に力のある大臣」すら解任することができた[43]。法案に対する拒否権の方が早く消滅し、女王アンの統治（一七一四年まで）以後は、王権が議会の可決した法案に対し拒否権を行使することはなくなった[44]。これに対し、内閣が王権にではなく、下院に対して責任を負っているのが明確になるのは、一九世紀前半になってからであった。一八三四年にウィリアム四世はホイッグ内閣のメルボルン首相を解任しピールを首相に任命し、ピールはトーリー（後の保守党）による少数内閣を組閣した。ピールは、一八三五年一月にトーリーが下院において過半数を制することを狙って下院を解散したが、有権者がメルボルンの解任を宮廷クーデターと考えたため、総選挙では結局ホイッグ（後の自由党）が勝利を収め、下院における多数を維持した。この結果、じきにピールは辞職しメルボルンが再び首相に任命されたのであった[45]。この一連の出来事は、「憲政史上の分水嶺となり」「それ以降、イギリスの王権が首相を解任するということはなくなった[46]」。

2　二大政党制の確立

その後、一八四一年にホイッグが総選挙で敗北した結果、メルボルン首相が辞職し、初めて総選挙の結果による政権の移動が起こることになった[47]。しかしながら、総選挙の結果が必ず内閣の運命を左右するようになるのは三〇年後であった。また、一九世紀初頭までには、トーリーとホイッグという二つの政党が存在していたが、一八六七年の改革以前の政党は人的繋がりによって結ばれる政治集団であり、組織的一体性は弱く、議会外の組織も確立されておらず、二大政党の間の違いは曖昧であった[48]。

一八六七年の第二次選挙法改正後、地方における政党組織の発展と並行して二大政党制が確立されていく一方[49]、一八七〇年代以降は、下院を支配する政党が内閣を組閣するようになり、総選挙による下院での勢力の変化が内閣の交代に繋がるようになった。こうして、二〇世紀の初めまでには、全国的組織を持ち、党議拘束に見られるように党員に対する強力な規律を課する保守党と自由党（後に労働党が自由党に取って代わる）による近代的二大政党制が確立されるようになった[50]。

3　軍隊や貴族院の特権の解消

王権の政治力が次第に低下する一方で、軍や貴族院のように有権者の統制の及ばない政治機関の政治権力も次第に減少していった。軍について見ると、「王権に直属する軍司令官が軍事指揮及び規律については責任を負っており」、軍に対する文民統制が議院内閣制成立当時確立されていたわけではなかった[51]。しかし、一八六八年から一八七四年にかけて政権を担当したグラッドストーン内閣の陸軍大臣であったカードウェルの下で、軍に対する文民統制が実現し、軍司令長官も陸軍大臣の統制の下に置かれるようになった[52]。この一方で、下院によって可決された法案に対する貴族院の拒否権が廃止されるのには時間がかかった。貴族院はこれを殆ど行使しなかったものの、一九一一年になって漸く貴族院の拒否権は最終的に廃止された[53]。

4　選挙権の拡大

選挙権は一八三二年、一八六七年、一八八四年に拡大され、一八八四年の第三次選挙法改正によって、全人口の一六パーセントが選挙権を有するようになる一方で、一八七二年には秘密投票法が成立した[54]。さらに、一九一八年には第四次選挙法改正によって全男子と自らが納税者であるか納税者の妻である女性に選挙権が拡大され、一九二八年には第五次選挙法改正により二一歳以上の全人口に選挙権が拡大され、普通選挙が成立した。

5　イギリスにおける民主化途上体制

このように見ていくと、一九世紀前半から後半にかけて、有権者の公職に対する統制は完全ではなく、選挙に参加できる者も限定されていたという意味において、イギリスの政治体制は民主化途上体制であったと言え、これが完全に民主体制に移行するのは二〇世紀初頭になってからであった。

二　日本の民主化とイギリスの民主化の比較

日本の民主化の過程をイギリスの民主化の過程と比較すると、既に述べた民主化の三つの側面のうち、①政治において実質的競争が行われるようになる側面、及び③政治に参加する権利を有する者が増大していく側面で、日本とイギリスは似ていたが、②公職に対する有権者の統制が拡大していく側面で大きく違っていた。

まず、政治において実質的競争が行われるようになっていく側面から見ていくと、イギリスにおいて、政治における実質的競争が存在する条件は一八世紀末には満たされていた。[55] 日本においても、共産主義者が幾度も弾圧されたことに見られるように、特定の政治思想に対する制限が存在し、政府が選挙運動に介入したために、選挙が完全に公平というわけではなかったが、議会が一八九〇年に開設されてから、政治における実質的競争が行われていった。確かに、選挙が完全に公平に行われるというわけではなかったが、議会開設後初期の頃に、政府に反対する野党が政府の妨害にも関わらず、総選挙で何度も勝利を収めたことからも明らかなように、政府の介入が政治における競争を大きく損なうことはなかった。仮に、政治における競争が実質的に制限されていたとしたら、議会において政党が政府の政策を自由に批判したり、不信任案を提出したり、政府が提出した予算案を否決したりすることは起こり得なかったであろう。

次に政党の発達の経緯について言えば、両国ともに、政党が最初から近代的組織政党として成立したのではなく、当初は組織としての一体性が低く個人的指導者を中心とする政治グループとして成立した点は共通であった。しかしながら、イギリスの政党が二〇世紀初頭までには強い一体性と全国組織を持つ政党となっていたのに対し、一九二〇年代までに日本の政党は政策面では明確な主張を打ち出し競い合うようになっていたが、地方の政党支部は個人的繋がりを中心とするものであった[56]。

さらに政治に参加する権利を有する者が拡大していく過程、即ち、選挙権の拡大の経緯については、イギリスが普通選挙を実現させた頃になって日本は漸く男子普通選挙を成立させたという違いはあったものの、日本もイギリスも選挙権が徐々に拡大されていったという点では共通していた。

イギリスと日本の民主化の過程が大きく異なったのは、公職に対する有権者の統制が拡大していく過程であった。確かに内閣に対する有権者の統制が拡大していく過程には、イギリスと日本には共通性が見られた。イギリスにおいては多数党の党首が首相として内閣を統率する議院内閣制が徐々に発達していき、一八三〇年代に王権は首相を勝手に罷免する権利を失い、一八七〇年代からは、下院で多数派の党が政権を担うという慣行が次第に定着していった。これに対し、日本においては、田中義一首相の辞任劇が唯一の例外と言えるかもしれないが、天皇が首相を解任した例はなかった。また、民主化途上体制の下では、与党が衆議院の多数を占めた。

この議論に対しては、総選挙で多数派となった政党が政権を担当する今日の議院内閣制のような形で政党内閣が成立していたわけではないという批判が予想される。確かに、第一次加藤高明内閣を除けば、総選挙の結果によって新しい内閣が成立するということはなく、内閣成立時に与党が衆議院の少数派であった場合には、内閣成立後の総選挙によって多数を占めるのが普通であった。しかしながら、イギリスの場合も、下院の多数を占める党が総選挙で代わることが直ちに政府の交代に繋がるという慣例は最初から成立していたわけではなく、徐々に成立していったことに注意する必要がある。総選挙の結果によって新しい内閣が成立した最初の例は一八四一年のピール内閣であったが、次の例は約三〇年後の一八六八年に成立したディズレーリ内閣であった。従って、当時の日本において、内閣は総選挙の結果によって代わるという慣行が発達する可能性がなかったとは言えず、第一次加藤高明内閣の成立はピール内閣の成立と同様の性格を帯びていた可能性は否定できない。

しかしながら、内閣以外の公職に対する有権者の統制が拡大する面で、日本とイギリスの間には決定的な違いがあった。イギリスは、時間がかかったにせよ、殆どの公職を選挙を通じて有権者の間接または直接の統制の下に置くことに成功した。一八六八年から一八七四年のグラッドストーン内閣の下で、軍に対する文民統制が実現し、一九一一年に貴族院は立法上の拒否権を失った。また、軍に対する文民統制が実現する以前にもイギリスにおいて軍が政治に介入した例を見つけるのは困難である。

これに対し、日本は、軍部、枢密院、貴族院などの公職を有権者の統制下に置くことができなかった。確かに、一九二〇年代あたりまでは日本もこれらの有権者の統制に服さない公職をなくす過程が進行していたと言える。例えば、第一次山本内閣は軍部大臣現役武官制を廃し、予備役、後備役の武官も軍部大臣に任命できるようにした。また、一九二一年に海軍大臣がワシントン会議出席のため国内から不在になった際、原首相は陸軍の反対を押し切って、自身を海軍大臣事務管理に任命することに成功した[57]。これは、原首相自身が「現制に一歩を進むるもの」と記しているように、文民が軍部の事務を扱う前例を作るものであり、将来文官を軍部大臣に任命することに道を開くものであった[58]。さらに一九二三年に加藤友三郎首相は、議会において時期は特定しなかったものの、文官を軍部大臣に任命できるように、軍部大臣についての官制を改正するという考えを支持することを表明した[59]。加えて貴族院についても、第一次加藤高明内閣は一九二五年にこの改革を試み、それまで有爵議員の数が多数派を占めていたのを、勅選議員と有爵議員同数とした[60]。

しかし、戦前の日本は、軍部、貴族院、枢密院などの公職が有権者の統制下に置かれることは結局なかった。軍部大臣に文官を任命するという制度改正は行われず、軍部は統帥権の独立などの特権を保持したままであり、貴族院は第一次加藤高明内閣による改革後も衆議院と同等の権限を維持し、枢密院もそのままの形で残された。これらの政治機関は民主化途上体制がさらに民主体制に発展することを妨げただけではなく、民主化途上体制の崩壊していく過程で大きな役割を果たすのであった。

第六節　まとめ

これまで見てきたように、一九一八年から一九三二年にかけて日本に成立した政治体制は、それ以前に成立していた競争的寡頭体制とは、①政治における競争の状態、②公職に対する有権者の統制、③選挙への参加の程度の三つの側面で、また、それ以降に成立した権威主義体制とは、①政治における競争の状態、②公職に対する有権者の統制の二つの側面で明確に異なる性格を有しており、民主化途上体制であったと整理することができる。イギリスにおいて民主化が進展した結果、一九世紀前半から一九世紀後半にかけて民主化途上体制が成立したように、日本の民主化途上体制も民主化の過程で成立したが、日本とイギリスの民主化は結局、公職に対する有権者の統制が拡大していく点において大きく異なっていたものであった。

（1）　ダールが民主化のモデルで強調した二つの側面のうち公的異議申し立ての側面で戦前の日本について民主化が進展したと論じているものとして、三谷太一郎『増補版　日本の政党政治形成』東京大学出版会、一九九五年がある（なお、「公的異議申し立て」は、ロバート・ダール『ポリアーキー』三一書房、一九八一年で用いられている訳語。これに対し三谷太一郎は「権力の自由化」という言葉を用いている）。特に、「増補版はしがき」八―一〇頁参照。本書はこの研究を踏まえ、公職に対する有権者の統制の拡大及び選挙参加の拡大の面からも民主化の進展を分析する。

（2）　この時期の藩閥勢力内部及び藩閥勢力と政党勢力の対立、競争関係については、坂野潤治『大正政変』ミネルヴァ書房、一九九四年、が詳しく、本章の論述もこれに多くを負っている。

（3）　伊藤之雄「日露戦争への政治過程」山本四郎編『日本近代国家の形成と発展』吉川弘文館、一九九六年、二五二～二五三頁。増田知子「第三節　日露協商と日英同盟」井上光貞、永原慶二、児玉幸多、大久保利謙編『明治憲法体制の成立』上巻〈普及版　日本歴史大系　14〉山川出版社、一九九六年、三二三～三二八頁。

（4）　内閣統計局編『日本帝国第九統計年鑑』東京統計協会、一八九〇年、九五六～九六三頁、有権者の成人人口に占める割合は、梅村又次他『労働力』〈長期経済統計2〉東洋経済新報社、一九八八年、一六六～一六九頁の資料を基に計算。

（5）　内閣統計局編『日本帝国第二十一統計年鑑』東京統計協会、一九〇二年、一〇七五～一〇七八頁、有権者の成人人口に占める割合は、梅村『労働力』一六六～一六九頁の資料を基に計算。

（6）　フランコの下のスペインを権威主義体制としている研究については、Juan Linz, "Opposition in and under an Authoritarian Regime: The Case of Spain" in *Regimes and Oppositions*, ed. Robert Dahl (New Haven: Yale University Press, 1973), 171-259. Richard Gunther, *Public Policy in a No-Party State* (Berkeley: University of California Press, 1980).

（7）　Gunther, *Public Policy in a No-Party State*, 39.

（8）　同右。

(9) 宮沢俊義校註、伊藤博文『憲法義解』岩波書店、一九四〇年、三四～三六頁。

(10) Juan Linz, "From Falange to Movimento-Organización: The Spanish Single Party and the Franco Regime, 1936-1968," in *Authoritarian Politics in Modern Society*, eds. Samuel P. Huntington and Clement H. Moore (New York: Basic Books, 1970), 169.

(11) Gunther, *Public Policy in a No-Party State*, 39.

(12) Ibid., 32.

(13) Ibid., 40.

(14) 坂野『大正政変』二一～二四頁。

(15) 桂太郎「覚書」国立国会図書館憲政史料室蔵「桂太郎関係文書」一〇二頁、本文は、歴史学研究会編『日本史史料』第四巻、岩波書店、一九九七年、二七七～二七八頁より引用。

(16) 但し、一九二四年から一九二五年にいたる第一次加藤高明内閣では憲政会と政友会は共に政権を担った。

(17) 升味準之輔『日本政党史論』第五巻、東京大学出版会、一九七九年、二三五、二九九頁。

(18) 両党の政策の違いについては、粟屋憲太郎『昭和の政党』〈小学館ライブラリー　昭和の歴史6〉小学館、一九九四年、一〇五～一〇九頁。

(19) 同右、一五二～一五八頁。

(20) これを指摘したものとして、升味『日本政党史論』第五巻、一一～一三頁。

(21) イギリスにおいては、一八三四年に国王が首相であるメルボルン卿を罷免したが、この後に行われた総選挙では同卿が属するホイッグが勝利を収めた。このため、メルボルン卿が再び首相に任命され、この一件により内閣が国王ではなく、議会に対して責任を負っていることが明確になった。Eric Evans, *The Forging of the Modern State: Early Industrial Britain, 1783-1870*, 2d. ed. (London: Longman, 1996), 252, 259. R. K.Webb, *Modern England*, 2d. ed. (New York: Harper Collins, 1980). 217.

(22) 明治憲法の分権的性格については、三谷太一郎「政友会の成立」同『増補　日本政党政治の形成』東京大学出版会、一九九五年、四～六頁。宮崎隆次「戦前日本の政治発展と連合政治」篠原一編『連合政治Ⅰ』岩波書店、一九八四年、一九七～一九九頁。

(23) 内閣統計局編『日本帝国第四十八回統計年鑑』東京統計協会、一九二九年、三六三頁。有権者の成人人口に占める割合は梅村他『労働力』一六六～一六九頁の資料を基に計算。

(24) 内閣統計局編『日本帝国第四十八回統計年鑑』、三六三頁。有権者の成人人口に占める割合は、梅村他『労働力』、一七〇～一七一頁の資料を基に計算。

(25) 升味準之輔『日本政党史論』第三巻、東京大学出版会、一九六七年、一八頁。

(26) この政治体制をファシズム体制として定義することの問題点については、以下の研究を参照。伊藤隆「ファシズム論争その後」近代日本研究会編『近代日本研究の検討と課題』〈年報・近代日本研究 十〉山川出版社、一九八八年、三一〇～三二三頁。伊藤隆「昭和政治史への一視角」同『昭和期の政治』山川出版社、一九八三年、三～三〇頁。Peter Duus and Daniel I. Okimoto, "Fascism and the History of Pre-War Japan: The Failure of a Concept," *Journal of Asian Studies* 39, no.1 (November 1979): 65-76.

(27) 三谷太一郎「政党内閣期の条件」中村隆英、伊藤隆編『増補版 近代日本研究入門』東京大学出版会、一九八三年、八〇～八二頁。三谷太一郎「天皇機関説事件の政治史的意味」同『近代日本の戦争と政治』岩波書店、一九九七年、二四三～二四七頁。

(28) 伊藤隆「佐野・鍋山らの転向」井上光貞、永原慶二、児玉幸多、大久保利謙編『革新と戦争の時代』〈普及版 日本歴史大系 17〉山川出版社、一九九七年、四七～四九頁。

(29) この経緯については、宮本盛太郎「広田内閣」林茂、辻清明編『日本内閣史録』第三巻、第一法規出版、一九八一年、四一四～四一七頁。

(30) 粟屋『昭和の政党』三五八～三六六頁。

(31) 陸軍の試みがいかに失敗したかについては、御厨貴「国策統合機関設置問題の史的展開」日本近代研究会編『昭和期の軍部』〈年報・近代日本研究 一〉山川出版社、一九七九年、一二二～一七二頁。

(32) 加藤陽子「第六節 二・二六事件と広田・林内閣」井上他編『革新と戦争の時代』一〇九～一一〇頁。

(33) 伊藤隆「第一節 近衛の登場と盧溝橋事件」井上他編『革新と戦争の時代』一二三頁。原朗「第二節 国家総動員」井上他編『革新と戦争の時代』一三四～一三五頁。
（34）伊藤隆「近衛内閣の成立と松岡の登場」井上他編『革新と戦争の時代』一九六～一九九頁。三宅正樹「第二次近衛内閣」林茂、辻清明編『日本内閣史録』第四巻、第一法規、一九八一年、二一三～二一七頁。
（35）Gordon Berger はその Parties Out of Power in Japan, 1931-1941 全体を通して、政党と議会が政治権力を維持し続けたことを強調している。Gordon Berger, Parties Out of Power in Japan, 1931-1941 (Princeton: Princeton University Press, 1977), 294.
（36）粟屋『昭和の政党』二九七～二九八頁。
（37）大政翼賛会については、木坂順一郎「大政翼賛会の成立」朝尾直弘他編『日本歴史』第二十巻、岩波書店、一九七六年、二六九～三一四頁。伊藤隆「大政翼賛会」、井上他編『革新と戦争の時代』二〇四～二一一頁。
（38）粟屋『昭和の政党』三〇七頁。
（39）同右、三〇五頁。
（40）大蔵省編『歳計』〈昭和財政史　三巻〉東洋経済新報社、一九五五年、三一四頁。なお、ここでの歳出とは、一般会計と臨時軍事費を合わせたもの。
（41）原「第二節　国家総動員」一四〇～一四一頁。
（42）Berger, 157. 原「第二節　国家総動員」一四〇～一四一頁。
（43）R. K. Webb, *Modern England*, 49.
（44）Ibid.
（45）Ibid., 217.
（46）Eric Evans, *The Forging of the Modern State: Early Industrial Britain, 1783-1870*, 2d. ed. (London: Longman, 1996), 257-258.
（47）Ibid.
（48）Hugh Ross Williamson, "The Evolution of Parties and the Party System: The Seventeenth Century," in *Political Parties and the Party System in Britain*, ed. Sydney D. Bailey (Westport, CT: Hyperion Press, 1979), 23. John A. Hawgood,

"The Evolution of Parties and the Party System: The Nineteenth Century," in *Political Parties and the Party System in Britain,* 27, 32. Alan R. Ball, *British Political Parties* (London: Macmillan Press, 1981), 13-14.

(49) Hawgood, "The Evolution of Parties and the Party System," 32. Alan Beattie, *English Party Politics* vol. 1 (London: Weidenfeld and Nicolson, 1970), 139.

(50) Hawgood, "The Evolution of Parties and the Party System," 34. Beattie, *English Party Politics* vol. 1, 140-144.

(51) Huntington, *The Solider and the State* (Cambridge: Belknap Press of. Harvard University Press, 1957), 187.

(52) Webb, *Modern England*, 347.

(53) Ibid., 216, 465.

(54) Ibid., 465. Cook and Stevenson, 89-90.

(55) Robert Dahl, *Polyarchy* (New Haven: Yale University Press, 1971), 4.

(56) 升味『日本政党史論』第五巻、二三五頁。

(57) 原首相の海軍大臣事務管理の経緯については、浅野和生『大正デモクラシーと陸軍』関東学園大学、一九九四年、二〇七～二三六頁。

(58) 原奎一郎編『原敬日記』第五巻、福村出版、一九六五年、四五七頁。

(59) 信夫清三郎『大正デモクラシー史』日本評論社、一九六八年、八〇九～八一一頁。

(60) 伊藤隆「第三節　清浦内閣と護憲三派内閣」井上光貞、永原慶二、児玉幸多、大久保利謙編『第一次世界大戦と政党内閣』〈普及版　日本歴史大系16〉山川出版社、一九九六年、二六〇～二六二頁。

第三章　体制変動論に基づく分析

本章では、体制変動論には理論的に大きな問題点があるために、これを民主化途上体制の崩壊の分析に用いることはできないことを論証する。まず、体制変動論に基づいて政治体制の崩壊の分析を行う場合に論証しなくてはならない事項について論じる。次いで、日本の民主化途上体制の崩壊を例に取りながら、可能な限り体制変動論に沿う形で、民主化途上体制の崩壊の分析を行いたい。その上で、体制変動論に内在する理論的問題点を示し、この具体例として、日本の民主化途上体制の崩壊の分析に表われる問題を指摘したい。

第一節　基本的考え方

ハンティントンによって展開された体制変動論に基づいて、政治体制の安定的、あるいは不安定化及びその崩壊を分析するためには、図3-1のような形でいくつかの事項が起こる過程を具体的に示さなくてはならない。まず、経済発展に伴い社会構造が変化したことを示した上で、社会構造の変化が、国民の間で欲求の増大や政治参加の拡大に繋がったことを示す必要がある。その上で、既存の政治制度あるいは新たに発達した政治制度が政治参加の拡大を吸収できた場合には、政治体制が安定し、逆に、既存の政治制度が政治参加の拡大を吸収でき

図３－１　体制変動論における議論の流れ

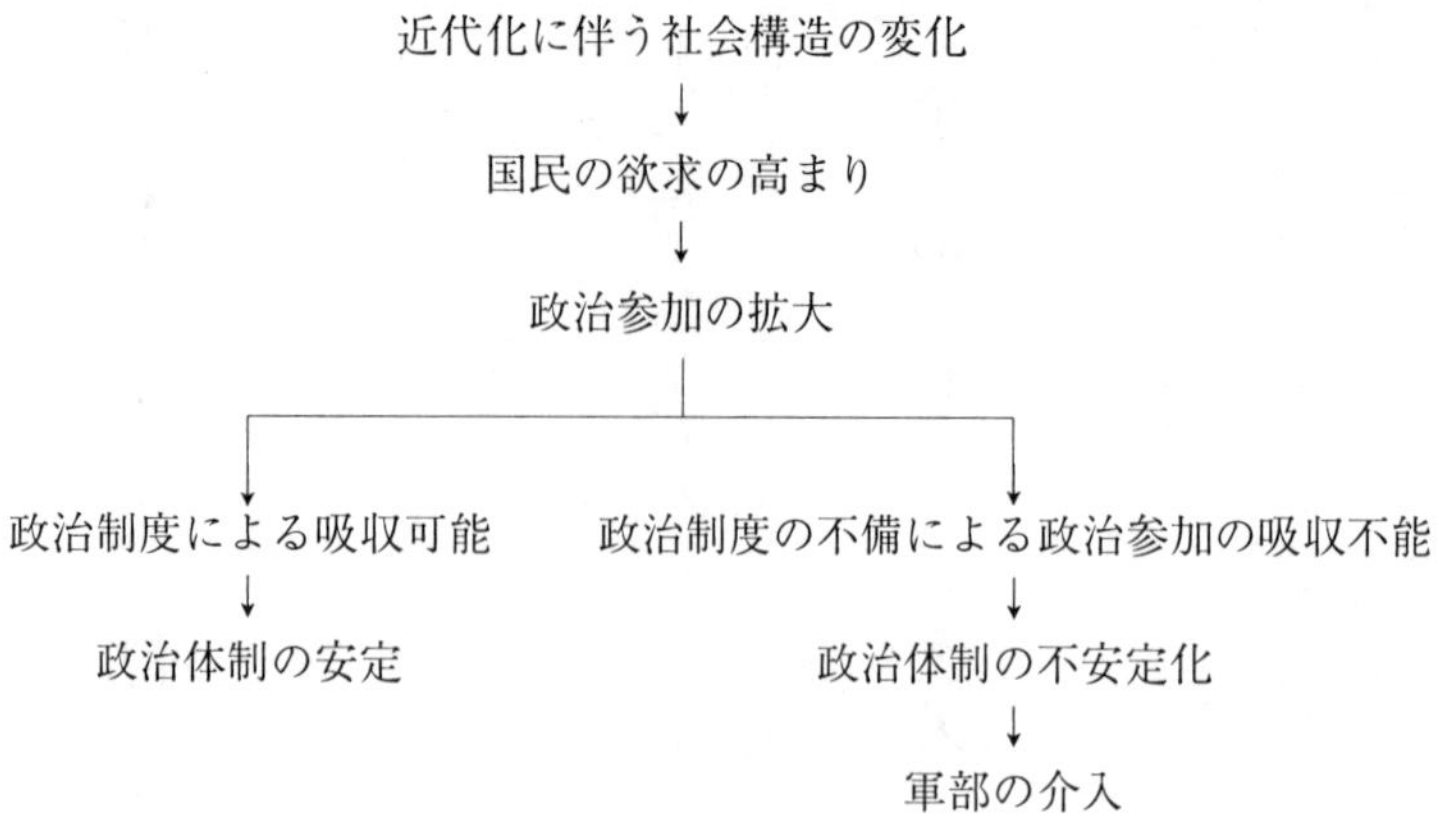

ず、国民の不満に対応できなかった場合には、政治体制の不安定化、軍部の政治介入、さらには政治体制の崩壊そのものが引き起こされることを示さなくてはならない。

民主化途上体制の崩壊を体制変動論によって分析する場合にも、このような形で論証を行わなくてはならない。

上述の点を踏まえ、体制変動論に沿う形で、戦前の日本に成立した民主化途上体制の崩壊の分析を行う場合、第一に、一九二〇年代から一九三〇年代にかけて起こった社会経済の変動によって政治参加の拡大が起こり、第二に、この時代に起こった新たな政治制度の発達、即ち、一九二四年の政党内閣の慣行の復活と一九二五年の男子普通選挙の導入はこれに対応するものであったと論じることになる。最後に、政党内閣の慣行及び男子普通選挙の導入以後、政治制度がさらに発達しなかったために、拡大した政治参加が結局吸収されず、政治の不安定化、軍部の政治介入が起こり、民主化途上体制が崩壊したと論じることになる。以下、一連の流れを順次説明していきたい。

第二節　日本の民主化途上体制崩壊の分析

一　社会経済構造の変容

一九二〇年代に、日本の産業化の進展に伴って経済構造の変容が進み、純国内生産に占める第一次産業の比率は、一九二〇年から一九三五年にかけて、三〇・二パーセントから一八・一パーセントに低下した。同じ期間に、第二次産業及び第三次産業の比率はそれぞれ、二九・一パーセントから三六・六パーセントに、四〇・七パーセントから四五・三パーセントに増加した[①]。またこの時期に、工業の性格も大きく変容し、第一次大戦中に発展を開始した重化学工業は一九二〇年代や一九三〇年代も発展を続けた[②]。この結果、製造工業生産額に占める割合は、一九一四年の二五・二パーセントから一九二〇年には三三・四パーセントに増加し、さらに、一九三五年には四三・五パーセントにまで増加した[③]。

労働力の構成も同時に変化し、第一次産業に従事する者の全労働力に占める割合は、一九二〇年の五四・〇パーセントから一九三五年の四七・〇パーセントに低下する一方で、第三次産業に従事する者の全労働力に占める割合は、一九二〇年の二四・三パーセントから三一・四パーセントに増加した[④]。この間に、第二次産業に従事する者の全労働力に占める割合は、大きくは変化しなかったが、製造業における工場労働者の数は一九二〇年には約三二八万人であったのが、一九三五年には約四九七万人に増加した[⑤]。

これらの数字は、日本が農業社会から工業社会に移行する過程にあったことを示している。

二　政治参加の拡大

このような社会変動が起きるのと平行して、労働運動や農民運動の高揚に見られるように政治参加の拡大が起こった。また、男子普通選挙運動も開始され、次第に高揚していった。これらの運動の拡大は当時社会の一部に十分充足されていない欲求が存在していたことを示唆している。

1　労働運動と農民運動の拡大

労働運動は第一次世界大戦末期に高揚し、大戦前に記録された一年あたり労働争議の数は一九〇七年の六〇件が最高であったが、第一次世界大戦中に急増し、一九一七年には三九八件を記録した[6]。その後、一九二〇年代前半に労働争議の件数は二〇〇件台に落ち込んだが、一九三〇年代には再び増加し一、〇〇〇件近くにまで拡大した。この一方で、労働組合の数と組合員数も二〇年代から三〇年代にかけて増加を続けた（表3-1）。労働運動は、賃上げ及び八時間労働制、団交権などを要求したほか、労働者に対する差別をなくすことも求めていた[7]。

労働運動が拡大した直接の要因としては二〇年代や三〇年代に続いた不況、恐慌があったが、その背景には日本の経済・社会構造の変化があった[8]。既に述べたように、工場労働者の数がこの時代には急増しており、これに加え、労働運動の担い手となった重化学工業に従事する男子労働者の数が一九二〇年の八〇万人から一六〇万人に増加した。彼等が労働運動の拡大を担ったのであった。

また、労働運動の拡大には遅れたものの、一九二〇年代に農民運動も拡大した。この背景には、不況の中で小作農が自分達の利益を確保するために地主に抵抗したことがあった。

表３－１　労働争議と小作争議の数（1913～1935年）

	労働争議	平　均	小作争議	平　均
1913	47件		n.a.	
1914	50		n.a.	
1915	64		n.a.	
1916	108		n.a.	
1917	398	133件	85件	85件
1918	417		256	
1919	497		326	
1920	282		408	
1921	246		1680	
1922	250		1578	
1923	270		1917	
1924	333		1532	
1925	293	324	2206	1238
1926	495		2751	
1927	383		2052	
1928	397		1866	
1929	576		2434	
1930	906		2478	
1931	998		3419	
1932	893	664	3414	2630
1933	610		4000	
1934	626		5828	
1935	590	609	6824	5551

（出所）　中村『日本経済：その成長と構造』101頁，第18表より作成。

一九二〇年代には、小作組合が急増し、最初の全国組合である日本農民組合が一九二二年に設立された。日本農民組合は、小作農の支持を集めて急拡大し、加盟者の数は一九二六年には、約七万人に達した⑨（表３-２）。同様に小作争議も二〇年代初頭より頻発するようになり、二〇年代後半から三〇年代にかけてさらに増加した。農民運動の主な目的は二〇年代には小作料の引き下げを求めることであったが、三〇年代になると小作地を回収

表３－２　小作組合と労働組合の数

	小作組合				労働組合			
	組合数	平均	人数	平均	組合数	平均	人数	平均
1918	n.a.		n.a.		107件		n.a.	
1919	n.a.		n.a.		187		n.a.	
1920	n.a.		n.a.		273		n.a.	
1921	681件		n.a.		300		103千人	
1922	1114		132千人		387		137	
1923	1530		164		432		126	
1924	2337		232		469		228	
1925	3496	1832件	307	209千人	457	327件	254	170千人
1926	3926		347		488		285	
1927	4582		365		505		309	
1928	4353		330		501		309	
1929	4156		316		630		331	
1930	4208		301		712		354	
1931	4414		306		818		369	
1932	4650	4327	297	323	932	655	378	334
1933	4810		303		942		385	
1934	4390		276		965		388	
1935	4011	4404	242	274	993	967	409	394

（出所）中村『日本経済：その成長と構造』108頁，第18表及び
長岡『近代日本の経済：統計と概説』248頁，表Ⅱ-16-2より作成。

しようとする地主に対して小作契約を求めることが主な目的となった。

この時期に農民運動が拡大したことは、小作農の間に欲求が高まっていたことを示唆している。労働運動の場合と同じように、二〇年代や三〇年代の不況や恐慌が農民運動を拡大させた大きな要因であったが、それ以外にも、この時代の農業の構造変化が影響していた。即ち、この頃、農業は商業的生産に移行しつつあり、小作農個人個人が農業経営の採算を考慮するようになっていった[10]。

肥料の使用量が次第に増加する一方で、工業部門における労働需要の高まりは、農業部門での賃金をも引き上げ、農業経営のコストを押し上げることになった。このため、次第

に小作農も小作料を含めて農業経営のコストを考慮するようになっていった。[11] この結果、小作農は生産コストの引き下げを図って小作料の低減を求め、農民運動が拡大した。

また、農民運動の拡大には農業の構造変化に加え、日本の社会経済の全体の構造変化、特に農業部門の地位の相対的低下も関係していた。表3－3が示すように、長い間、日本経済において農業は非効率的な部門であったが、一九二〇年代を迎えるまでは、他の部門に対するその相対生産性はほぼ同じ水準に留まっていた。[12] しかしながら、一九二〇年代以降その相対生産性はさらに低下した。[13] また、都市化及び他の産業の成長、特に製造業の成長は、日本経済における農業の相対的重要性を低下させた。[14] このことは、米騒動後に取られた政府の政策に表われている。[15] 米価格の上昇が引き金となって米騒動は発生したが、米騒動後に政府は米の価格を引き下げるために海外植民地における米の生産を奨励し、その輸入を促進した。この政策は、国内の農民の利益より、都市住民や労働者の利益を優先させるものであった。一九二〇年代や三〇年代の不況や恐慌が小作農の経済的な困窮を深め、農民運動を拡大させたことは確かである。しかし、これらの不況や恐慌の影響は、他の経済社会部門に対する農業の相対的な生産性及び重要性の低下とあいまって一層大きなものとなったのである。

表3－3　農林業部門の相対生産性

	A	B
1887	62.3%	63.8%
1890	65.6	62.9
1895	61.4	58.9
1900	64.9	57.8
1905	62.8	57.9
1910	62.4	56.0
1915	52.5	54.7
1920	56.2	47.9
1925	50.0	45.5
1930	40.0	44.4
1935	37.9	40.6

A＝国内純生産の中の農林水産業のシェア（名目）／有業人口中の農林業のシェア
B＝国内純生産の中の農林水産業のシェア（実質）／有業人口中の農林業のシェア
（出所）中村『日本経済：その成長と構造』110頁，第22表より作成。

2　男子普通選挙運動の拡大

また、労働運動及び農民運動の拡大と併せ、男子普通選挙運動も拡大した。

一九一九年に第四一議会で選挙権の拡大が議論されるのと併せて、男子普通選挙を求める運動は開始され、同年の後半にこの運動は高揚し、全国に拡大した[16]。男子普通選挙運動は、一九二〇年に政友会が男子普通選挙導入尚早論を唱えて衆議院を解散し、総選挙で勝利を収めたことでいったん下火になるが、運動は一九二二年に再び盛んになり、普通選挙を求める集会やデモは全国に波及し、地方の農業地域でも見られるようになった[17]。一九二二年二月には、一万人以上が男子普通選挙を求めるデモに参加した[18]。

三　政治制度の発達

これまで見てきたように、一九二〇年代から一九三〇年代にかけて、労働運動、農民運動の拡大、男子普通選挙運動の拡大に見られるように政治参加は拡大した。この頃、これと軌を一にして、政治制度が一層発達した。

1　男子普通選挙の導入

一九二四年に成立した憲政会、政友会、革新倶楽部からなる護憲三派内閣は、翌年男子普通選挙の導入に成功した。一九二四年の第一五回総選挙で男子普通選挙の導入を公約とした憲政会が勝利を収めたことや、男子普通選挙運動の拡大が男子普通選挙の導入に大きく貢献していた。

しかし同時に男子普通選挙の導入は労働運動や農民運動に代表される国民の政治参加の拡大に対応するものであった。これは、男子普通選挙の導入を訴えた政府や議員が社会状態の変化や国民の間の欲求の変化をその理由として挙げていることに表われている。例えば、国民党の植原悦二郎議員は、男子普通選挙の導入を支持して次のように論じている。

明治初年、欧米人の我が国を見て感ぜる事は、貧富の懸隔の少なきことなりしが、近時はいかん、国民の多くは生活不安に悩みつつあり。これらの生活を安定にし政治的進路を開かんとするには、普通選挙を布く以外に途なし。労働問題に於いてもまたしかり。労資関係の解決は労資協調にあらず、普通選挙によって権利、義務の観念を自覚せしむるにあり[19]。

また、第一次加藤高明内閣が男子普通選挙導入法案を提出した際に、同内閣は、国民の間の教育水準の向上を踏まえれば普通選挙を導入することに問題はないとし[20]、また、若槻礼次郎内相も「労働条件の改善も主張しているが、選挙権も極めて熱心に要望し、労働立法にもまた興味」を持っている労働者のことも考慮していると論じた[21]。既に第二章において述べたように、一九二五年の男子普通選挙導入後は成人人口の三七・三パーセントが投票権を有し、男子普通選挙導入後は、選挙を通じた政治参加も飛躍的に拡大することになった。

2　政党内閣の慣行の強化

一九二四年の第一五回総選挙の結果は、男子普通選挙導入に寄与すると同時に政党内閣の慣行を強化した。一九二三年末に西園寺公望が清浦奎吾を首相として推薦した結果、貴族院を中心とする非政党内閣が生まれると、憲政会、政友会及び革新倶楽部の三派は内閣打倒を目指し、第二次憲政擁護運動を起こした。衆議院の多数が野党によって占められるようになったため、清浦内閣はこれに対抗して衆議院を解散し、総選挙を行ったが、政党内閣の確立を訴えた護憲三派が勝利を収めた。護憲三派の勝利を受けて第一次加藤高明内閣が誕生し、以後一九三二年まで政党内閣の慣行が続いた。ここでは、選挙を通じて行われた国民の政治参加が政党内閣の慣行の復活に繋がったのである。

四　男子普通選挙導入後の政治制度の不十分な発達

このように、一九一八年に成立した民主化途上体制の下で、政治制度は一層発達したが、一九二五年の男子普通選挙導入後は、以下に見るように、さらに政治制度が発達することはなかった。特に重要なのが、既存の政治制度が、この時代に欲求を増進させていた労働者及び小作農の政治参加の拡大に対応できなかったということである。

一九二六年の段階で、製造業従業者の数は、約三六〇万人[22]、小作農と自小作農を合わせた戸数は、約三八〇万戸にのぼった[23]。当時の成人人口の数が約三、二三〇万であったことを考えると、家族も含めれば労働者や小作農、自小作農の数は社会の相当部分を占めており、彼等の政治参加の拡大を十分吸収できるかどうかは非常に重要な問題であった[24]。

また、この時代に新たに欲求を増大させ、政治参加を拡大させた層の中では、労働者及び小作農は初期的な段階であったにせよ最も組織化されていた。言い換えれば、当時新たに政治参加を拡大させた勢力の中では彼等が最も強力であった。従って、彼等の政治参加を吸収できるように政治制度が発達しないのであれば、これ以外の層の政治参加の増大を吸収できるように政治制度が発達するとは考えられず、この点からも、労働者や小作農の政治参加が吸収されるかどうかは重要な問題であった。

しかしながら、彼等の政治参加を吸収できるような政治制度は結局発達しなかった。第一に既成政党は労働者や小作農の利益を反映させるような政党には発達しなかった。第二に既成政党が労働者や小作農の利益を代表しなくとも、仮に全労働者を代表する統一的な組織や全小作農を代表する統一的な組織が発達すれば、これらの組織が、政府に対して労働者や小作農の利益を訴えることも考えられた。あるいは、イギリスの労働者が労働党を発展させたように、これらの統一的組織が自らの利益を代表する政党を発展させることも考えられた。しかし、主に運動方針をめぐる対立から、労働運動や、農民運動は分裂を繰り返し、労働者や小作農の統一的な組織や無産政党はいずれも発達しなかった。第三に労働者や小作農の拡大する政治参加を吸収できる組織が発達する以外にも、労働組合法制や小作農保護法制などの制度を整備することで、彼等の拡大する政治参加を吸収することも考えられたが、このような制度が整備されることもなかった。以下、順に既成政党が労働者や小作農の利益を受け入れるような政党には発達しなかったこと、無産政党ならびに労働組合や小作組合の統一的全国組織が発達しなかったこと、さらに労働組合法制、小作農保護法制が整備されなかったことについて論じていく。

1　既成政党

まず、既成政党によって労働者や小作農の政治参加が吸収されたかどうかを検証すると、政友会と民政党は、労働者や小作農の政治参加を吸収し彼等の増大した欲求を政策に反映させることはなかった。例えば、政党内閣は、別の項で論じるように労働運動や小作農を保護するための制度を整備しなかったのみならず、一九二五年に日本最初の無産政党の農民労働党に対し即日禁止命令を出したほか、一九二八年にも、労働農民党、日本労働組合評議会に対し禁止命令を出すなど労働組合や無産政党の発達を妨げた[25]。

2　労働団体、農民団体、無産政党の分裂

労働団体及び農民団体の分裂と無産政党の分裂は密接に関わっているので、本項において併せて論じるが、これは労働者と小作農の政治参加の拡大に対処する面で大きな意味を持っていた。一つの工場における特定の労働組合や一農村における個別の小作組合は、雇用者や地主に対して、労働者や小作農が要求を行うに際し、その立場を強化したが、それらの欲求を国の政策に反映させるためには、労働組合や小作組合の全国的な統一組織が必要であった。労働組合や小作組合の全国的な統一組織が設立されれば、例えば、傘下の組合に特定の政党への支持を訴えることや、政府に直接要求を伝えることで、国の政策形成に一定の影響を与えることも可能となったと考えられる。さらに、全国的な統一組織と並んで、労働者や小作農は自分達の利益を代表する政党を結成することで、その利益を政策に直接反映させるということも考えられた。

しかしながら、民主化途上体制の下で、労働組合や小作組合の全国的に統一された労働組合や小作組合は発達しなかった。労働組合の場合、いくつかの全国的組織が併存した。小作組合の場合、日本農民組合が短期間単一の全国的組織として存在したが、じきにいくつかの組織に分裂してしまった。また、労働者や小作農の利益を代表する単一の政党は発達せず、いくつかの無産政党が併存した。労働組合や小作組合の全国的組織は、左派、右派、中間派に分裂し、この分裂が無産政党の分裂に繋がり、無産政党の分裂が逆にまた労働組合や小作農の全国組織の分裂を招くという悪循環を繰り返した[26]。

以下、労働運動、農民運動さらには無産政党の分裂の過程を見ていきたい。一九一二年に友愛会として発足し

た日本労働総同盟は一九二〇年頃までに労働組合の主要な全国的組織に発展した㉗。一九二二年には、労働組合の全国的組織である「日本労働組合総連合」を結成する試みがなされたが、労働組合相互の対立のため、失敗に終わった㉘。これ以降、単一の全国的労働組合を構築しようという試みがなされることはなく、逆に、日本労働総同盟内部で、社会民主主義の影響を受けた右派と共産主義の影響を受けた左派の間の対立が深まった㉙。左派は一九二五年四月から五月にかけて総同盟から除名され、同年五月に日本労働組合評議会を結成した。

日本労働総同盟が分裂した時点では、日本農民組合は引き続き小作組合の単一の全国的組織として機能しており、一九二五年八月に全国的な無産政党の設立を目指し、日本労働総同盟や日本労働組合評議会の参加も求めて無産政党組織準備委員会を設立した㉚。しかしながら、総同盟と評議会の対立が深まり、結局、準備委員会は両団体抜きで日本最初の無産政党である農民労働党を同年一二月に設立することになった㉛。

農民労働党に対しては、設立後直ちに政府より結社禁止が命じられたが、その後一九二六年三月に、日本農民組合と総同盟により左派を排除する形で労働農民党が設立された㉜。しかし、労働農民党に対する共産主義者の働きかけが強まると、総同盟などの団体はこれに反発して、同年一〇月に労働農民党から脱退し、一二月に社会民主主義に立脚した社会民衆党を結成した㉝。他方で、総同盟内で労働農民党からの脱退に対し不満を抱く勢力は、日本農民組合内で労働農民党の左傾化に不満を抱く勢力と共に、日本労農党を結成した㉞。日本労農党の結成をきっかけとして、総同盟から日本労働組合同盟が分離し、また、日本農民組合から全日本農民組合が結成された。

このように全国的な労働組合組織と小作組合組織は分裂を繰り返したので、全国的な単一の組織を発達させた場合に比べ、労働者や小作農の政治参加を吸収し、政治に反映させる力が弱いものとなったのは明らかである。同様に無産政党も分裂したために、労働者や小作農の政治参加を吸収できる政治制度として十分発達できなかった。例えば、無産政党は一九二八年の第一六回総選挙では、八名、一九三〇年の第一七回総選挙では、五名の当選者しか出せなかったが、これは、異なる無産政党の候補者が同一の選挙区で競合したために、無産政党全体としての票をまとめられなかったためと考えられている。(35)

3　労働者保護法制や小作農保護法制の不備

以下では、さらに労働者や小作農の政治参加の拡大に対応して政治制度が発達しなかった例として、労働者保護法制や小作農保護法制が整備されなかったことについて論じたい。

まず、政党内閣の下で労働組合法が制定されなかったことについて論じたい。民主化途上体制が成立する以前は、政府は、労働運動に対して敵対的な政策を取っていたが、労働運動が拡大するに伴って、政党内閣の下で労働運動に対する政策は改められ、一九一九年に原内閣は治安警察法一七条の適用を制限すると発表した。それまで治安警察法一七条は、団体交渉及びストライキなどを目的とする暴行、脅迫などやストライキの誘惑煽動を処罰対象とすることで、実質的にほぼ全てのストライキを規制し、労働運動を大きく妨げていた。(36)しかし、原内閣は、同条を同一の工場、事業所の中で労働者が他の労働者を誘惑煽動する場合においては適用せず、外部の工場、事業所内の労働者を誘惑煽動した場合にのみ適用する方針に改めた。(37)

しかしながら、政党内閣の下でも結局労働組合法は制定されず、労働組合や労働運動に法的根拠が与えられることはなかった。(38)まず、一九二〇年に原内閣は、労働組合法の制定を検討したが、政友会はこれに消極的であり、結局、議会に労働組合法案を提出することは断念した。また、憲政会・民政党内閣は三度にわたり、労働組合法案を議会に提出した。第一次若槻内閣は一九二六年及び翌年の二回労働組合法案を提出したが、二度とも衆議院で審議未了に終わった。また、浜口内閣が一九三一年に法案を提出した際には、衆議院は通過したものの貴族院で審議未了となった。結局、民主化途上体制の下では、労働組合法制が整備されず、労働者は、団結権、団交権、争議権を法的に保障されることなく終わった。

次に、小作農に対しても政党内閣が法的保護を与えずに終わったことについて見てみたい。一九二〇年に原内閣は、小作組合法及び小作法の制定を検討したが、前者は地主層の反対によって見送られ、後者のみが問題として残った[39]。これらの法律が検討された背景には小作農の立場が極めて弱かったという事情があった。当時小作農と地主の関係を規定する特別法はなく、民法の賃貸借に関する規定によってこの関係は定められたが、これによれば地主は一年間の予告期間を置けば小作契約を解除し土地を取り戻すことができたので、小作農は地主に対して弱い立場に置かれていた[40]。

第一次大戦後、小作農が小作料の引き下げを求める反面、地主が土地の回収を試みたために、小作争議は激化したが、当時の法制の下では、小作農の小作料の引き下げの要求に対しては、地主は小作契約の打ち切りで対抗できた。また、地主が土地の回収を行おうとした場合、これを法的に防ぐことはできなかった。

このような小作農の地位を改善し、小作農を法的に保護するために、原内閣は一九二〇年に小作法の制定を検討した。検討案によれば、小作権を最低七年間保障し、小作農から小作権更新の申し入れがあった場合には、地主がこれを拒もうとしても、小作審判所がこれを認めない限りは、小作権は更新されることになっていた[41]。同時に小作料をめぐる争いは、小作審判所で裁定されることになっていた[42]。しかしながら、結局、小作法の制定は地主層からの反対の前に見送られることになった。

原内閣の下では小作組合法と小作法の制定が見送られたが、一九二四年七月に第一次加藤高明内閣の下で小作調停法が制定された[43]。同法の下では、小作争議が起きた場合には、当事者の申し立てにより裁判所または調停委員会による調停が行われることになった[44]。小作調停法は、小作争議の頻発化に伴って制定されたが、小作権の保護がなされず、小作農の法的地位は弱いままであり、小作調停法は小作農の利益ではなく地主の利益の保護を目的とするものであった[45]。このことは、地主層が同法を支持したのに対し、日本農民組合が反対したことにも表われていた[46]。

小作調停法制定後も、小作争議は一九二六年まで増加し続け、その後二年間減少した後に、再び増加した。このことや、第四回地方小作官会議において、小作調停法は欠陥が多く、当時の「小作事情ノ趨勢ニ鑑ミ」小作法の制定が必要であると決議されていることから、小作争議の解決にとって小作調停法だけでは不十分であったことは明らかである[47]。

このため、第一次若槻内閣は、一九二六年に小作法の制定の検討を再び開始した[48]。しかしながら、同内閣は、同法を議会には提出せずに終わった。次の浜口内閣は一九三一年に以前の検討案よりも小作人の保護が弱められた法案を議会に提出したが、衆議院は通過したものの、貴族院で審議未了廃案となった[49]。結局、民主化途上体制の下で、小作農を十分保護する制度は整備されずに終わり、小作農の政治参加の拡大が吸収されなかったことは、一九三〇年中頃まで、小作争議が増加したことに表われている。

五　軍部の介入

最後に、体制変動論によって民主化途上体制が崩壊したことを分析するためには、この政治体制が不安定化し、軍部の政治介入が起きたことを論じなくてはならない。

１　体制の不安定化

この頃、民主化途上体制が不安定化していたことを窺わせるものとしてまず挙げられるのが、暗殺事件が頻発したことである。一九三〇年一一月には浜口雄幸首相が東京駅で狙撃されるという事件が起こり、浜口首相はこの事件で負った傷がもととなり、翌年八月に亡くなった。さらに一九三二年には井上日召に率いられたメンバーによって血盟団事件が起きた。二月には、浜口、第二次若槻内閣で大蔵大臣を務めた井上準之助が、三月には、三井合名理事長団琢磨が暗殺された。

これらの事件に加え、既述の通り、労働争議や小作争議は一九二〇年代後半から一九三〇年代前半にかけ増加を続けており、民主化途上体制が不安定化していたことを示唆している。

次に、この時代の農村社会の状況に目を向けると、昭和恐慌により農作物の価格が下落したため、農村は大きな打撃を受け、社会不安が高まっていた。飢餓が農村を襲い、農家の娘の身売りなども報じられるほどであった[50]。経済学者の猪俣津南雄は農村の窮乏状態について次のように述べている。

> 凶作の年、十五円の前借で、娘が売りとばされた例は珍しくはなかった。借金の支払、小作料の支払、そして飯米代に娘は売られていく。（中略）娘達も、嫁入前の不安と恥しさの程度で喜んで売られて行く。農村に居たところで行末にい丶ことがあるぢゃなし……さうした絶望は暗く、農村の若い時代を蔽ている[51]。

同様に小説家の下村千秋も農村の窮乏状態について報告している。

この子供達は雪が降っているというのに、シャツも着ていず、足袋もはいていなかった。そして、女の子は、脛たけをくるんだ赤い布の股引をはいているきりであった。（中略）

（下村が泊まった農家の主人の言葉を紹介して）

めし時になると、主人はまたこう言った。「まだこれでも、もみ殻をとって《（原文ママ）》くだけ米ですから、どうやら咽喉が通るが、そのうちに、くだけ米も無くなるので、こんどは、もみ殻の着いたまゝを、かぼちゃやぢゃが芋に混ぜて食べるのです。これは平年には、馬が食うものだが、今年はわし達が馬になるのです[52]。」

このような社会不安の増大も、民主化途上体制の不安定化を示唆している。

2　軍部の介入と体制の崩壊

頻発する暗殺事件、労働争議と小作争議の増大、農村の荒廃などからこの頃民主化途上体制が不安定化していたことが窺えるが、こうした中で、一九三二年に五・一五事件が起き、民主化途上体制は崩壊した。五・一五事件自体は、政党内閣倒壊をめざしたクーデターというよりも、軍人により行われたテロ事件という性格のものであったが[53]、事件後、この機会を利用して軍部は、一貫して、政党が中心となって後継の内閣を組閣することに対して反対の意思を表明し、政党内閣の存続を阻止するのに成功した。この結果、民主化途上体制は崩壊し、その後、四年間の移行期間を経て、一九三六年の二・二六事件後に軍部を中心とする権威主義体制が樹立された。

日本の民主化途上体制の崩壊を具体例として、可能な限り体制変動論に沿う形で、民主化途上体制の崩壊の分析を行ってきた。

第三節　分析の問題点

しかしながら、体制変動論自体は理論として大きな問題を抱えており、このため、民主化途上体制の崩壊をこれに基づいて分析した場合にも大きな問題が生じることを、これまで行ってきた事例分析を例に挙げながら以下で見ていきたい。ここで強調しておく必要があるのは、体制変動論に基づいて日本の民主化途上体制の崩壊の分析を行った場合に、日本固有の事情などにより例外的にこの政治体制の崩壊の分析に問題が生じるというわけではないということである。体制変動論そのものに理論的な難点があるために、これに基づいて民主化途上体制の崩壊を分析しようとすると一般的に問題が生じ、日本の場合がうまく説明できないのもその一例に過ぎない。

体制変動論は理論的に主に二つ問題を抱えている。体制変動論は、図3－1に示したように、社会変動が国民の欲求を高め、国民の欲求の高まりが政治参加を拡大させ、政治参加の拡大が既存の政治制度によって吸収されない場合に、政治が不安定化し、最終的には軍部の介入を招くと論じる。問題は、このような現象、事態が事実として同時期に存在したことを論証することは可能でも、これらの現象、事態の間に因果関係が存在することを論証することは難しいことである。また、体制変動論に基づく説明が、一般国民層レベル中心の分析となり、エリート層の果たす役割を考慮しないということも問題となる。以下、これらの問題点をより掘り下げていきたい。

一　因果関係

既に述べたように、体制変動論によれば、近代化に伴う社会変動をきっかけとして、いくつかの事態、現象が連鎖的に起こり、その結果として政治体制の変動及び政治体制の崩壊が起こることになるが、実はこれらの事態、現象の間に果たして因果関係が存在するかどうかを論証することは極めて困難である。

このような難点が生じるのは、主に二つの理由がある。第一に、体制変動論が連鎖的に起きるとしている事態、現象が同時期に存在することの論証は比較的容易にできても、これらの現象全てに果たして因果関係が存在するかどうかを論証することは困難であることが挙げられる。第二に、政治参加、政治制度など体制変動論の中で分析の中心となる概念が極めて抽象的、曖昧な形でしか定義されていないことが挙げられる。以下順に説明していきたい。

1　相関関係と因果関係

第一の問題について論じると、体制変動論が連鎖的に起きるとしている事態、現象が同時期に存在すること、つまり、相関関係を論証し得ても、これらの事態、現象の間の因果関係を特定することは難しい。このため、多くの場合、体制変動論の中で、連鎖的に起こるとされる二つの事態、現象が同時期に存在すれば、これらの間に因果関係が存在することを推定することが行われやすい。あるいは、一つの事態あるいは現象の存在から、その原因であるはずの事態あるいは現象の存在を推察するという循環論法に陥ってしまうことが多い。

これをわかりやすく説明するために、具体例を挙げたい。繰り返しになるが、体制変動論によれば近代化に伴う社会変動→国民の間の新たな欲求の拡大→政治参加の拡大という三つの事態、現象が連鎖的に起こる。従って、本来であれば、社会変動が起きたことをまず示し、これが、国民の間に新たな欲求を拡大させ、この欲求の拡大が政治参加の拡大に繋がったという形で論証することが求められる。しかし、実際にこれを論証しようとする場合、社会変動は、産業構造の変化や、労働人口の変化、都市化、あるいは、国内の資産の分布状況、さらには就学人口の変動などを取って具体的に示すことができるものの、国民の間の新たな欲求の拡大を目に見える形で論証するのは非常に困難である。このため、まず、労働争議、デモンストレーションなど具体的に目に見える形で論証できる政治参加の拡大を取り上げ、循環論法によって、政治参加が拡大していることから、国民の間の欲求の拡大を推定し、これと社会構造の変化との間の因果関係を具体的に示すことなく類推するということが行われてしまうのである。

日本の事例を挙げると、社会構造の変化をいくつかの資料を使って示すことはできた。しかし、労働者の政治参加の拡大を説明しようとする場合、本来は、社会構造の変化に次いで、まず労働者の間の欲求の拡大を示し、これがいかに労働者の政治参加を拡大させたか論証すべきである。しかし、これが難しいため、労働争議という労働者の政治参加の拡大から労働者の間の欲求の高まりを逆に推察してしまう。さらに、社会構造の変化がどのように労働者の欲求を拡大させているかについて具体的に論証することなしに、単に、社会構造の変化も同時期に起きていることから、労働者の欲求の拡大は、社会構造の変化から起きているという議論を行ってしまうことになる。

2　概念の曖昧性と因果関係

次に、体制変動論が用いている概念の用い方の難点について述べる。体制変動論は、政治参加の拡大、政治制度の不十分な発達、政治の不安定化という抽象的な概念を用いているが、これらの概念の使い方には大きな問題がある。第一に、政治参加について見ると、そもそも政治参加とは何を指すのか具体的に示していない上、どの程度の政治参加の拡大が起きた場合に、政治制度による吸収の可否が問題となるかを特定していない。第二に、政治制度について見ると、そもそも政治制度には何を含めるのか、統治機構のみを指すのか、それとも、政治的に影響力を持ち得る組織も含めるのか、さらには、実際に社会の仕組みを定める法制度まで含めるのかはっきりしていない。第三に、一定の政治参加の拡大を吸収するために必要な政治制度の発達の水準について論じられていない。第四に、政治の不安定化についてみると、どの程度政治が不安定化する場合に軍部の政治介入や政治体制の変動、崩壊が起こるのか論じられていない。

このようにこれらの概念は極めて抽象的にしか定義されていないため論証上多くの問題が生じてしまう。まず、社会の中で何らかの形で一部の国民の直接行動が起こると、これらを全て既存あるいは新たに発達する政治制度によって吸収されるかどうかが問題となる政治参加の拡大として扱うことになる。同様に、およそ、何らかの社会を撹乱する事件、社会不満の増加を示す現象は全て、政治の不安定化として取り扱うことができてしまう。そして最大の問題として、軍部の政治介入、政治体制の変動、崩壊を招いた時は、常に何らかの形でこれが発生した理由を説明できてしまう。

即ち、軍部の政治介入によって政治体制の変動、崩壊が起きた時、いかなる場合でも、政治参加の拡大を既存の政治制度が吸収できず、政治が不安定化したためであると分析できるのである。

体制変動論によれば、軍部の政治介入が起きれば、これは政治が不安定化していたために発生したと論じることになる。しかし、政治がどの程度不安定化すれば、軍部の政治介入が起きるのか条件が明らかにされていないために、軍部の政治介入が起きた場合、事後的に、何らかの社会事件あるいは社会現象を見つけだすことができれば、これを政治が不安定化していたことを示す材料として論じることができてしまう。

さらに、軍部の政治介入を招いたとされる政治の不安定化の原因について、体制変動論によれば、政治制度が十分発達しなかったため、政治参加の拡大を十分吸収することができなかったためと論じることになる。しかし、既に論じたように、政治参加の概念がそもそも不明確であるため、何らかの国民の直接行動の具体例を見つけることができれば、これを政治参加の拡大の証拠として論じることができてしまう。その上、一定の政治参加に対して政治を安定化させるために必要な政治制度の発達水準が定められていないため、既存の政治制度上の何らかの不備を指摘できれば、これを政治制度が十分発達していなかった証拠として挙げ、これが原因で政治が不安定化したと論じることができてしまう。要するに、体制変動論に基づく体制崩壊の分析には反証可能性がないのである。

しかし、実際には、政治参加の拡大として取り上げる事象が果たして、国民全体の政治参加の拡大を示唆するものなのか、また、政治の不安定化の証拠とされる事象が本当に政治の不安定化を論証するものなのか、さらには、政治制度の不備とされるものが果たして本当に、政治の不安定化を招いた原因なのかどうかはわからないのである。

概念の曖昧性が起こす問題について、これをよりわかりやすく示すために日本の事例を挙げて具体的に説明したい。体制変動論に基づくと、政治参加の定義がそもそも曖昧であるために、労働争議や小作争議の拡大を政治参加の拡大の論証材料とすることができる。また、政治の不安定化の定義が曖昧であるために、暗殺事件の頻発、小作争議の増加、労働争議の増加、さらには農村の荒廃を政治が不安定化した証拠として議論することができてしまう。その上、政治制度の発達の定義に問題があるため、既成政党が労働者や小作農の利益を代表するように変質しなかったこと、無産政党や労働組合や小作組合の統一的な全国的組織が成長しなかったこと、さらには、労働者や小作農を保護する法的制度が整備されなかったことをも政治制度が発達しなかった例として論じた上で、政治の不安定化はこのために起こったと議論することができることになる。

しかし、そもそも、小作争議の増加、労働争議の増加が政治体制の安定そのものを脅かすほど重要な意味を持った政治参加の拡大の事例と言えるかどうかは不明である。また、確かに、既成政党が労働者や小作農の利益を代表するよう変質せず、無産政党や労働組合や小作組合の統一的な全国的組織が成長せず、さらには、労働者や小作農を保護する法的制度が整備されなかったことも事実である。しかし、果たして、このことによって政治参加の吸収が不可能になったのかどうかも同様に不明である。また、五・一五事件後の軍部の政治介入を政治の不安定化に帰し、その論証材料として、暗殺事件の頻発、労働争議及び小作争議の増加、さらには農村の荒廃を挙げることはできるが、実際にこれらの材料を以て政治が不安定化していたと言えるのか、また、これらの事件と先に挙げた政治制度の不備との間に因果関係が存在することは論証できないのである。

このように体制変動論が用いている概念がそもそも曖昧である上に、どの程度の政治参加の拡大に対し、どの程度の政治制度の発達が必要か特定されておらず、さらにどの程度政治が不安定化すれば、軍部の介入が起こるのか論じられていないため、体制変動論に基づいて分析を行うと、日本の事例を挙げて説明したように、民主化途上体制の崩壊が起こるまでの因果関係が実ははっきり論証できないという問題が生じるのである。

二　一般国民層レベルの分析への偏り

因果関係を論証することの難しさに加え、体制変動論に基づいて、民主化途上体制崩壊の分析を行うと、分析が一般国民層レベルに偏るという問題がある。既に述べたように、体制変動論は、政治体制を政治参加のレベルに応じて、伝統型、移行型、近代型に分類しているが、政治参加の拡大を政治制度が吸収できるかどうかを中心にその変動を分析している以上、既に国民の相当数が政治参加を開始している移行型以降の政治体制の変動の分析の焦点は、一般国民層ということになる。確かに、一般国民層の動向も政治体制の安定、崩壊の分析にあたっては重要であるが、エリート層の動向も同様に重要である。しかし、体制変動論の組み立て方からは、エリート層の果たした役割を政治体制の変動の説明に盛り込むことができない。

体制変動論がこのように構築されているために、日本の事例の分析にあたっても、エリート層の果たした役割には触れず、労働者層や小作農層の政治参加の拡大及びこれを政治制度が受け入れたかどうかを中心に分析を行うことになった。

この議論に対して、体制変動論は、軍部の政治介入を論じており、軍部はエリート層であるから、体制変動論は、十分エリート層の果たした役割を盛り込んでいるという反論がなされるかもしれない。確かに、体制変動論は政治体制の崩壊の最終局面でエリート層である軍部を登場させる。しかし、それに至るまでの過程で体制側のエリート層の果たした役割は殆ど盛り込まれていないのである。

第四節　まとめ

本章では、民主化途上体制の崩壊を体制変動論に基づいて分析すると、どのような議論の組み立てとなるか、日本の事例を挙げて見てきた。しかし、第三節で指摘したように、体制変動論には、因果関係を立証することが困難であるという問題や、分析が一般国民層レベル中心のものになってしまうという問題がある。

特に、拡大した政治参加が既存の政治制度あるいは新たな政治制度の発達によって吸収されない場合には、政治が不安定化し、軍部の政治介入を招き、政治体制が変動、崩壊するという議論は同理論の中核部分を構成するものであるが、この議論には大きな問題がある。即ち、この議論では、政治参加、政治制度など使用している概念が抽象的、漠然としていることに加え、どの程度の政治参加に対し、どの程度の政治制度の発達が必要なのか、また、どの程度の政治の不安定化ならば、軍部の政治介入を招くのかということが明確にされていない。このため、何らかの一般国民の直接的行動は政治参加の拡大を示す例として論じることができる一方で、少しでも社会の秩序を乱す事件、あるいは社会の不満を示唆する事件ならいかなるものでも、政治の不安定化を示す例として論じることができる。これに加え、何らかの形で既存の政治制度の不備を指摘し、これを政治の不安定化の原因として論じることができてしまうのである。しかし、実際、これらが果たして重要なのかという問題があり、また、重要だとしても、実際に論証できるのは、これらが同時期に存在しているというだけで、これらの間に因果関係があるかどうかを論証することは極めて難しい。

このような問題があるために、体制変動論を用いて民主化途上体制の崩壊を説明することはできず、新たに、民主化途上体制の崩壊を説明するための仮説を構築する必要が出てくるのである。次章以降では、この仮説に基づいて日本の民主化途上体制の崩壊を分析していきたい。

（1）大川一司、高松信清、山本有造『国民所得』〈長期経済統計1〉東洋経済新報社、一九七四年、二四〇頁。但し、農林水産業の生産を第一次産業の生産、鉱工業及び建設業の生産を第二次産業の生産、運輸・通信・公益事業及び商業サービス業の生産を第三次産業の生産として取り扱っている。
（2）中村隆英『日本経済：その成長と構造』［第3版］東京大学出版会、一九九三年、九七頁。
（3）篠原三代平『鉱工業』〈長期経済統計　10〉東洋経済新報社、一九七二年、一四二〜一四三頁にある製造工業生産額から計算。化学、鉄鋼、非鉄、機械を重化学工業として扱い、B系列で計算。
（4）梅村又次他『労働力』〈長期経済統計　2〉東洋経済新報社、一九八八年、二一〇〜二一五頁にある産業別全有業者数から計算。
（5）梅村他『労働力』二五六頁。
（6）長岡新吉編『近代日本の経済：統計と概説』ミネルヴァ書房、一九八九年、二三四頁。
（7）武田晴人「労使関係」大石嘉一郎編『日本帝国主義史』第一巻、東京大学出版会、一九八五年、二八八〜二八九頁。二村一夫「労働者階級の状態と労働運動」朝尾直弘他編『日本歴史』第一八巻、岩波書店、一九七五年、一一八〜一一九頁。
（8）武田「労使関係」二七四〜二七六頁。
（9）西田美昭「第二節　農民運動と農業政策」大石嘉一郎編『日本帝国主義史』第二巻、東京大学出版会、一九八七年、二九九〜三〇一頁。
（10）林宥一、安田浩「社会運動の諸相」歴史学研究会、日本史研究会編『日本歴史』第九巻、東京大学出版会、一九八五年、一九四頁。
（11）林、安田「社会運動の諸相」一九四頁。
（12）中村『日本経済：その成長と構造』、一一〇〜一一一頁。
（13）同右。
（14）西田美昭「農民運動の発展と地主制」朝尾他編『日本歴史』第一八巻、一七二〜一七三頁。
（15）同右、一七二頁。中村隆英『戦前期日本経済の成長と分析』岩波書店、一九七一年、一八五頁。

(16) この頃の男子普通選挙運動の拡大については、松尾尊兊『普通選挙制度成立史の研究』岩波書店、一九八九年、一三九～一四八頁、一五一～一七七頁。升味準之輔『日本政党史論』第四巻、東京大学出版会、一九六八年、三三八～三四〇頁。
(17) 松尾『普通選挙制度成立史の研究』一九一～一九五、二〇九、二三〇、二三八～二三九頁。
(18) 同右、二四六頁。
(19) 『大阪毎日新聞』一九二〇年七月一三日。
(20) 『東京日日新聞』一九二五年二月二二日。
(21) 『東京朝日新聞』一九二五年二月二二日。
(22) 梅村他『労働力』二五六頁。
(23) 中村政則「大恐慌と農村問題」朝尾直弘他編『日本歴史』第一九巻、岩波書店、一九七六年、一四五頁。
(24) 小作農、自小作農の数は戸数なので、最も単純に数えた場合二倍することで、小作農、自小作農に関係する成人家族の数とみなすことができる。製造業者の数は女性が含まれるので、単純に二倍することでは、成人家族の数を計算することはできない。
(25) 伊藤隆「第四節　大正から昭和へ」井上光貞、永原慶二、児玉幸多、大久保利謙編『第一次世界大戦と政党内閣』〈普及版　日本歴史大系　16〉山川出版社、一九九六年、二八一頁、伊藤隆「第一節　田中内閣と東方会議」井上他編『第一次世界大戦と政党内閣』二九三頁。林、安田「社会運動の諸相」二一八～二一九頁。
(26) 伊藤隆「第二節　山本権兵衛の再登場と関東大震災」井上他編『第一次世界大戦と政党内閣』二四五～二四六頁。二村「労働者階級の状態と労働運動」一三二頁。
(27) 伊藤隆「第三節「改造」運動」井上他編『第一次世界大戦と政党内閣』一六六～一六八頁。
(28) 大河内一男、松尾洋『日本労働組合物語：大正』筑摩書房、一九六五年、二五一頁、二五九～二六二頁。
(29) 総同盟の分裂の経緯については、同右、三〇六～三八七頁。
(30) 河野密『日本社会政党史』中央公論社、一九六〇年、五一～五三頁。
(31) 同右、五三～五七頁。

(32) 同右、六〇～六一頁、林、安田「社会運動の諸相」二一五頁。
(33) 伊藤隆「第四節　大正から昭和へ」井上他編『第一次世界大戦と政党内閣』二八三頁。
(34) 大河内一男、松尾洋『日本労働組合物語：昭和』筑摩書房、一九六五年、七六～七七頁。林、安田「社会運動の諸相」二一五～二一六頁。
(35) 粟屋憲太郎『昭和の政党』〈小学館ライブラリー　昭和の歴史　6〉小学館、一九九四年、一七一～一七四頁。
(36) 深山喜一郎「第一次大戦後のわが国における労働組合法案の展開」高橋幸八郎編『日本近代化の研究』下巻、東京大学出版会、一九七一年、九二～九三頁。
(37) 林、安田「社会運動の諸相」一八四頁。
(38) この頃の労働組合法の制定の動きについては、三輪良一「労働組合法制定問題の歴史的位置」安藤良雄編『両大戦間の日本資本主義』東京大学出版会、一九七九年、二三七～二八八頁が詳しく、政党内閣が労働組合法を制定しなかったことについての本書の叙述の多くは、この論文を参考にしている。
(39) 暉峻衆三『日本農業問題の展開』上巻、東京大学出版会、一九七〇年、二九五～二九六頁。
(40) 安達三季夫「小作調停法」鵜飼信成、福島正夫、川島武宜、辻清明編『日本近代法発達史』第七巻、勁草書房、一九五九年、四五頁。
(41) 同右、五八頁。帝国農会『小作法に関する参考資料』帝国農会、一九二八年、四七～六六頁。
(42) 帝国農会『小作法に関する参考資料』五五～五六頁。
(43) 安達「小作調停法」六〇頁。
(44) 伊藤隆「第三節　清浦内閣と護憲三派内閣」井上他編『第一次世界大戦と政党内閣』二六四頁。
(45) 安達「小作調停法」六〇～六二頁。
(46) 同右、六〇頁。暉峻『日本農業問題の展開』上巻、二九七～二九八頁。
(47) 西田「第二節　農民運動と農業政策」三〇九頁。
(48) 第一次若槻内閣、浜口内閣における小作法の扱いについては、宮崎隆次「大正デモクラシー期の農村と政党」『国家学会雑誌』九三号（一九八〇年、一一月）、八九〇～八九六頁。

(49) 浜口内閣の提出した小作法案では、小作権が一定期間保護されるわけではなく、地主は小作契約の解約を申し入れた一年後に小作契約は終了されるものとされていた。帝国農会『小作法に関する参考資料』三三一～三四頁。
(50) 中村政則『昭和の恐慌』〈小学館ライブラリー　昭和の歴史　2〉小学館、一九九四年、三〇六～三一七頁。
(51) 猪俣津南雄『窮乏の農村』改造社、一九三四年、一二六～一二七頁。
(52) 下村千秋「飢餓地帯を歩く――東北農村惨状報告書」『中央公論』四七巻二号（一九三二年、二月）一四二～一五六頁。
(53) 加藤陽子「五・一五事件」井上光貞、永原慶二、児玉幸多、大久保利謙編『革新と戦争の時代』〈普及版　日本歴史体系　17〉山川出版社、一九九七年、三五頁。

第四章　明治憲法下の政治制度

これまで、民主化途上体制の崩壊を分析するための仮説を提示し、また、一九一八年から一九三二年にいたる日本の政治体制が民主化途上体制であったと言えることを示してきた。また、既存の体制変動論によっては民主化途上体制の崩壊の分析を行えないことを日本の民主化途上体制の崩壊を例として取り上げながら示してきた。以下の部分では、先に提示した仮説に基づいて日本の民主化途上体制の崩壊の分析を行えることを示していきたい。

日本の民主化途上体制において、民主的勢力の中心は政党政治家を主体とする政党内閣であり、非民主的勢力の中心は軍部であった。従って、日本の民主化途上体制の崩壊の分析を行う場合、政党内閣と軍部の力関係がどのように変化したかを政治制度、正統性、準忠誠という三つの要素によりながら議論していくことが分析の中心となる。

本章では、民主化途上体制の下で、明治憲法の下の政治制度が全般的に政党内閣と軍部の力関係にどのような影響を及ぼしていたかについて論じる。次章以下では、政党内閣と軍部の力関係がどのように変化し、民主化途上体制が崩壊していったかを、一九一八年から一九二六年にかけての民主化途上体制隆盛期、一九二六年から一九二九年にかけての衰退期、及び一九二九年から一九三二年にかけて体制が危機を迎え、崩壊した時期に分け、特に、一九一八年の原内閣成立、一九二四年の第一次加藤高明内閣成立、一九二八年の張作霖爆殺事件、一九三〇年のロンドン海軍軍縮条約、一九三一年の満州事変、一九三二年の五・一五事件を取り上げ、政治制度、正統性、準忠誠という要素を使って分析していく。

民主化途上体制において、明治憲法の下での政治制度は、政党内閣に様々な制約を課す一方で、軍部に様々な特権を与えることで、政党内閣と軍部の関係に大きな影響を及ぼした。明治憲法の下で内閣の立場が制度的に制約されていたことは、軍部に対する内閣の法的権限を弱めたばかりか、政党内閣が国民の期待に沿う政策を立案し、実施する能力を制約した。この一方で軍部は政党内閣に挑戦する場合には与えられた特権を活用することができた。以下で、この二つについてより詳しく見ていく。

第一節　政党内閣の制度的脆弱性

明治憲法の下では、政党内閣は内閣としての一体性を保つことが困難であったことに加え、様々な政治機関により権力が分有されていたために、政党内閣は制度的に脆弱であった。[1]

一　弱い一体性

明治憲法の下では、政党内閣は一体性を保つことが困難であった。大臣は天皇に個別に責任を負い、首相は大臣を解任することができなかった。[2]また、慣習によって、内閣の意思決定にあたっては、全閣僚の合意が必要であったため、閣内の意見の不一致は内閣総辞職に繋がる恐れが高かった。[3]例えば、一九三一年、第二次若槻内閣は、協力内閣をめぐる若槻礼次郎首相と安達謙蔵内相の間の意見の不一致によって総辞職に追い込まれた。[4]

二　明治憲法下の権力分散と政党内閣

明治憲法の下で権力が分散されていたことも、政党内閣が脆弱であった要因の一つであった。すなわち、権力の統合にあたる機関が存在せず、権力が著しく分散され、衆議院、貴族院、内閣、枢密院など、各政治機関が相互に独立していた。[5]これは、形式的には、天皇が主権を有していたが、実質的には、天皇自身は権限の行使にあたらず、衆議院、貴族院、大臣、枢密院など様々な機関が、天皇の権限の行使にあたり、協賛、輔弼、諮詢に対する意見上奏という形で権力を分有していたためである。

政党内閣は、少なくとも内閣と衆議院の統合を可能にしたので、明治憲法の下での権力分散を補完するものであった。[6]しかしながら、内閣と衆議院の統合が可能になったと言っても、政党内閣は、明治憲法の下での権力分散を究極的に解決するものではなく、貴族院、枢密院、元老、軍部など、政党内閣から独立性を維持した政治機関によって、しばしば、その政策遂行を妨げられたのであった。以下、各機関がどのように政党内閣の力を制限したかについて記述する。なお、軍部については、項を改めて詳述する。

1　貴族院

貴族院は実質的に衆議院と同等の権限を有しており、内閣によって提出された法案と予算案を可決・承認することができる一方、自ら立法することができた。

宮崎隆次は、一九二〇年代後半に内閣を制約する貴族院の力は減少したと論じている。[7]しかしながら、宮崎も認めるように、一九二五年の貴族院改革は、貴族院の有していた法的権限を実質的に殆ど弱めず、貴族院は法案の通過を妨げることで、政党内閣をしばしば妨害したのであった。例えば、第五六議会において、貴族院は、田中内閣によって提出された労働者災害扶助法案、税制改正案などいくつもの法案を審議未了によって成立を妨げ、当時の新聞は、見出しで、「政府不信任を印刻して第五六議会終る。重要法案ことごとく遂に貴族院に死滅す」と報じるほどであった⑻。また、貴族院は、第五九議会においても、衆議院を通過した労働組合法と小作法の成立を拒み、労働争議や小作争議に対応するための重要な政策手段を政党内閣に与えることを拒んだ。このように、民主化途上体制の下で、貴族院は政党内閣に対する妨害を続けたのであった。

2　枢密院

枢密院は、そもそも、憲法草案の諮詢に応えるために設置され、帝国議会開設後、職掌範囲を明確にするために改正が行われた後は、その諮詢事項は、憲法及び憲法付属の法律の解釈上の疑義、憲法及び憲法付属の法律の改正案、条約の批准、憲法一四条戒厳の宣言、憲法八条及び七〇条の勅令など広範囲にわたった⑼。このため、内閣は、実質的に、法律と予算を除く全ての事項について枢密院の裁可が必要であった⑽。また、法律についても、議院法や裁判所法など、憲法に付属する法律については、枢密院の裁可が必要であった⑾。つまり、民主化途上体制の成立後も、枢密院は政党内閣に対して強力な拒否権を有しており、その保持する権限については何ら変更が加えられなかった。

この拒否権を利用して、枢密院は政党内閣の政策の立案・遂行を妨げた。例えば、一九二九年には、田中内閣の裁判所構成法の改正の試みを頓挫させた⑿。また、枢密院による政策立案・遂行の妨害は、内閣の崩壊にまで繋がった。即ち、一九二七年四月に台湾銀行の経営が危機に瀕した時、政府は緊急勅令によって日銀の非常貸出・損失補償を行おうとしたが、枢密院はこの緊急勅令の承認を拒み、このため第一次若槻内閣は総辞職した。

3　元老

慣習により、元老は、天皇に対し誰を後継首相に任ずるのが相応しいかを推薦し、通常この推薦に基づいて首相は任命されたので、元老は実質的に首相を選ぶ権限を持っていた⑬。民主化途上体制の下でも、首相は全て、元老の推薦に基づいて天皇が任命しており、政党内閣の慣行は、元老によって担保されていた。しかしながら、元老（一九二四年に松方正義が死去した後は、西園寺公望が唯一の元老となる）が、非政党員を推薦する可能性が常に存在しており、この可能性そのものが政党内閣にとっては潜在的な脅威であった。

三　民主化途上体制における政党内閣とイギリスの議院内閣の比較

民主化途上体制における政党内閣の脆弱性は、イギリスの議院内閣制に基づく内閣と比較するとより一層明らかになる。第一に、イギリスにおいては一九世紀後半より二〇世紀初頭にかけて首相の強力な指導性が確立されたため、内閣としての一体性の欠如に煩わされることはなかった⑭。特に、戦前の日本の場合、首相は他の閣僚を罷免することができなかったが、イギリスの場合、一八八〇年代終わりまでに、首相が他の閣僚を罷免できる権限が確立されていた⑮。

第二に、イギリスの場合、議院内閣制の下で下院と内閣が統合されたが、議院内閣は政党内閣ほど他の機関から政策立案・実施において妨害を受けなかった。第二章で明らかにしたように、二〇世紀初頭までに下院の貴族院に対する優位性は確立され、一九世紀終わりまでに、軍隊の文民統制も確立されていた。言い換えれば、イギリスの議院内閣は、戦前の日本の政党内閣が達成できなかった政治権力の統合を成し遂げていたのである。

第二節　軍部の制度的特権

これまで見てきたように、民主化途上体制の下での政党内閣は、制度的に脆弱であった。これに対し、軍部は明治憲法の下で強大な政治力を有していた。軍部は、独自の権限を有し、政党内閣に対し独立性を保つことができた。さらに、軍部は、閣内の陸軍大臣及び海軍大臣を通じて政党内閣の政策に影響を及ぼすことができたのみならず、満州において陸軍が取った一連の行動に見られるように、軍事行動については、軍部自身で政策の立案及び実施にあたることができたのであった。

政党内閣に対して軍部の有した特権及び独立性を理解するためには、軍部が軍隊に関するどの事項について内閣に対し独立性を有したのかということのみならず、軍部のうちのどの機関がどの事項に責任を負っていたのかについて理解する必要がある。軍隊に関わる事項は軍令事項と軍政事項に分けられ、軍令事項については、軍令機関である参謀総長と軍令部長が、軍政事項については、軍政機関である陸軍大臣及び海軍大臣が責任を負うと考えられていたが、問題は、軍令事項と軍政事項の境界が明確に定められていなかった上、軍令機関と軍政機関の権限も明確に区別されていなかったことにあった。[16] さらに、軍令事項と軍政事項の区別についての主要な憲法学説上の解釈及び内閣側の解釈が軍部側のそれと必ずしも一致していなかったことが問題を複雑化させた。[17] 以下、軍部が軍令事項と軍政事項についてそれぞれどのような形で内閣に対し独立性を有していたか見ていきたい。

一　軍令事項

まず、軍部は、軍令事項について政党内閣に対し独立性を保っていた。軍令事項について、明治憲法第一一条は「天皇ハ陸海軍ヲ統帥ス」と定めるだけで、軍部の内閣に対する独立性を保障する条文はなかったものの、第一一条は、明治憲法が成立する以前に、参謀本部が明治一一年に設置されて以来の慣行により、軍令事項については、大臣の輔弼を認めず、軍部の独立性、つまり、統帥権の独立を認めていると解されていた。⑱ この慣行は、一八八五年末に内閣職権が制定され、その第六条に「各省大臣ハ主任ノ事務ニ付時ニ状況ヲ内閣総理大臣ニ報告スヘシ但事ノ軍機ニ係リ参謀本部長ヨリ直ニ上奏スルモノト雖モ陸軍大臣ハ其事件ヲ内閣総理大臣ニ報告スヘシ」と定められることで法律上も確認され、参謀本部長が担当する軍令事項については、内閣総理大臣の所管外であることが明確にされた。⑲ その後、内閣職権に代わり、一八八九年に内閣官制が制定され、その第七条に「事ノ軍機軍令ニ係リ奏上スルモノハ天皇ノ旨ニ依リ之ヲ内閣ニ下付セラル丶ノ件ヲ除ク外陸軍大臣海軍大臣ヨリ内閣総理大臣ニ報告スヘシ」と定められることで、統帥権の独立は、内閣官制の下でも法律上確認された。

二　軍政事項

軍政事項で問題となったのは、明治憲法第一二条の解釈で、同条は、「天皇ハ陸海軍ノ編成及常備兵額ヲ定ム」としていた。伊藤博文や伊東巳代治のように明治憲法の起草にあたった政治家は、軍隊の編成及び兵力量の決定は、軍政事項であり、軍令事項について軍部の独立性が認められていたのとは対照的に、内閣が軍政事項について責任を負うと主張した。⑳ また主要学説も同様な見解を取っていた。㉑ しかしながら、以下の二つの点で、内閣のみが軍隊の編成及び兵力量について決定権を有すという見方には問題があった。

第一に、実際には、陸軍大臣及び海軍大臣が軍政事項について帷幄上奏を行い、事前に内閣に諮ることなく首相に事後報告を行うだけで、天皇に直接裁可を仰ぐ慣行が存在したということである[22]。これは、明治憲法によって制度化された大臣が天皇に裁可を仰ぐ慣行とは異なるものであった。各大臣は個々に天皇に対し、責任を負っていたが、各大臣の所管事項について、天皇に裁可を仰ぐのは首相であった[23]。

このような権限を利用して、陸軍大臣及び海軍大臣は内閣に事前に諮ることなく、軍政事項についてしばしば天皇の裁可を仰いだ[24]。陸軍大臣及び海軍大臣は、内閣の構成員であり、彼等が内閣の一員として行動する限りは、彼等が有する権限は深刻な問題に繋がらなかった。しかし、彼等が軍部のために行動した場合、彼等の有する権限は、軍政事項についても内閣の軍部に対する統制を制約することができた。

第二に大きな問題は、軍令事項と軍政事項を明確に区別することが難しく、兵力量の決定は軍政事項ではなく軍令機関の所管する軍令事項にあたり、統帥権の独立が及ぶという見解を軍部が持っていたことであった[25]。これに対し、内閣は、内閣が兵力量の決定権を持っているという見解であった[26]。このような見解の相違のため、兵力量の決定をめぐり、軍部と内閣が対決する可能性があり、実際にロンドン海軍軍縮条約の調印をめぐって政党内閣と軍部の間で重大な問題を引き起こした。

三　軍部大臣武官制：軍部大臣の二面性

第一次山本内閣は、一九一三年に軍部大臣現役武官制を廃止し、予備役、後備役の武官も軍部大臣に任命できるようにした。この制度改正により、内閣は、軍部が軍部大臣の任命を拒むことで倒閣することを防げるようになった。しかしながら、民主化途上体制の下でも、実際には軍部大臣には現役武官が任命され続けたため、次のような微妙な問題が生じた。

軍部大臣は、軍政事項について責任を負う内閣の一員であると同時に、内閣における軍部の代表でもあり軍部大臣の役割は内閣によって異なった。

軍部大臣が内閣の一員として行動した場合には、参謀本部及び軍令部の軍政事項に対する要求を押え込み、内閣の方針を実行するのに貢献した。第七章で論じるように一九三〇年にロンドン海軍軍縮条約締結時における財部彪海相がこの例である。さらに、軍部大臣が内閣の政策を支持した場合には、軍部における個人的影響力を通じて、実質的に軍部の統帥権の独立を押えることすら可能なこともあった。次章で論じるようにシベリア出兵の規模を縮小した際の田中義一陸相がこの例である。

この反面、軍部大臣が内閣において軍部の利益を代表した場合には、内閣が軍部を統制する能力は極めて限定され、軍部は内閣に対し独立した存在となった。このような場合、軍部は軍部大臣を通じて、内閣の政策形成に多大な影響を及ぼすことが可能となった[27]。内閣の方針が全閣僚一致で決定されなくてはならないという慣行が存在する一方で、首相が閣僚を罷免することができなかったため、軍部大臣が内閣において軍部の利益代表として行動した場合には、軍部は、政党内閣に対して実質的拒否権を保持した。第六章で示すように、白川義則陸相が張作霖爆殺事件の事後処理で果たした役割が基本的にこれにあたる。

ここで重要なのは、政治制度が一定の場合でも、その中に置かれた政治アクターの動きによって制度が政治過程に及ぼす影響力がある程度変化したことである。これには、正統性及び準忠誠という二つの要素が関わっていた。この働きについては次章以下で見ていきたい。

第三節　政治制度が果たした役割

ここで、政治制度以外の正統性及び準忠誠という要素を民主化途上体制の崩壊の分析にあたって用いなければならない必要性について論じておきたい。

まずなによりも、政党内閣の制度的脆弱性と軍部の制度的特権のために、政党内閣は軍部に対し不利な立場に置かれた。政党内閣が一体性を保つことに多くの障害があったために、軍部から挑戦を受けた場合に内閣が一体となってこれに対抗することが容易ではなかった。また、政党内閣に対して他の政治機関から様々な制約を課せられたため、政党内閣が時々の政策課題に対応することが難しくなり、このことは民主化途上体制の正統性の減少に繋がった。こうした形で正統性が減少したことは政党内閣と軍部の関係に跳ね返り、政党内閣が軍部に対峙し、体制の存続を図ることを困難にした。

他方で、軍部はその制度的特権を利用し、政党内閣の方針にあからさまに挑戦し、独自に行動することが可能となった。その場合にも、軍部はしばしば自己の行動を天皇の統帥権の名の下で正当化することができた。さらに、内閣が軍部の行動を修正しようとしても、軍部を統制する法的な権限を有していなかった。また、軍令事項と軍政事項の区別が明確にされていなかったことは、軍部が政党内閣を攻撃する余地を生んだのであった。

しかしながら、ここで注意する必要があるのは、政治制度は常に一定の影響を政治過程や政治アクターに与えるということである。にもかかわらず、民主化途上体制がいったん成立し、その後に崩壊するという政治体制の変化が起きるということは、政治制度以外の別の要素が働いていることを意味している。それゆえ、本書は、政治制度以外に正統性及び準忠誠という要素を盛り込みながら、民主化途上体制の崩壊の分析を行うための仮説を提示しているのである。

戦前の日本について見ると、明治憲法の下での政党内閣の制度的脆弱性及び軍部の制度的特権は、民主化途上体制の期間を通じて常に一定であったということである。換言すれば、政治制度という要素は、民主化途上体制の運命に対し、常に一定の影響を及ぼしていた。しかしながら、現実には、一九一八年に民主化途上体制が成立し、一九三二年にこれが崩壊するという大きな政治変動があり、政党内閣と軍部の関係の変化が起こった。このことは、民主化途上体制の命運に制度的要素以外の力が働いていたことを意味する。

つまり、政治制度以外の要素を用いて、軍部と政党内閣の力関係がどのように変動し、最終的に民主化途上体制の崩壊に繋がったかを分析する必要がある。以下の章で、民主化途上体制が崩壊する過程を政治制度という要素に加え、正統性及び準忠誠という要素を用いて分析できることを見ていきたい。

（1）明治憲法の下での政党内閣の脆弱性について考察したものとして、升味準之輔『日本政党史論』第五巻、東京大学出版会、一九七九年、一九～三〇頁。
（2）同右、二二～二五頁。
（3）同右、二五頁。
（4）北岡伸一『政党から軍部へ』〈日本の近代　5〉中央公論新社、一九九九年、一六三～一六四頁。坂野潤治「『憲政常道』と『協力内閣』」近代日本研究会編『政党内閣の成立と崩壊』〈年報・近代日本研究　六〉山川出版社、一九八四年、一八三～二〇三頁。
（5）升味『日本政党史論』第五巻、二五～二八頁。また、明治憲法の分権的性格について強調したものとして、三

谷太一郎「序論一　政友会の成立」、同『増補　日本政党政治の形成』東京大学出版会、一九九五年、四～六頁。宮崎隆次「戦前日本の政治発展と連合政治」篠原一編『連合政治Ⅰ』岩波書店、一九八四年、一九七～一九九頁。

（6）三谷太一郎と宮崎隆次は、共に、政党の権力統合機能を強調している。三谷「序論一　政友会の成立」七～八頁。宮崎「戦前日本の政治発展と連合政治」二〇一～二〇二頁。

（7）宮崎「戦前日本の政治発展と連合政治」二四〇～二四一頁。

（8）『東京朝日新聞』一九二九年三月二六日。

（9）升味『日本政党史論』第五巻、二一六頁。

（10）増田知子「政党内閣と枢密院」近代日本研究会編『政党内閣の成立と崩壊』〈年報・近代日本研究　六〉山川出版社、一九八四年、一四三頁。

（11）同右、一四五頁、注⑴。

（12）『東京朝日新聞』一九二九年三月一日、『大阪朝日新聞』一九二九年三月二日、『東京朝日新聞』一九二九年三月一三日。

（13）元老については、升味『日本政党史論』第五巻、三～一八頁。

（14）内閣における首相の権力の増加については、John P. Mackintosh, *The British Cabinet*, 3rd. ed. (London: Stevens & Son Limited, 1977), 308-319. Patrick Gordon Walker, *The Cabinet: Political Authority in Britain* (New York: Basic Books, 1970), 80-85.

（15）Mackintosh, *The British Cabinet*, 312. Walker, *The Cabinet*, 82-83.

（16）伊東巳代治「憲法図ト軍令軍政内閣官制ト軍令軍機公式令ト軍令軍機」小林龍夫編『翠雨荘日記』原書房、一九六六年、八二六～八二七頁。

（17）松下芳男『明治軍制史論』下巻、国書刊行会、一九七八年、二九九～三〇二頁。

（18）戸部良一『逆説の軍隊』〈日本の近代　9〉中央公論新社、一九九八年、七三～七七頁。藤田嗣雄『明治軍制』信山社、一九九二年、八二～八五頁、一六九～一七〇頁。なお、松下は、参謀本部設置以前から統帥権独立の慣行は存在し、参謀本部の設置はこの慣行を追認したものに過ぎないという説を紹介している。松下『明治軍制史論』

下巻、二九四～二九五頁。

(19)　松下『明治軍制史論』下巻、八五～八八頁。戸部『逆説の軍隊』七四頁。なお、後の参謀総長は当時は参謀本部長と呼ばれていた。また、内閣職権制定当時は、海軍は軍令機関と軍政機関が分離しておらず、翌一八八六年に分離され、参謀本部が陸海軍の軍令事項を共に所管することになった。この経緯については、松下『明治軍制史論』下巻、一七一～一七四頁。

(20)　松下『明治軍制史論』下巻、二九八頁。藤田『明治軍制』一九五頁。伊東「憲法図ト軍令軍政内閣官制ト軍令軍機公式令ト軍令軍機」八二六～八二七頁。

(21)　松下『明治軍制史論』下巻、二九九頁。

(22)　永井和は、このような権限を陸軍大臣及び海軍大臣は、一八八九年の内閣官制の制定以前に慣習として獲得していたとする。永井和『近代日本の軍部と政治』思文閣、一九九三年、三〇六～三三五頁。このことを踏まえ、永井は、このような慣習を法的に追認するために内閣官制制定時に、内閣職権ヲ定ムルノ件第六条から「参謀総長」という文言を削り、内閣官制第七条は、天皇に直接裁可を仰ぐことのできる機関を明記していないと論じている。

(23)　同右、三七五頁。

(24)　同右、三三一頁。

(25)　松下『明治軍制史論』下巻、二九八～二九九頁。

(26)　伊藤隆『昭和初期政治史研究』東京大学出版会、一九六九年、一〇八～一〇九頁。

(27)　永井『近代日本の軍部と政治』二五六頁。

第五章　民主化途上体制

一九一八年～一九二六年：政党内閣の優位

第四章では、民主化途上体制の存続と崩壊に大きな影響を及ぼした明治憲法の下の政治制度について議論したが、以下の三章では、明治憲法の下の政治制度が一定の影響を及ぼす中で、正統性と準忠誠という二つの要素を中心に、政党内閣と軍部の力関係がいかに推移し、民主化途上体制がいかに変動していったかについて分析していきたい。本章では、一九一八年から一九二六年にかけては政党内閣が軍部に対し優位に立っていたことを示し、これは民主化途上体制の正統性の水準が高かったためであると分析できることを示していく。

第一節　政党内閣と軍部の関係

既に述べたように、明治憲法の下で政党内閣は制度的に脆弱である一方、軍部は制度的特権を有していた。それにもかかわらず、民主化途上体制成立後の一九一八年から一九二六年にかけての政党内閣と軍部の力関係を全体的に眺めると、政党内閣の下でシベリアの戦線縮小、首相の海軍大臣事務管理任命、海軍軍縮、陸軍軍縮などが実現されたことに表われているように、政党内閣は軍部に対し優位に立っており、政党内閣と軍部の力関係は軍部に対する政党内閣の挑戦によって特徴づけられている(1)。中間内閣の時期においても、軍部は政党からの圧力によって押さえ込まれていたのである。

一　原内閣

原内閣は次の三つの事例において軍部を押さえ込むのに成功した。第一に、シベリア出兵後の撤兵にあたり事実上統帥権を内閣の支配下に収めた。[2]第二に、海軍大臣不在時に首相を海軍大臣事務管理に任命することに成功した。[3]第三に、植民地の総督に文民を任命することに成功した。[4]以下これらの事例についてより詳しく見ていきたい。

1　シベリア出兵後の撤兵問題

原内閣は、一九一八年のシベリア出兵後、シベリアから段階的に撤兵するにあたり、軍部の統帥権を事実上内閣の下に収めることに成功した。シベリア出兵後に派遣した軍隊の総数は原内閣成立後の一九一八年一一月時点で七万二、〇〇〇人を越えたが、原内閣はその数を次第に減少させ戦線を縮小させた。[5]この際、原内閣は参謀本部に事前に諮ることなくこの決定を行い、天皇の裁可を得た後で参謀本部に連絡するということを行った。[6]シベリアに展開している軍隊の行動をどうするかということは軍令事項であり、本来は参謀本部が決定権を有する問題であった。これについて内閣が方針を定めるということは、統帥権独立の制度を無視するものであり、このような内閣の措置に参謀本部は反発した。[7]内閣と参謀本部の対立はハバロフスクからの撤兵をめぐり深まったが、田中義一陸相は、原内閣の総辞職に繋がりかねない自らの辞職を持ち出すことによって、山県有朋の協力を得て参謀本部を押さえ込み、内閣の方針を貫くことで撤兵を実現することに成功した。[8]

シベリアからの撤兵は軍令事項にあたると考えられ、統帥権の独立が保障されていた以上、参謀本部は法的には内閣の一員である陸軍大臣の命令に従う必要はなかった。にもかかわらず、参謀本部は最終的には内閣の決定に従った。このことから、原内閣はシベリアからの撤兵に関しては事実上統帥権を内閣に従属させることに成功したということができる。

2　海軍大臣事務管理問題

原内閣は、一九二一年にワシントン会議が開催された際にも軍部に対し、内閣の権限を拡大することに成功した。ワシントン会議が開催された際に、加藤友三郎海相が全権としてワシントンに派遣されたために、彼が不在の間、海軍関係の事務を誰が処理するのかという問題が起こった。結局、陸軍の強い反対を押し切って、原内閣は原敬首相自らを海軍大臣事務管理に任ずることに成功した⑨。原敬自身が述べているように、これは、軍関係の事務を武官が処理するという当時の慣行から一歩踏み出す前例を作るものであり、将来、文官を軍部大臣に任命する道を開くものであった⑩。

なお、原内閣以降も、文官を軍部大臣に任命する件で、政党勢力は軍部に圧力を加えた。一九二二年二月には、政党勢力は軍部大臣を文官にすることを求め、三月に、軍部大臣に文官を任命することを求める決議を衆議院で可決した⑪。以後も、軍部大臣を文官にするべきという要求が高まったため、一九二三年二月に、加藤友三郎首相は、文官を軍部大臣に任命できるよう軍部大臣に関する官制を改正するという考えを支持すると言明した⑫。

3　植民地総督の資格制限の撤廃問題

最後に、植民地総督の資格制限の撤廃について取り上げると、原内閣の時まで、朝鮮及び台湾の総督は武官でなければならなかったが、原内閣は一九一九年にこの制限を撤廃し、文官も任用できるようにした[13]。また、同内閣は、関東州の関東都督府を廃止し、関東庁と関東軍に分け、関東長官には文官も任用できるよう改めた[14]。これまで総督・長官は植民地における行政及び軍事について大きな権限を有しており、資格制限を撤廃し文官も任用できるようにしたことは、「植民地統治権をほぼ完全に掌握していた軍から政治の機能と権限を奪うものであった[15]」。

二　原内閣後

原内閣後、軍部に対し軍部大臣武官制を改める圧力が高まったことは既に述べたが、この他に陸海軍の軍縮が行われた。まず、原内閣に続いた高橋内閣はワシントン海軍軍縮条約に調印し、大幅な海軍軍縮が実現されることになった。海軍軍縮は次の加藤友三郎内閣によって実行に移され、その結果、主要艦一四隻が廃棄され、六隻の建造が中止されることになった[16]。

海軍軍縮が実施された後は陸軍軍縮の要求が高まった。一九二二年三月には、高橋内閣の下で陸軍軍縮を求める建議案が可決された[17]。このような中で、加藤友三郎内閣の下で軍縮計画が策定され、一九二二年八月、士官を約二、〇〇〇名、下士官兵を約五万七、〇〇〇名削減する兵員削減が実施された[18]。陸軍軍縮は第一次加藤高明内閣においても実施され、一九二五年に、四個師団が廃止され、士官が一、二〇〇名、下士官兵が三万六、〇〇〇名削減された[19]。

三　まとめ

要するに、一九一八年から一九二六年にかけて、政党内閣は軍部に対し絶えまなく圧力を加え続けた。確かに政党内閣の企てが全て成功したわけではなく、軍部は、法的にはその特権を有したままであり、軍令事項について、統帥権の独立を確保する一方、軍部大臣武官制が廃止されたわけでもなかった。これに加えて、一九二五年の陸軍軍縮において、人員の大幅な削減が行われたにもかかわらず、陸軍は、削減された人件費を軍備の近代化に充てたため、軍事予算の削減には繋がらなかった[20]。しかしながら、この期間には、政党内閣は、軍部に対して優位に立ち、軍部が政党内閣に挑戦する余地を与えず、民主化途上体制は非常に安定していたのである。

第二節　分析：正統性

この時期に、民主化途上体制が安定しており、政党内閣が軍部に対し優位を保ったことは、正統性という要素によって説明することができる。

リンスは、「軍部の指導者達は、社会の中の相当部分が政府を軍部と同じように信頼していない一方で、それ以外の社会の中の相当部分が、誰が支配権を主張するかについて無関心であると感じる場合を除いては、政府に対し攻撃を行うということはまずないものである」と論じている[21]。また、アグエロは「軍部は、政府が選挙民に強く支持される広範な政治グループに支えられている時には、非民主的な特権を要求したり、政府の政策に抵抗したりすることを難しいと感じるものである」と論じている[22]。つまり、政治体制の正統性が広く認められている間は、軍部は政府に従い、挑戦しないのである。

これがまさに、一九一八年から一九二六年にかけての日本の状況であった。民主化途上体制の下で国民の相当部分が政治参加の機会を法的に与えられており、また、内閣が有権者によって直接選出された政党によって構成されていたので、民主化途上体制は正統性を誇示することができた。一九一八年から一九二六年にかけて、民主化途上体制はその正統性を国民の相当部分において保っており、この正統性に支えられ、政党内閣はその制度的脆弱性を補って軍部に臨むことができたのである。

民主化途上体制の正統性がこの頃高かったことは、原内閣成立及び第一次加藤高明内閣成立当時の状況から窺える。

一　原内閣の成立

民主化途上体制成立当初の正統性をまず検証すると、原内閣の成立が歓迎されたのは、政党内閣そのものが社会の相当な部分の利益を代表することができると考えられたからであり、原内閣固有の事情や原首相自身の人気によるものではなかった。ここでは、まず体制の知的エリート層である新聞及び知識人また政治的エリート層である政治指導者の間における正統性の水準を検討し、次いで、一般国民層の間における正統性の水準を検討する。

1　新聞及び知識人の間における正統性

新聞や知識人などは、原内閣が政党内閣であるという理由でその成立を歓迎した。例えば、『中央公論』の一記者は、原内閣の成立を以下のように歓迎した。

世間では西園寺侯起つべしとか、挙国一致内閣でなければならぬとか、或は結局官僚政党の連立内閣を見るより外仕方がなかろうとか、いろいろの論があったけれども、我等は密かに其短見なるを哂って、時代の大勢は、遂に原内閣に帰すべきことを確信し、一日も速かに其実現を期待して居た。之れ我等が原氏や政友会を信任するが故ではない。衆議院に多数を有する政党に政機運用の中心を置くことが、今日に於ては国民と政治とを近接せしむる唯一の捷径であり、国民と政治とを近接せしめずしては、健全なる憲政の進歩があり得ないからである。国民が政治的に覚醒すれば、国民の意向を無視しては、多数党として存在し得る訳がないから、国民の意向が多数党の形に於て反映せらるべき筈である。（中略）我等は此内閣の成立を以て我憲政史上に可なりの重要なる意味あるものと認めた[23]。

同様に、『東京朝日新聞』も以下のように原敬が首相に任命されたことを歓迎した。

憲政の常道よりいうも、又政界の大勢よりいうも、寺内内閣の後を受けて新内閣を組織するものは、初より政友会の総裁原敬君たらざる可からざりしなり。（中略）無事に原内閣の成立するものとせば、其政党内閣たるや勿論なるべし。（中略）而して是れ政党の実力が漸く世間に於て認められたる結果として吾人の満足せざるを得ざる所なり。就中、無爵の原君が、新内閣を組織するが如きは、憲政の進歩上、特に吾人の満足せざる能わざる所なり[24]。

また吉野作造は、原内閣の登場を歓迎し、この内閣の出現を自分達の意見が反映される政府を求めた国民の希望によるものであると主張した。

国民は従来已に久しく官僚軍閥の跋扈を厭って居った。（中略）国民の真に希望せるものは挙国一致にあらずして、国民的基礎に立つ内閣であった。此要望が即ち原内閣を出現せしめたものである。㉕

さらに、吉野は古川学人のペンネームでも原内閣の成立の原因が国民の希望にあったことを強調している。

西侯（西園寺公望）の熱心なる推挙と山松両老（山県有朋及び松方正義）の裏書とは直接に原内閣の出現を促した原因には相違ない。けれども彼等をして此挙に出でしめたものは何と云っても時勢の進運並びに之に伴う国民の輿望である。所謂春秋の筆法を用ゆるならば、国民が寺内を斥けて君を迎えたものと云わなければならない。而して之れ実に時勢が少数官僚の壟断に政権を托すべからざるの原則を確立せるものであって、不知不識国民を促して多数民衆を基礎とする強固なる政府を有た（原文ママ）ざるべからざる所以を悟らしたものである。㉖

社会主義者の山川均もまた、原内閣を歓迎して、「軍服政治のあとにフロックコートの政治の現われることは、日本の政治的進化の必然の径路である。われわれはこの意味において原内閣の成立をよろこぶものである。」と述べた。㉗

2　政治指導者の間における正統性

当時の政治指導者もまた野党を含め、政党内閣の成立を歓迎した。憲政会は「国民に何等の基礎を有せざる寺内内閣が倒れて兎に角政党に基礎を有する国民的地盤の上に立てる原内閣の樹立せるとは立憲政治の実質に於て確かに我国政治界の一進歩」であると評価し、国民党の犬養毅もこれを「憲政の為めに慶賀の至りなり」と言って歓迎した㉘。また、藩閥勢力を代表した山県有朋でさえ、当時は、民主化途上体制の正統性を認めていたことが窺える。即ち、松本剛吉は原内閣が成立した一九一八年一二月の日記に、山県が松本に「政体は立憲君主制を執り、政治は民本主義でなければならぬ」と語ったと記している㉙。

3　一般国民層の間における正統性

一般国民層の間における正統性の水準を検討するのは極めて困難であるが、以下の記述は、一般国民層の間においても民主化途上体制がその正統性を持っていたことを示唆している。当時のジャーナリストであった前田蓮山は、一般国民層がいかに政党内閣の成立を歓迎したかを以下のように伝えている。

内閣始まって以来、現在に至るまでも、原内閣出現の場合のように、全国民衆の感激的衝動を、刺激したことはなかった。民間諸団体の祝賀会やら、招待会やら、幾日も幾夜もつゞいた㉚。

また、鈴木文治は、労働運動の指導者であり、友愛会の会長であったことから、彼の意見が当時の労働者の意見を代表するものとして扱えるが、彼もまた原首相が平民であり、原内閣が政党内閣であったという二つの理由により、原内閣の成立を熱烈に歓迎した[31]。

以上見てきたように、国民の幅広い層が政党内閣は国民の相当数の利益を反映することができるという点で、原内閣の成立を積極的に評価し支持した。このことから、民主化途上体制の発足当初はこの体制の正統性は高かったということができる。

二　原内閣の人気下降

多くの研究者は、原内閣がその成立当初人気が高かったにもかかわらず、その末期には人気を失っていたことを指摘している[32]。第一章において議論したように、政治体制の正統性が確立されていない時には、政治体制の実績が直ちに政治体制の正統性に影響を与えることが多い。民主化途上体制は、一九一八年に成立したばかりであったので、原内閣が続いている間に、体制の正統性が確固としたものになっていたとは考えにくい。従って、指摘されているように原内閣がその末期に人気を失っていたとしたら、同内閣の実績によって実際に民主化途上体制の正統性を傷つけられたかどうか検証する必要が生じてくる。

原内閣の当初の重要政策課題は、選挙権拡大問題及び男子普通選挙導入問題であった。従って、ここではこれらの政策課題の処理にあたって、原内閣が行ったことが民主化途上体制の正統性に影響を与えたかどうかを検証する必要がある。一九一九年に原内閣が選挙権拡大法案を提案した時に、石橋湛山は、単なる選挙権の拡大では国民を十分政治に参加させることができないとして、原内閣が男子普通選挙を導入しないことを批判した[33]。同様に、『東京朝日新聞』も継続的に、原内閣が男子普通選挙を導入しないことを批判し続けた[34]。また、政友会が一九二〇年の第一四回総選挙で獲得した絶対多数は、制限選挙及び政友会に有利とされた小選挙区制のため実際には国民の意思を反映していないとの批判も見られた[35]。

しかしながら、結局のところ、選挙権拡大問題のために原内閣が民主化途上体制の正統性を損なったとは考えにくい。原内閣の成立時に、多くの者が、この内閣が選挙権の拡大を行うことを期待した[36]。しかし、石橋のような批判は見られたものの、当時、男子普通選挙を求める声はまだ大きなものとはなっておらず、憲政会などの野党もまだ、男子普通選挙の導入を訴えてはいなかった。松尾尊兊もまた、当時の新聞論調は、普通選挙の導入ではなく、選挙権の拡大を求めていたと論じている[37]。従って、一九一九年に原内閣はそのような要求に対し速やかに対処したと評価できる。即ち、原内閣はその成立後の最初の通常国会で、選挙権を拡大した。

選挙権拡大後の男子普通選挙導入問題については、ここでは、坂野潤治の「政党政治の確立」における議論に拠って論じたい[38]。憲政会と国民党が一九二〇年に普通選挙法案を提出した時に、原内閣は選挙民に男子普通選挙を導入すべきかどうかの判断を仰ぐとして、衆議院を解散した[39]。既に選挙権を与えられている一部の国民に対し、それ以外の層の国民に選挙権を拡大するかどうかの判断を仰ぐということに問題がないわけではなかった。しかしながら、石橋湛山や吉野作造のような知識人の考えを検討しながら、坂野は、原内閣の行った解散という行為は、当時選択できた法的手段のうちでは、男子普通選挙導入問題について国民の政治判断を最大限反映させるものであり、これを批判することは難しいと結論づけている[40]。一九二〇年の第一四回総選挙において政友会は絶対多数の獲得に成功し、この選挙の結果は、政友会の男子普通選挙の導入は時期尚早であるという主張を裏付けるものとなった。男子普通選挙を導入していれば、原内閣は、民主化途上体制の正統性をさらに強化することができたかもしれない。しかし、このことから、原内閣が男子普通選挙の導入に消極的であったために、民主化途上体制の正統性が損なわれたということにはならない。繰り返しになるが、原内閣の行った解散という行為は、坂野が論じるように男子普通選挙導入か否かという政策決定を行うにあたり国民の政治判断を最大限反映させるものだったのである。

しかし、選挙権拡大、男子普通選挙導入問題以外にも、原内閣は問題を抱えていた。原内閣は、官僚の人事への介入のほか、単に政友会の支持基盤の拡大のみを目的とした鉄道建設などの公共事業を通じた利益誘導政策などを実施した。[41] また、一九二〇年五月の第一四回総選挙の勝利後の原内閣の議会運営は威圧的であり、政権末期には、政友会幹部が関わった政治スキャンダルが明らかになった。[42] このような政策や事件のために原内閣の評価が大きく下がった。[43]

従って、原内閣が不人気であったために、正統性の水準が民主化途上体制発足当初に比べ低下していたという可能性は否定できない。しかし、当時の日本がそれまで経験した政治体制の中では、もっとも問題の少ないものであると信じられる程度には正統性を保持していたと言っていい。

第一章で既に論じたように政治体制の正統性が十分に確立されていない場合には、政治体制の短期的な実績がその正統性に影響を与える可能性は高い。しかしながら、正統性とはそもそも相対的に考えられるものである。従って、国民が現行の政治体制に取って代わる政治体制を強く拒否している時には、仮に正統性が十分に確立されていない場合であっても、短期的に政治体制の実績が振わなくても、このことによって政治体制の正統性が完全に損なわれるわけではない。一九一八年から一九二六年にかけて、現行の政治体制に取って代わる政治体制として考えられたのは、以前に存在した競争的寡頭体制であったが、競争的寡頭体制は当時、多くの国民によって拒否されていた。リンスの言葉を借りて言えば、この当時、民主化途上体制は「その欠点や失策にもかかわらず」

「それに取って代わり得る政治体制に比べれば優れている」と考えられていたのである。[44] 一九二一年一月の時点で、吉野が、「仮に原内閣が倒れたとしても官僚内閣主義が再び盛り返すという事は困難だろう。全く無いとは限らない。有った所が直ぐ押倒されるに極って居るから、大勢の上から云えば官僚内閣は寺内内閣を以って終りを告げたと云ってい丶」と述べているのは、この文脈において、当時の政治体制を評価していたと言うことができる。[45]

三　第一次加藤高明内閣

前項では、原内閣の不人気にもかかわらず、民主化途上体制は正統性を維持していたと考えられることを論じたが、これに対し、一九二一年一一月に原首相が暗殺されたことや、高橋内閣後、政党内閣がいったん途絶えたのは、民主化途上体制が正統性を失ったためであるという反論がなされるかもしれない。しかしながら、一九二四年に清浦内閣が成立した際の世論の反応は、民主化途上体制が正統性を保っておりいろいろ欠陥はあるにせよ、最善の統治形態であると考えられていたことをはっきりと示している。

第二次山本内閣が虎の門事件の責任を取って一九二三年一二月に総辞職すると、元老の西園寺公望と松方正義は枢密院議長の清浦奎吾を総理大臣に推薦した。清浦内閣は、当初は貴族院の支持しか獲得できず、陸軍大臣及び海軍大臣以外の全閣僚が貴族院議員であり、この内閣の成立によって非政党内閣が三代連続することになった。このため、この内閣は成立当初より激しい世論の批判にさらされた。

清浦の首相任命後、『大阪朝日新聞』はこの任命を「時代錯誤も甚しく、民論を無視し、憲政の大逆転を行い、政党に基礎を置かぬ、貴族院内閣を組織せんとしている」と批判した。[46]『東京日日新聞』もこの任命を以下のように批判した。

最近相ついで組織された貴族院内閣が、いづれも無力無経綸であって、単に国民の期待に副はないばかりでなく、むしろそのために、時代の進運に必要なる諸般の施設を遅滞さす傾向すらある。（中略）この両内閣（加藤友三郎内閣及び山本内閣）の無力、無主義は、いづれも衆議院に交渉のうすい貴族院中心の内閣であったということが、その主たる原因だという事実は、天下のあまねく認めていたところである。従って、この目前の事実から推しても、山本内閣の倒壊した今日、その後に来るべき新内閣は、衆議院に確実なる根拠を持ち、その主義と政権とを、最も力強く実行する資格を持つものでなければならないことは当然の理であって、しかして、また天下の輿論というていい。しかるにこの事実を無視し、加藤内閣以上若しくは山本内閣以上の純貴族院内閣を組織しようとするに至っては、単に政局の実情に迂遠であるというばかりでなく、国民の要求及び利害をあまりに、度外視するものというべきではあるまいか。(47)

清浦内閣に対する新聞の批判は、清浦内閣が政党に基づいた内閣でないため国民の利益や意見を政策決定に反映させることができないという点で一致していた。言い換えれば、清浦内閣への批判の背景には、国民の競争的寡頭体制の拒否と民主化途上体制への支持があった。このことは、清浦内閣への批判が余りにも強かったため、清浦首相自身が、「自分は平素、政党を基礎とする内閣が立憲政治の運用上最も適当なりとの持論を持って居る者」であると異例の表明をせざるを得なかったことにも現れている。(48)

一九二四年五月の第一五回総選挙と選挙後の新聞論調も、民主化途上体制が少なくとも競争的寡頭体制の拒否の裏返しとして正統性を保っていることを示している。一九二四年一月に清浦内閣が成立すると、憲政会、政友会及び革新倶楽部の有志議員は倒閣運動を開始した[49]。政友会は内閣支持派と不支持派の間で対立した結果、内閣支持派は政友会から脱党し、政友本党を結成、内閣の与党となった。これに対し、政友会、憲政会及び革新倶楽部は、政党内閣の樹立と清浦内閣倒閣を目指すことで合意し、第二次憲政擁護運動を起こしたが、清浦内閣は一月末に衆議院を解散し、五月に総選挙が行われた。政党内閣への支持を訴えた三党は、清浦内閣を支持するために政友会から分離した政友本党に対し、勝利を収めた。この総選挙の争点は政党内閣を支持するか否かであり、結果は明瞭であった。有権者は、政党内閣に対する確固たる支持を示し、護憲三派が衆議院四六四議席のうち二八三議席（憲政会＝一五一議席、政友会＝一〇二議席、革新倶楽部＝三〇議席）を獲得する一方で、政友本党は、一一二議席しか獲得できなかった[50]。護憲三派に対する政府による選挙妨害にもかかわらず、護憲三派が圧倒的勝利を収めることができたのは、非常に意義深いことであった[51]。

総選挙後に、『東京朝日新聞』は「此の総選挙が護憲三派の勝利に帰すべきは明瞭である。然らば清浦内閣倒潰、憲政擁護政党内閣樹立という国民の意思が表明されたのである」と論じた[52]。非政党内閣を拒否し、政党内閣を求める声は非常に強く、多くの新聞が非政党内閣は清浦内閣で終わりにしなければならないことを強調した[53]。このことから、民主化途上体制は、少なくとも、それに取って代わり得る政治体制に対する拒否感の裏返しという形で正統性を持っていた。

さらに、以下の新聞及び知識人の意見からは、清浦内閣が崩壊し、第一次加藤高明内閣が成立したこの時期には、民主化途上体制は、この体制が、国民の多くの層の利益を政策形成に反映させることができるという点において、政治体制自体としての価値を積極的に認められ正統性を持っていたことが窺える。

『大阪朝日新聞』は、政党内閣自体への支持を以下のような形で論じた。

抑も憲政の本義は言うまでもなく政党が国民全体のために計って国策を樹て、これを実行する政策の可否を国民に問いて、その主義主張の国民意思と合致するとき其政党が内閣を組織し、合致を失うの時○○政権を反対党に譲渡すべきものである。[54]

また、美濃部達吉は次のように第一次加藤高明内閣の成立を原内閣の成立と比較しており、彼が民主化途上体制自体を評価していたことが窺える。

清浦内閣がやめて加藤内閣が之に代ったのは、長い間の梅雨がやうく晴れて、かすかながらも日光を望むを得たのと、同じような快い感じがする。数年前に寺内内閣が倒れて、原内閣が代わったときと同じような感じだ。（中略）閣員の顔触れから言っても前内閣とは比較ならぬ程に国民の信頼を維ぐに足りる。[55]

このように民主化途上体制が競争的寡頭体制に対する拒否感の裏返しとして正統性を有していたのではなく、この政治体制自体に存する価値のために積極的な意味で正統性を有していたのには、第一次加藤高明内閣の成立の経緯が大きく関係していた。即ち、この総選挙では政党内閣樹立を訴えた護憲三派が勝利を収める一方で、清浦内閣の与党の政友本党は敗北したわけであり、この内閣は、総選挙において表明された有権者の意思を反映する形で成立したのであった。

この点は当時の新聞や知識人によって非常に評価された。例えば、一九二四年六月一〇日に『東京朝日新聞』

は、「国民より見れば護憲三派が圧倒的捷利を占め、憲政会が第一党となった瞬間に、大命の加藤子に降るは必然の帰結であった」と論じ、「政権は何時も予想せらるゝ如くに移動せず、国民の期待は其度毎に裏切られるのが常である」ので、国民の予想通りに憲政会総裁の加藤高明が首相に任命されたのは「憲政の一進歩」であると高く評価した[56]。

山川均も同じような趣旨で、第一次加藤高明内閣の成立を評価した。

今度の政変は、この点においてたしかに特色があった。今度の政変には、一般の国民は、ほゞ政権の帰着するところを予想することができた。そして予想通りになった。政変は極めて単調であった。いつものすったもんだもなく、いつもの茶番や狂言や余興もなく、それだけに『見物人』に取っては面白味の少ない政変であった。けれどもそれだけに今度の政変は、一般国民に単なる『見物人』でないという印象を与へたに相違ない。

政権の推移を単純明白にした――言葉を換えて云えば、選挙有権者の投票と政権の帰着点との間に、直接明白な関係のあることが分った――という点だけでも、『護憲内閣』の成立には充分の意義がある[57]。

さらに、元老の西園寺公望が、一九二三年一二月には清浦奎吾を首相に推薦し、一九二四年六月には加藤高明を首相に推薦した流れの中に、民主化途上体制は、政治体制自体としての正統性を獲得していたことが窺える。なぜ、西園寺が清浦に非政党内閣を組閣させたのか、その意図を示す一次資料は存在しない。しかし、一般に推測されているのは、一九二四年五月には衆議院の任期が満了となるので、総選挙に備えて清浦に選挙管理内閣を組閣させ、選挙後に多数を占めた政党に内閣を委ねようと考えていたというものである。(58) また、ここで注意を要するのは、西園寺は、個人的に加藤高明を信頼していなかったにもかかわらず、彼を首相に任命することを天皇に推薦したということである。彼は加藤高明を信頼しておらず、かつて高橋内閣の末期に、加藤が後継内閣を組閣することを望まないことを明らかにしたことがあった。(59) しかし、西園寺は総選挙において表明された有権者の意思を尊重したのであった。

民主化途上体制の正統性に支えられ、第一次加藤高明内閣は、貴族院の抵抗を克服し、男子普通選挙の導入に成功した。選挙戦において憲政会と革新倶楽部は男子普通選挙の導入を公約として掲げており、第一次加藤高明内閣は、一九二五年二月に男子普通選挙法案を提出し、翌月これを成立させた。この結果、二五歳以上の男子は選挙権を有することになり、有権者の数はそれまでの約三〇〇万人からその四倍の約一、二〇〇万人にまで増大した。一九二〇年代初頭より多くの国民が男子普通選挙の導入を望んでおり、これにより民主化途上体制の正統性はさらに強化されたものと考えられる。

さらに、注目すべきことには、多くの有力な資料が、軍部もこの頃は民主化途上体制の正統性を認めていたことを示している。例えば、一九二四年一一月上旬から一二月下旬にかけて宇垣一成陸相は、日記に以下のように記している。

初夏以来の政界は軍備の整理、鉄道の改建主従《(原文ママ)》、義務教〔育〕費増加、貴院改革と論議の目標は転変して来て居る。乍併何れも真の邦家を思念する誠意より出でたるものにあらずして、多くは勢力競争の不純なる動機に出発して居る。斯様な手合を相手にして仕事して行くことは実に不愉快馬鹿気ている。けれども理想は兎に角として現在を乗り切りて行く為には之等も度外視する訳には行かぬ。否、此等輩を本体として相当の敬意と適度の誠意を以て応接せねばならぬ。(60)

また、翌年七月頃には、以下のように日記に記している。

貴族政治も宜しくなければ政党政治にも弊害がある。弊があり害がありても政党政治は世界の流行であり大勢とも云はねばならぬ。(61)

さらに、清浦内閣が総選挙後まさに総辞職しようとしていた時にあたる五月二六日付で、当時第九師団長であった星野庄三郎が上原勇作元帥にあてた手紙には、陸軍の有力者であった田中義一が新聞記者に対し「(次の内閣は) 政党内閣が当然なり」と語ったと記されている。(62) これらの資料は、民主化途上体制が軍部に対しても正統性を有していたことを示している。

第三節　民主化途上体制崩壊の種

一九一八年に成立した民主化途上体制が強力であることは一九二四年の政党内閣の復活により示された。しかし、政党内閣は男子普通選挙の導入を除けば、明治憲法下の統治構造に対する抜本的な改革を行わなかったため、体制の正統性を強化する機会を逸した。

即ち、政党内閣は、それまで有権者の統制の及ばなかった機関に対して抜本的制度改革を行わなかった。枢密院と貴族院は政党内閣成立前と同様の権限を維持する一方、軍部の統帥権の独立は維持され、軍政事項について内閣と軍部のどちらが責任を負っているのかという問題も曖昧にされたままであった。後にこれらの政治機関は、これらの特権を利用し、政党内閣の施政を妨害した。まず、枢密院と貴族院は、様々な経済・社会的な問題に対し、政党内閣が対処しようとするのを妨害した。その結果、民主化途上体制の正統性は後退してしまった。この一方、軍部の有した特権は、その後軍部が政党内閣に挑戦していくにあたり有力な武器になった。

ここで重要と考えられるのが、もっと早い段階で男子普通選挙を導入しなかったことである。男子普通選挙の導入が遅れたことは、その分だけ、民主化途上体制の正統性を強化する機会を逸したことを意味した。このことを論じるにあたり今一度、坂野潤治の「政党政治の確立」における議論に立ち返りたい。男子普通選挙を導入するか否かにあたって、「国民の判断に訴えるの外はない」という名目の下に行われた一九二〇年の衆議院の解散を批判するのは困難であった[63]。しかし、坂野は、一九二〇年の第一四回総選挙は、原内閣を「向う四年間にわたって普選案に賛成できない立場に置いた」ので「戦前日本の政党政治の発展にとっても、きわめて不幸な選択であった」と論じている[64]。坂野が男子普通選挙の導入の遅れが日本の政党政治の発展を妨げたとの立場を取っていることは明らかであるが、なぜそうなのかは必ずしも説明していない。以下に、男子普通選挙導入の遅れがどのように日本の政党政治の発展の遅れに繋がるのか論じてみたい。

簡単に言えば、もし男子普通選挙をもっと早い段階で導入していれば、民主化途上体制の正統性が強化されただけでなく、政党内閣は、ほかの機関、特に貴族院に対する有権者の統制を強める改革を行う余裕が生じた可能性がある。第一次加藤高明内閣が成立した時に、その第一の政策課題は、男子普通選挙導入であった。この内閣は貴族院改革も試みたが、男子普通選挙を導入するためには貴族院の賛成を得ることが必要であったため、貴族院の改革は中途半端なものになってしまった。言い換えれば、貴族院は、同院改革を妨げるために男子普通選挙法案を人質として使ったようなものであった。もし男子普通選挙が既に導入されていれば、第一次加藤高明内閣は貴族院改革により集中することが可能であったろう。第一次加藤高明内閣成立の際に、同内閣が保持していた力からすれば、貴族院の権限を恐らく一層削ぐことができたものと思われる。その後、貴族院は政党内閣の施策を妨害し続け、民主化途上体制の政策立案能力と政策実施能力を損なった。これは体制の正統性が傷つけられることに繋がった。貴族院をもっと徹底的に改革していれば、政党内閣は経済・社会問題に対しより有効な施策を講じることができ、民主化途上体制の正統性が減じるのを防ぐことができたかもしれない。

さらに、政党内閣は、男子普通選挙導入と併せて無産層の政治参加を排除するために治安維持法を導入した。このような政策は民主化途上体制から国民の一部を離反させ、体制の正統性を強化するどころか、正統性を損なうことになった。

第四節　まとめ

一九一八年から一九二六年にかけて政党内閣は軍部に対して優位に立っていた。既に論じたように、政党内閣は軍部に対して優位に立つことができたのは、軍部を含め政治・社会のいろいろな層に対して正統性を高い水準で保つことができたためであると分析できる。確かに、原内閣末期のように民主化途上体制の正統性の水準が一時期低下したことは否定できないが、原内閣成立期及び第一次加藤高明内閣の成立期の状態を伝える様々な資料は、この時期に体制の正統性の水準が全般的に高かったことを示している。

しかしながら、政党内閣は同時に、他の政治機関に対する改革及び民主化途上体制の正統性の強化を通じて、その立場を一層堅固にする努力を怠った。一方軍部は、政党内閣の挑戦に対し、ほぼ以前と同様の権限を保持することに成功し、これらの権限は、その後、軍部が政党内閣に挑戦する時の拠り所となった。

（1） この時期に政党勢力が軍部に対し、優位に立っていたことを論じるものとして、戸部良一『逆説の軍隊』〈日本の近代　9〉中央公論新社、一九九九年、一七八～一八四頁。
（2） 原内閣とシベリア撤兵問題については、雨宮昭一『近代日本の戦争指導』吉川弘文館、一九九七年、一三〇～一四四頁参照。
（3） 原首相の海軍大臣事務管理問題については、浅野和生『大正デモクラシーと陸軍』関東学園大学、一九九三年、二〇七～二三六頁参照。
（4） 原内閣が総督に文官を任命することに成功したことについては、雨宮『近代日本の戦争指導』一四四～一四八頁。
（5） 同右、一三一～一四四頁。田中義一伝記刊行会『田中義一伝記』下巻、田中義一伝記刊行会、一九六〇年、一八九～二〇三頁。
（6） 田中義一伝記刊行会『田中義一伝記』下巻、一九四頁。
（7） 統帥権独立の制度を無視するものであることについては、雨宮『近代日本の戦争指導』一四〇頁。参謀本部の反発については、雨宮『近代日本の戦争指導』一三四～一四二頁。田中義一伝記刊行会『田中義一伝記』下巻、一九四頁。
（8） 雨宮『近代日本の戦争指導』一四二頁。田中義一伝記刊行会『田中義一伝記』下巻、一九八～二〇一頁。
（9） 浅野『大正デモクラシーと陸軍』二一八～二二三頁。原奎一郎編『原敬日記』第五巻、福村出版、一九六五年、四五六～四五九頁。

(10)　原編『原敬日記』第五巻、四五七頁。

(11)　木坂順一郎「軍部とデモクラシー」日本国際政治学会編『平和と戦争の研究』〈国際政治38号〉有斐閣、一九六九年、一八～一九頁。

(12)　信夫清三郎『大正デモクラシー史』日本評論社、一九六五年、八〇九～八一一頁。

(13)　雨宮『近代日本の戦争指導』一四五頁。戸部『逆説の軍隊』一八三頁。

(14)　雨宮『近代日本の戦争指導』一四五頁。戸部『逆説の軍隊』一八三頁。

(15)　雨宮『近代日本の戦争指導』一四五頁。

(16)　伊藤隆「第一節　加藤友三郎内閣」井上光貞、永原慶二、児玉幸多、大久保利謙編『第一次世界大戦と政党内閣』〈普及版　日本歴史体系　16〉山川出版社、一九九六年、二一七頁。

(17)　纐纈厚『総力戦体制研究』三一書房、一九八一年、八二～八三頁。

(18)　高橋秀直「陸軍軍縮の財政と政治」近代日本研究会編『官僚制の形成と展開』〈近代日本研究　八〉山川出版社、一九八六年、一五七頁。

(19)　木坂「軍部とデモクラシー」三三頁。

(20)　高橋「陸軍軍縮の財政と政治」一七五頁。

(21)　Juan Linz, *The Breakdown of Democratic Regimes: Crisis, Breakdown, & Reequilibration* (Baltimore: Johns Hopkins University Press, 1978), 17.

(22)　Felipe Agüero, "Democratic Consolidation and the Military in Southern Europe and South America," in *The Politics of Democratic Consolidation: Southern Europe in Comparative Perspective*, eds. Richard Gunther, P. Nikiforos Diamandouros, and Hans-Jürgen Puhle (Baltimore: John Hopkins University Press, 1995), 151.

(23)　『中央公論』三三巻一一号（一九一八年、一〇月）七〇頁。

(24)　『東京朝日新聞』一九一八年九月二七日。

(25)　吉野作造「原内閣に對する要望」『中央公論』三三巻一一号（一九一八年、一〇月）八一～八二頁。

(26) 古川学人「原首相に呈する書」『中央公論』三三巻一二号(一九一八年一一月)四九頁。また、土川信男編「吉野作造著作年表」『吉野作造選集』別巻、岩波書店、一九九七年、四六頁、一一月の項参照。
(27) 山川均「軍服の政治よりフロックコートの政治へ」『山川均全集』第一巻、勁草書房、一九六六年、一〇九頁。『新日本』(一九一八年一一月)初出。
(28) 『東京朝日新聞』一九一八年九月三〇日。
(29) 岡義武、林茂校訂『大正デモクラシー期の政治――松本剛吉政治日誌』岩波書店、一九五九年、三五頁。
(30) 前田蓮山『原敬伝』下巻、高山書院、一九四三年、三六五～三六六頁。
(31) 鈴木文治「労働者の立場より原新内閣に望む」法政大学大原社会問題研究所、総同盟五十年史刊行委員会編『友愛会機関誌・労働及び産業』第八巻、法政大学出版会一九七七年、二三八～二三九頁。『労働及び産業』七巻一一号(一九一八年、一一月)二～三頁初出。
(32) 高橋秀直「原内閣下の議会」内田健三、金原左門、古屋哲夫編『日本議会史録』第二巻、第一法規出版、一九九〇年、二五四頁。岡義武『転換期の大正』〈岡義武選集　三〉岩波書店、一九九二年、一五一～一五三頁など。
(33) 石橋湛山「何の為の選挙権拡張ぞ」『石橋湛山全集』第三巻、東洋経済新報社、一九七一年、三～七頁。『東洋経済新報』(一九一九年一月一五日)初出。
(34) 例えば、『東京朝日新聞』一九二〇年七月三〇日。
(35) 『東京日日新聞』一九二〇年五月一六日。
(36) 吉野「原内閣に対する要望」八四頁。古川「原首相に呈する書」五〇～五一頁。松尾尊兊『普通選挙制度成立史の研究』岩波書店、一九八九年、一二九頁。
(37) 松尾『普通選挙制度成立史の研究』一三〇～一三一頁。
(38) 坂野潤治「政党政治の確立」歴史学研究会・日本史研究会編『日本歴史』第九巻、東京大学出版会、一九八五年、九七～一〇一頁。
(39) 同右、九八頁。
(40) 同右、一〇一頁。

(41) 岡『転換期の大正』一三九～一四一頁。
(42) 同右、一四二～一四六頁。高橋「陸軍軍縮の財政と政治」一三七～一三八頁。
(43) 岡『転換期の大正』一五二～一五三頁は、『東京朝日新聞』一九二一年一一月五日、『東京日日新聞』一九二一年一一月七日、及び同一九二一年一一月一四日を引用し、いかに政権の評価がその末期に低かったか論じている。
『東京朝日新聞』一九二〇年七月三〇日。
(44) Linz, *The Breakdown of Democratic Regimes* , 16.
(45) 吉野作造「現内閣の運命を決すべき転機」『吉野作造選集』第三巻、岩波書店、一九九五年、三一四頁。『中央公論』（一九二一年一月）初出。
(46) 『大阪朝日新聞』一九二四年一月五日。
(47) 『東京日日新聞』一九二四年一月五日。
(48) 『時事新報』一九二四年一月九日。
(49) 升味準之輔『日本政党史論』第五巻、東京大学出版会、一九七九年、七三～七四頁。
(50) 伊藤隆「第三節　清浦内閣と護憲三派内閣」井上他編『第一次世界大戦と政党内閣』二五三～二五四頁。
(51) 吉野作造「新内閣に対する期待」『吉野作造選集』第四巻、岩波書店、一九九六年、八四頁。『中央公論』（一九二四年七月）初出、但し、当時は無署名。土川信男編「吉野作造著作年表」八六頁、一九二四年、六月の項参照。
(52) 『東京朝日新聞』一九二四年五月一一日。
(53) 例えば、『読売新聞』一九二四年五月一五日。『大阪朝日新聞』一九二四年六月一〇日。
(54) 『大阪朝日新聞』一九二四年一月一〇日。〇〇の箇所は判読不能。
(55) 美濃部達吉「正義に基づく政治」『改造』六巻七号（一九二四年七月）、一一二頁。
(56) 『東京朝日新聞』一九二四年六月一〇日。
(57) 山川均「護憲内閣」『改造』六巻七号（一九二四年七月）、一一三～一一四頁。
(58) 内海徹「政変想出草」伊藤隆編『大正初期山県有朋談話筆記／政変想出草』山川出版社、一九八一年、一六三頁。

(59) 岡・林『大正デモクラシー期の政治』一四六～一四七頁。
(60) 角田順校訂『宇垣一成日記』第一巻、みすず書房、一九六八年、四五七頁。
(61) 同右、四七八頁。
(62) 一九二四年五月二六日付上原勇作元帥宛星野庄三郎書簡、上原勇作関係文書研究会編『上原勇作関係文書』、東京大学出版会、一九七六年、四二二頁。
(63) 坂野「政党政治の確立」九八頁における原首相の演説の引用。原文は、『政友』二三九号、二七頁。
(64) 坂野「政党政治の確立」一〇五～一〇六頁。

第六章　民主化途上体制

一九二六年〜一九二九年：軍部の挑戦の開始

前章で見たように一九一八年から一九二六年にかけて、民主化途上体制は安定していた。しかし、一九二六年から一九二九年にかけて、第一次若槻内閣及び田中内閣の下で、軍部の挑戦が開始された。その結果、民主化途上体制は次第に弱体化していき、政党内閣と軍部の力関係は、軍部の方に傾いていった。この時期に起きた最も重要な出来事は一九二八年六月に起こった張作霖爆殺事件であった。同事件は、当初は、政党内閣側が優位に立っていた政党内閣と軍部の力関係が、軍部の方に傾いていったことを示すものであり、軍部は二つの面で、民主化途上体制に対し挑戦した。第一に、張作霖の暗殺は、彼を北京から撤退させ、日本の満州における権益を彼との協力を通じて保持するという内閣の方針を無視するものであった。第二に、軍部は、政党内閣の方針を無視して、張作霖を暗殺しただけではなく、首謀者を処罰し、真相を公表しようとした田中首相の方針に抵抗し、これを阻止することに成功した。

本章においては、まず張作霖爆殺事件と内閣が暗殺の首謀者を処罰できなかったことが政党内閣と軍部の力関係のどのような変化を示しているのかについて論じ、次いで、このような変化が起こったことを政治制度、正統性、準忠誠という三つの要素を用いて分析できることを論証する。

第一節　政党内閣と軍部の関係

一九二八年六月、北京を撤退し、奉天に向って移動中の張作霖は、関東軍の河本大作大佐により列車を爆破され、死亡した。[1] 既に述べたように、この事件において、軍部は二つの意味で政党内閣に挑戦したのであった。

第一に、張作霖の暗殺が内閣の方針を無視するものであったことから論じる。一九二八年四月に北伐を再開した国民革命軍が五月に北京に迫ると、田中内閣は、張作霖を北京から満州に撤退させ、彼を通じて満州の権益の維持を図ろうとした。実際、張作霖は、田中内閣の圧力の前に奉天に移動することを決意したのであった。[2] しかし、満州に新たな傀儡政権を樹立することを企図していた関東軍は、この方針に反対であり、満州に帰還する張作霖軍の武装解除を行うための部隊を派遣する命令を発するよう参謀本部を通じて政府に迫った。[3] これが拒否されると、村岡長太郎関東軍司令官は、北京と天津に駐屯している部隊を使って張作霖の暗殺を計画した。この計画を知った河本は、自分自身で張作霖を暗殺したのであった。[4] 河本は、張作霖を爆殺することで、関東軍が満州を武力制圧するきっかけを作ることを狙っていた。[5]

形式から見れば、河本は、関東軍から正式の命令は受けておらず、張作霖暗殺は彼が個人的に計画した陰謀であったが、実際には田中内閣の方針を無視し、関東軍が組織的に計画した陰謀とほぼ同然であった。既に述べたように、事件以前に関東軍は陸軍参謀本部の黙認の下に張作霖を追放し満州を直接日本の支配下に置くことを企図しており、河本はこれを実行したに過ぎなかった。

第二に、軍部は、政党内閣の方針を無視して張作霖を暗殺しただけではなく、首謀者を処罰し、真相を公表しようとした田中首相の方針に抵抗し、これを阻止したのであった。田中首相は、一九二八年一〇月に張作霖暗殺事件の真相を知ると、西園寺公望からの働きかけもあって、当初は真相を公表し、軍法会議を開いて首謀者を処罰する方針であった[6]。その後、田中首相は河本が張作霖暗殺の首謀者であることが判明し陸軍の規律を保つためにこれを処罰する方針であると天皇に上奏した[7]。

しかしながら、陸軍はこの方針に反対し、陸軍首脳は一一月の段階で軍法会議開催はともかく事件の真相公表に反対する方針を決定していた[8]。その後、一九二九年に入ってから田中首相は、首謀者を処罰するため白川義則陸相に対して調査を命じたが、陸軍首脳は、首謀者を処罰することにも反対する方針を固め、白川陸相はこの方針を田中首相に伝えた[9]。その後も田中首相は首謀者を軍法会議で処罰することを白川陸相にさらに求めたが、陸相を含めた陸軍首脳はこれに反対であり[10]、結局、田中首相は陸軍の反対に屈し、この件を関東軍司令官村岡中将、河本大佐らを南満州鉄道の警備を怠ったという理由で処罰することで、落着させることに同意した[11]。

ここで重要なのは、暗殺事件後の処理方法であった。張作霖爆殺は、政党内閣が軍部をその方針に従わせることができなかったという点において、政党内閣と軍部の力関係が軍部の方に傾き始めたことを意味していた。しかし、暗殺事件そのものが起こった時点では、政党内閣と軍部の新しい力関係は固定化されておらず、流動的であった。軍部が政党内閣に対し優位に立てるかどうかは、この一件を政党内閣がどのように処理するか、即ち、河本らを処罰し、陸軍を統制できるかどうかにかかっていた。もし、ここで、処罰し、陸軍を統制することができれば、政党内閣の方針に軍部が従わなかった場合の重要な一前例となったであろう。しかしながら、政党内閣は陸軍を統制することができなかったので、軍部が政党内閣の方針を無視しても、おとがめなしという前例を作ってしまった。

第二節　分析

張作霖爆殺事件は、政党内閣と軍部の力関係が、次第に軍部の方に傾きかけ始めたことを示すものであった。関係がこのような形で変化したのは、明治憲法の下の政治制度が一定の影響を及ぼしていたことに加え、民主化途上体制の正統性が損なわれたため、政党内閣が軍部を統制する力が減少する一方で、政党内閣や政党政治家の一部が体制に対し、準忠誠の態度を取ったため、事件後、政党内閣が軍部を統制することができなかったためであると分析できる。

一　政治制度

そもそも、民主化途上体制が置かれていた政治制度の下では、政党内閣は軍部を統制する権限を殆ど有していなかったので、張作霖爆殺事件後の処理のように、田中首相が首謀者を処罰し真相を公表しようとしても、軍部が反対し、軍部大臣の支持を得られなければこれを押し切るのは極めて困難であった。しかし、原内閣がシベリアの戦線縮小にあたって軍部の反対を押し切った例もあるので、田中内閣が軍部の反対を押し切れなかったことを単に政治制度からの影響によってのみ説明することはできない。

軍部が政党内閣に対し優位に立ち始めたことを説明するためには、民主化途上体制の正統性の水準が低下し、政党内閣が軍部を牽制する能力が後退する一方で、一部の政党政治家が体制に対し準忠誠の態度を取ったことにより、軍部の力が増したことに触れる必要がある。

二　正統性

多くの有力な資料は、この時期に民主化途上体制はその正統性を保つことはできたものの、正統性の水準自体は低下し始めたことを示唆している。軍部もこのような正統性の水準の低下を認識しており、それゆえ、内閣が軍部を牽制する力が低下したのであった。

戦前の日本の民主化途上体制は一九一八年に成立したばかりであり、体制の正統性が確固としたものであったとは考えられず、体制の実績の評価は直ちに体制の正統性に影響を及ぼした可能性が高い。

このような可能性は高かったものの、結論から言えば、この期間において、民主化途上体制は、その正統性を保つことに成功した。第一次若槻内閣が一九二七年に総辞職した際に、牧野伸顕内大臣は、政友会総裁である田中義一が「憲政の常道に依り」首相に任命されるのが適当であろうという考えであった⑫。さらに、田中内閣辞職後も、新聞は浜口内閣の成立を政党内閣であるという理由で歓迎した。例えば、『東京朝日新聞』は、田中内閣総辞職後、大した混乱もなく、短時間のうちに浜口内閣が成立したことは、政党内閣の慣行が定着してきたことであると歓迎している⑬。

しかしながら、多くの資料が、この期間に民主化途上体制の正統性が知的エリート層である新聞及び知識人、また政治的エリート層である政治指導者の間において共に低下し始めたことを示している。知識人などが継続的に政党内閣及び政党に対する不信感を表明する一方で、政治指導者の間では既に政党内閣に代わる選択肢として非政党内閣が検討されていた。

以下の部分では、前章の原内閣の成立時の民主化途上体制の正統性の水準を測った場合と同じように、新聞論調及び知識人、また政治指導者の間における正統性の水準がどのように変化していったかについて主に議論し、最後に資料は限られているが一般国民層の間における正統性の水準を検討していきたい。

1　新聞及び知識人の間における正統性
政治面における体制の実績の影響

ここでは、まず政治面での民主化途上体制の実績がどのように新聞及び知識人の間における正統性に影響を及ぼしたか見ていきたい。

第一次若槻内閣の下で、各政党とも、表向きは互いに政治スキャンダルを暴きあう一方で、舞台裏では政権の獲得を狙って駆け引きを行った。

政党指導者は松島遊廓事件、陸軍機密費問題、朴烈事件など数々の政治スキャンダルに巻き込まれた[14]。松島遊廓事件では、松島遊廓移転をめぐる収賄が問題となり、政友会首脳の岩崎勲及び憲政会首脳の箕浦勝人が起訴される一方で、若槻礼次郎首相自身が訊問された[15]。陸軍機密費問題では、田中義一が政友会総裁就任に際し、陸軍の機密費を政友会に流用したのではないかが問題となった[16]。朴烈事件では、天皇暗殺を計画したとして大逆罪で死刑判決を受けた朴烈と妻の金子文子（その後、恩赦で無期懲役に減刑）が予審取調室で一緒になっている写真が配付され、第一次若槻内閣が政友会によって攻撃された[17]。

政友会と政友本党は、新しい選挙制度の下で結果が予想できなかったので、衆議院の解散については消極的であり、与党の政治スキャンダルを暴くことで内閣を総辞職に追い込もうとした[18]。これに対し、憲政会も野党首脳の政治スキャンダルを暴露したのでスキャンダルをめぐる政党同士の争いは白熱化した。

政党の狙いが何であったにせよ、スキャンダルとそれをめぐる政党間の争いは政党の信用を著しく傷つけた。例えば、一九二六年の第五五議会中に石橋湛山は、「今期議会は、稀に見る大なる仕事を我国民の為めにして呉れた。（中略）既成政党は――恐らく憲政会、政友会も政友本党も――総てが最早国政を担当する資格なき醜団だと云うことを（之までも、そう思われていなんだのではないが）愈よ露骨にしたことである」として、政党がお互いにスキャンダルを暴くことにのみ汲々としているのを非難した。[19] また、『大阪朝日新聞』も政党内閣の行動を以下のように嘆いた。

第五十一議会は会期三分の二を過ぎて、ます〳〵醜状を暴露するに至った。（中略）財政や外交の重要問題には、野党も与党も力瘤をいれず敵党員の罪悪をさらけ出すことが議員の本職であるかの如く見ゆる。嘆ずべく悲むべきことであるが、もって如何に現在の政党員なるもの丶品性下劣にして、憲政の何たるを解せざるものどもの集りが議院であり、これら下劣な既成政党員が今日の立法府を組織していることが判かる。（中略）曰く梅田議員の山梨大将と結託せる議員誘拐事件、曰く松島遊廓移転に伴う岩崎、箕浦、三木、田中（善）等の贈収賄嫌疑事件、曰く田中義一大将事件に伴う小川、小泉、鳩山、秋田らの議員に関する査問会、何たる醜態暴露の現状ぞ。（中略）既成政党の内臓腐敗状態は、外部からの診察以上に甚だしいものに相違ないのである。[20]

『東京日日新聞』も同じような趣旨で諸政党を非難した。

昨今の衆議院は、全く、常識をもっては、想像も及ばないような行動のみをつゞけて来つゝある。議員梅田寛一氏の行動に対する査問動議以来、国政に関する論議審査は、殆どこれを外にして、ひたすら、敵の醜をあばき、怪をさぐる（こ）とにのみ狂奔し、その結果、大政党の首領に対してすら、その身辺に多くの疑惑を抱かしむる種をまいている。いわゆる五千円事件を手はじめに、松島遊廓事件、三百万円事件、陸軍機密費事件と、相ついで暴露されて来る事件に、その関係者としてあげられている名前は、いずれも、各派の領袖株のみである。これ等の人々によって、これまで指導され、統率されて来た政党各派が、互いに敵の弱点につけ込むに急なるためとはいいながら、斯の如き問題を選んで、その武器とするのは、結局、敵を倒すと共に、自らも倒るゝ外ないという結果を知らぬものといわねばならない。[21]

この時期、衆議院は、憲政会、政友会、及び政友本党の三党が鼎立した状態にあり、三党のうち二党が協力すれば、衆議院において多数を占めることができた。[22]この結果、三党の間で頻繁に連立工作が行われ、特に政友本党はある時は憲政会と協力しまたある時は政友会と協力を行った。当初、政友本党は憲政会と提携したが、その後、政友会と共に第一次若槻内閣を倒そうとし、その後再び憲政会と協力した。[23]

このような政党間の関係が頻繁に変化したため新聞論調は政党内閣と政党が本当に国民の利益を代表しているのかについて疑念を表明するようになった。例えば、『東京朝日新聞』は、一九二七年三月に憲本連盟が成立した後に、両党が政権を政友本党に委譲することを秘密裏に合意しているのではないかと疑ってこの提携を批判した。[24]この際、同紙は、衆議院における第三党に過ぎない政友本党が政権を担当する信認を国民から得ていると言えるのかと疑問を呈した上で、憲政会と政友本党が一九二四年の第一五回総選挙で男子普通選挙をめぐって正反対の立場であったことを指摘し、両党を「政権の前には餓鬼同然」と厳しく非難した。

このような舞台裏の駆け引きがもっとも厳しい批判にさらされたのは、一九二七年一月に三党党首会談が開かれた時である。この月、政友会と政友本党は、一連のスキャンダルをめぐる争いが激しくなる中で、内閣不信任案を提出した。これに対し、若槻首相は三党の党首会談を呼び掛け、この結果、三党の党首は、昭和天皇の新政が始まったことを名目に政争を控えることで合意した。この合意を受けて、政友会と政友本党は不信任案を撤回した。この合意は、野党に加え、若槻首相も総選挙を避けたかった上、議会の会期終了後しばらくして同首相が辞任することを示唆したために成立した[25]。しかし、この妥協は総選挙を求めて高まっていた当時の世論を無視するもので、党首会談と不信任案撤回後、政党は厳しい批判にさらされ、不信感が高まった。

例えば、『東京朝日新聞』は、党首会談と不信任案撤回後、連日徹底的に三政党を批判した。同紙は、一月二一日には、この駆け引きを「きつねたぬきのだまし合（い）」と攻撃し、内閣が衆議院を解散しなかったことを批判し[26]、翌日には、当時の議会が国民の意思を代表していないとし、国民に議会解散を要求する運動を起こすよう呼びかけた[27]。二六日には、三政党とも信用するに足らずと、国民に次期総選挙でいずれにも投票すべきでないと論じるほどであった[28]。

『大阪朝日新聞』も同様に、「今日の政党政治は結局において寡頭政治を意味し」ていると嘆き、国民が望んでいた総選挙を延期した三党首を非難した[29]。『大阪毎日新聞』も以下のように、政党に対する不信感を声を高くして表明した。

> 議場をよそに、議員をそっち除けにして、三党首が人払いの上で密会し、その結果が政本両党より提出し

た不信任案の撤回となったことは、横から見ても縦から眺めても、正真正銘の醜汚なる妥協政治であって、さすがの党人も反対の声を揚げ（原文ママ）て居るが、冷静なる第三者の地位に立つ国民に至っては今更ながら我国政党の救うべからざる堕落の深淵に落ち込んだ事実に直面して憤慨の勇気も失せ、たゞ呆れ返っている有り様である。満身腐爛の党人は心づかぬかも知れぬが、今回の妥協の世間における不評は驚くべきものであると同時に、之によって我国の政党が更に国民の間に信を失したことは驚くべきものである。[30]

このように相次ぐ政治スキャンダルと政党の権力をめぐる駆け引きは、新聞などから激しい批判を招き、政党に対する信用を損い、民主化途上体制の正統性を傷つけることになった。

田中内閣の下でも、政党内閣と政党に対する不信感は広まり続け、民主化途上体制の正統性は傷つけられた。これは、第一次若槻内閣から田中内閣への政権交代が国民の意思と全く無関係のところで起きる一方で、田中内閣が政権維持のためには手段を選ばなかったため、国民の意思と内閣の成立、存続の間には果たして関係があるのかという正統性についての根本的な疑問を生じさせたからである。

まず、田中内閣は、第一次若槻内閣が一九二七年四月の金融恐慌を打開するための緊急勅令が枢密院で否決され総辞職したために国民の意思とは全く無関係に成立した内閣であった。石橋湛山は、田中内閣は「何等国民の信望を聞く事なしに成立した」とし、内閣が国民の信認を得ているのかどうかを図るために直ちに衆議院を解散するべきであると論じた。[31]『東京朝日新聞』も、田中内閣は国民が政友会を支持しているためではなく、単なる「偶然の原因」によって成立したに過ぎないので、国民がこの内閣を支持しているかどうか確かめるために衆議院を解散することを求めた。[32]このような主張がなされた一つの理由は、田中内閣が一九二七年四月に成立時に少数内閣であり、同年六月に憲政会と政友本党が合同し民政党が成立したことでその議会における立場はさらに弱まったためであった[33]。しかしながら、同内閣は、新聞や知識人が国民が期待していると再三再四指摘した総選挙の時期を遅らせ、一九二八年一月になって漸く衆議院を解散した。

しかし、この選挙では、選挙結果自体が田中内閣が国民の支持に基づいたものなのかどうかについて深刻な疑問を生じさせることになってしまった。政府が与党候補のための選挙介入を行ったにもかかわらず、政友会は衆議院の多数を占めることができず、民政党の二一六議席をわずかに一議席上回る二一七議席を獲得しただけであり、実に得票総数では、民政党を下回る有りさまであった。このような選挙結果にもかかわらず、田中内閣は居座り、少数政党や民政党の議員を政友会に抱き込むことで、衆議院における支持基盤を拡大した。

以上のことから、新聞や知識人は、田中内閣は国民の支持を失っており、総辞職するべきであると論じた。例えば、『大阪朝日新聞』は、田中首相が衆議院解散の際に同内閣の政策について国民の信を問うとしたことを指摘した上で、政友会の総得票数が民政党のそれを下回ったことは、田中内閣が国民の信認を失った証拠であり、ただちに総辞職すること及び衆議院の多数確保のために中立系の議員を買収することなどを行わないことを求めた[34]。『大阪毎日新聞』も「政府および与党は、その有利なる立場を極度に利用した」にもかかわらず「民政党を初め野党全体の多数に比すれば、明らかに政府党の敗北」であるとし、内閣が総辞職することを求めた[35]。

田中内閣はこのような総辞職を求める声を無視し、新聞が「総選挙の意味を無視したもの」と批判した野党の抱き込み工作を行った[36]。一九二八年七月に床次竹二郎は民政党を離党し、新党倶楽部を結成した。さらに、九月には民政党の田中善立らは憲政一新会を結成し、民政党を除名された[37]。これらの離党劇の裏には政友会からの働きかけがあり、これらの新政党は政友会支持に回った[38]。このような田中内閣の工作は政党への不信感をさらに強める結果となり、例えば、『東京朝日新聞』は、「政府の多数はもとより『不自然』に作られた多数に相違ない。そこに議会の意思と国民の意思とのチグハグなる所以がある」とし、内閣が議会で得ている支持は国民の意思とは乖離していると批判した(39)。

吉野作造は、田中内閣が総選挙の結果を無視し、裏工作によって議会の支持を広げ、権力の座に居座ることを以下のように徹底的に批判した。

云うまでもなく政友会今日の優勢はその実質に於いて何等国民の輿望と関係なくして作られたのである。政界に於ける勢力はその依る所の国民的基礎あるに因て始めて揺がす可からざる威望を有すとは、能く人の云うところである。謂う所の国民的基礎とは、主として「公正なる選挙」並に「其結果として獲られたる多数」を必須の条件とする（中略）。而して政友会今日の多数は如何。彼がこの多数を作るには二つの段階を経た。その各の段階に於て彼は些でも国民の輿望を顧慮したことはあるか。諄々しく説くまでもなく、第一に彼は総選挙に於て自家の多数を獲べく凡ゆる不正不義を公行して憚らなかった。従て彼がその結果に於て幾分在野党を凌駕するの多数を作り得たとはいえ、それは固より国民の意向を反映するものではない。第二に彼は事後に於て議員の節操を買収するの醜手段に依り利権の提供に依て更に十数名を加うるに成功した。斯の如きは概して国民の最も憎む所、加之その個々の場に於て曾て選挙民の意向を訊くべき手段の執られたことを耳にしない(40)。

また、田中内閣が権力を維持するために取った手法は同内閣の評価のみならず、政党政治全体に対する信頼を傷つけることになった。『大阪毎日新聞』は、政党政治の状態について以下のように悲嘆した。

日本の政党政治はまだ、議会における党派勢力の消長が、選挙人の意思一つにかゝるところまで行っていない。選挙に基かぬ党員の製造が簡単に行われる。（中略）政党員はその主張を掲げて選挙人の前に来るが、それは、たゞ選挙されんがためである。一度選挙されたら、その後は掲げられた主張の如きは直ちに忘却されてしまう。党籍を勝手に反対党に移して平気でいる。（中略）床次竹二郎氏など憲本を併せ民政党を組織し国民の前に来つて選挙された党人が、何の理由もなく即ち自ら最高幹部を組織する党内において主張の抗争なきに青天の霹靂の如く脱党して、選挙人の期待を裏切ることの平然と行われる如き政界である。[41]

このように、田中内閣が国民の意思とは無関係に成立し、さらに総選挙の結果を無視して居座ったことは、政党政治及び政党内閣に対する信用を減じ、民主化途上体制の正統性を損なった。

また、治安維持法を改正するために田中内閣が取った方法は、さらに政党内閣に対する不信感を増加させることになった。第五五議会において田中内閣は治安維持法の改正を試みたが、議会で廃案になると、議会閉会後の一九二八年六月に緊急勅令によって同法の改正を行った。[42]この際、内閣は共産主義者の活動が盛んで、法律を緊急に改正する必要があったことを口実とした。しかし、田中内閣が衆議院における支持基盤が磐石でないために、緊急勅令を用いて治安維持法の改正を行ったことは明白であり、このように同内閣が議会を無視したことは、新聞を憤激させた。例えば、『大阪毎日新聞』は、「議会の否定せる法律案を議会閉会と同時に命令の形で法律となし得るなら、議会はその存在の理由がなくなる」と論じ、田中内閣を「立憲政治の賊」と非難した。[43]『大阪朝日新聞』も数回にわたり、内閣が憲法を踏みにじり、議会を無視したことを批判した[44]。

経済・社会面における体制の実績の影響

また、この頃、民主化途上体制の経済・社会面における実績も正統性に大きな影響を与えた。民主化途上体制は、その後に起こる金解禁、大恐慌のような重要な経済問題に直面していなかったが、体制の政策実行能力と政策立案能力について疑問を生じさせるような問題はこの時期にも起こった。これに対し、新聞や知識人は、政党内閣と政党が権力の獲得及び維持にしか関心を持たず、国民から離れているためにこのような問題が生じるのであると論じた。

この時期に、民主化途上体制が直面した最大の経済問題は、一九二七年の金融恐慌であった[45]。一九二七年三月に片岡蔵相が議会で、東京渡辺銀行が破綻したと発言したことをきっかけに取り付け騒ぎが起こり、多くの銀行が休業に追い込まれた。四月になると鈴木商店に対する不良債権の問題から台湾銀行の経営が危機に瀕した。

第一次若槻内閣は、緊急勅令によって台湾銀行に対する日本銀行が特別融資を行い、これに損失が出た場合、政府が補償することで、同銀行を救済しようとした。しかし、枢密院はこの緊急勅令を否決し、第一次若槻内閣は総辞職に追い込まれた。台湾銀行は休業し、取り付け騒ぎにあった多くの銀行が倒産した。

第一次若槻内閣総辞職後に成立した田中内閣は、緊急勅令によって三週間のモラトリアムを実施し、臨時議会を召集して、日本銀行の普通銀行に対する特別融資に対し政府が損失補償する法案と日本銀行が台湾銀行へ融資を行う法案を通過させ、事態を収拾した。

金融恐慌への対応にあたって、民主化途上体制の政策立案能力は問題がなかった。田中内閣は基本的に第一次若槻内閣が取ろうとしたのと同じ政策によって事態を解決し、政策の内容そのものに問題はなかった。しかしながら、民主化途上体制の政策実施能力に問題があり、当初の政策を実施できなかった結果、政府の支出は増え、国民負担が増大してしまった。

金融恐慌の際、第一次若槻内閣は、次の二つの点から批判を受けた。第一に、台湾銀行の救済のように最終的に国民負担に帰結する問題を臨時議会も開催せずに、緊急勅令によって処理しようとした姿勢が厳しく批判された。[46]第二に、緊急勅令が否決された際に、第一次若槻内閣が国民を代表する衆議院の多数によって支持されているということを認識して、枢密院と徹底的に対決し、否決された緊急勅令の裁可を求めて上奏しなかったこともまた非難の対象となった。[47]いずれにせよ、この二つの点からの批判は、第一次若槻内閣が国民の意思を尊重するという姿勢を取らなかったためになされたのである。

また、民主化途上体制の労働運動への対処方法も問題となった。金融恐慌に際しては民主化途上体制の政策実施能力が問題となったが、労働運動に対する対応では、体制が政策立案能力を備えていないことが明らかになった。表３－１と表３－２に示されているように第一次若槻内閣と田中内閣の下で、労働運動が勢いを増した。しかしながら、両内閣ともに、労働組合に法的根拠を与えるための立法措置を取らなかった。一九二六年及びその翌年に第一次若槻内閣は労働組合法案を二回提出したが、いずれも衆議院で可決されなかった。また、田中内閣は、労働運動に対し一層厳しい態度で臨み、労働組合法案を提案するどころか、一九二八年四月に、日本労働組合評議会と労働農民党を解散させた。

労働組合法制の整備を求めた人々は、第一次若槻内閣によって提案された法案には、規制が多すぎると論じた。例えば、『東京朝日新聞』は、二回目に提出された法案について、労働組合員であることを理由に解雇されることを禁じていない点や、労働組合の活動が、「安寧秩序をみだし公益を害する」場合には、労働組合の解散を命じることができるとしている点を批判した。[48] また、政党が互いの間の権力闘争にしか関心がないために、政党内閣は労働運動に十分対処できないという批判もなされた。東京大学法学部教授の末広厳太郎は、第一次若槻内閣が最初に提案した法案を「労働組合取締法案」と呼んで、以下のようにその内容を厳しく批判した。

今回の労働組合取締法案が決定起草せらるるに至った経過を現実的に観察すると、事のこゝに立ち至った直接の原因は之を政党としての憲政会若しくは之によって支持されて居る内閣諸公に存すといわんよりは、寧ろ主として実際上法案の審議に当った行政調査会諸官僚の無理解と反労働者的思想とに存すということが出来る。然して内閣諸公はこの調査会の不当な決議に聴従してそのまゝ之をうのみにしたものということが出来る。政党と之によって支持されて居る内閣とは日夕専ら政争をのみ事として居る。その結果、直接彼等の党利に関係なき事項は万事がとかく官僚の為すがまゝに放任され勝ちであって、議会も又やゝともすれば無批判のまゝ之をうのみにし勝ちである。私は政党政治発達の裏面においてこの新しき意味における官僚政治の別に成長しつゝある傾向を見逃すことが出来ないのであって、今回の労働組合取締法案の如きも又ある程度においてこの傾向の現れであると解したいのである。[49]

このように、経済・社会面でも民主化途上体制の実績は振わず、体制の正統性は傷つけられたのであった。

2　政治指導者の間における正統性

多くの有力な資料は、この頃政治指導者の間でも、主に政党間の権力闘争のために民主化途上体制の正統性が揺らぎはじめていたことを示唆している。松本剛吉の日記は、政治指導者の間で第一次若槻内閣の時点で既に、スキャンダルによって政党の評価が低下したために、中間内閣が検討されていたことを明らかにしている。例えば、牧野内大臣は、スキャンダルをめぐる政党同士の争いが過熱していた一九二六年九月には、陸軍機密費問題のために、若槻礼次郎首相の後に田中義一を首相に任命することに消極的な姿勢を示し、第一次若槻内閣の後は中間内閣でもかまわないと考えていた[50]。同様にこの頃、西園寺も、政友会が関わっていた政治スキャンダルのために、第一次若槻内閣の後継内閣の選択肢として中間内閣を考えていた[51]。具体的には、西園寺は、田健治郎に中間内閣を組閣させることを考えていた[52]。

スキャンダルによって政党の信用が非常に傷つけられ、政友会の党員で田中内閣では鉄道大臣の任にあった小川平吉さえも、後にこの期間に数々のスキャンダルが露呈し、政党の腐敗が明らかになったため政党に対する信頼が世間で非常に損なわれたことを認めている。小川は機密費問題は「政党の信用を傷けしこと一方ならず」また松島事件で「党争は遂に全く堕落醜悪のものとなった」と回想している[53]。

さらに、伊藤隆は、当時枢密院副議長であった平沼騏一郎に率いられるグループが、田中内閣の後継内閣として中間内閣を樹立することを狙っていたことを明らかにしている[54]。同グループは、民政党内閣が成立すれば、政友会を攻撃するために、政友会の政治家を逮捕するであろうと予想しており、このような政党同士の「泥試合」をなくすためには「所謂憲政常道は当分止めて貰いたい」と考えていた[55]。

3　一般国民層の間における正統性

この時代については、世論調査などの統計的資料が殆どないため、一般国民層の間における民主化途上体制の正統性の水準を評価することは極めて難しいが、いくつかの資料は、少なくとも、この期間、一般国民層の間においても、民主化途上体制の正統性は減少しつつも、完全に消滅したわけではないことを示唆している。

まず、一九二八年の第一六回総選挙のデータは、民主化途上体制が一般国民層の間で正統性を保っていたとする見方と矛盾しない。一九二八年の総選挙において、有権者の投票率は九〇パーセントを超え、既成政党は、投票数の九〇パーセント以上を獲得した。この資料だけから、民主化途上体制の正統性の水準について断定的な評価を下すことには無理があるものの、これは、一般国民層が民主化途上体制の核である選挙及び政党を支持していたことを示している。

この一方で、府県議会の選挙や、労働・小作争議についての資料は、民主化途上体制の正統性が低下しつつあったという見方と矛盾するものではない。林宥一は一九二七年の府県会議員選挙を検証し、前回の府県会議員選挙から投票率が急落したことを指摘している。[56] 一九二三年と一九二七年の間に、投票率は、市部において、七四・六パーセントから六〇・七パーセントに低下し、郡部においては、八四・九パーセントから七六・五パーセントに低下した。この中で、林は大都市において投票率が極めて低かったことに注目している。例えば、東京、大阪、京都の市部における投票率はそれぞれ、七二・六パーセントから五二・五パーセント、八〇・九パーセントから四六・八パーセント、七五・一パーセントから四九・二パーセントに低下した。投票率の低下は、政治的に無関心の国民が増加していることを示唆している。[57] しかしながら、投票率の低下は、府県会議員選挙においても男子普通選挙が導入されたことを反映しているだけかもしれず、この資料だけから断定的な判断を下すことには無理があると言えよう。

この期間の労働争議と小作争議の数もこれ以前の期間に比べ増加しており、断定的な議論を行うことはできないが、少なくとも民主化途上体制の正統性の水準が低下していたとする見方と矛盾しないことは言える。このような増加は、労働者及び小作農の不満が増加していたことを示唆しており、労働運動や小作運動の指導者やその組織が何度も労働組合法や小作法の制定を訴えたにもかかわらず、第一次若槻内閣と田中内閣が労働組合を合法化しなかったことに加え、小作農に対する法的保護措置を講じなかったため[58]、労働者や小作農の間の不満の増大に繋がった可能性が高い。

4　正統性に対する政治制度からの影響

このようにこの時期に民主化途上体制の正統性の水準が低下してきたと考えられることを論じてきたが、特に知識人や政治指導者などエリート層の間における正統性の水準の低下には、政治制度からの影響も及んでいた。正統性の水準の低下には、既に述べたような政党や政党内閣の行動が大きく関係していたが、そもそも政党内閣がこのような行動を取ったことには、政治制度からの影響があった。即ち、当時は議院内閣制が確立されておらず、内閣の存廃は衆議院からの信認を得られるかどうかにかかっているという原則が成立していなかったために、政党はスキャンダルの暴露や駆け引きを通じて、政権の獲得を目指した。同様に、議院内閣制が確立されていなかったために、田中内閣は総選挙で衆議院の過半数を得ることができなかったにもかかわらず、政権を維持することができた。さらに、有権者の統制が及ばない政治機関が権力を行使することができたために、枢密院が内閣の政策実行を妨害し、経済情勢の混乱を大きくしてしまった。

5　正統性の水準と政党内閣の弱体化

多くの有力な資料は、新聞及び知識人、また政治指導者、つまりエリート層の間で、民主化途上体制の正統性は保たれていたものの、その水準が第一次若槻内閣と田中内閣の下で低下し始めていたことを示している。またいくつかの資料は、一般国民層の間での民主化途上体制の正統性の水準も同様の傾向にあったことを示唆している。ここで問題となるのが、正統性がこれ以前の期間に比べ、どの程度失われたかということである。前の章では、一九二四年に第一次加藤高明内閣が発足した時点では、民主化途上体制はそれ自身に内在する価値のため高い正統性を保っていたと考えられると論じた。しかしながら、一九二六年から一九二九年の間に、民主化途上体制はそれ自体が持つ価値のために評価を受けるのではなく、この体制に取って代わる政治体制が人気がなかったために、相対的に正統性を保っていたに過ぎなかった。言い換えれば、民主化途上体制は、単に「消極的」正統性を維持していたに過ぎなかった。

新聞は政党内閣と政党の批判を続けていたにもかかわらず、第一次若槻内閣が総辞職した際にも田中内閣が総辞職した際にも、政党内閣が継続することを支持した。ここで注目すべきは、新聞が政党内閣の支持を訴える時は、同時に、中間内閣や超然内閣を誕生させようという動きがあることに言及し、これを徹底的に拒否したことである[59]。これは、非政党内閣を忌避することの裏返しとして政党内閣が支持されていたということを裏付けている。

同様のことは、政党内閣や政党への不信感を抱き、非政党内閣を考えていた政治指導者についても言える。彼等は、非政党内閣を考えはしたものの、結局、いろいろ欠点はあるものの政党内閣の方が非政党内閣に比べればましであると見ていた。例えば、一九二六年八月に西園寺公望は、「憲政擁護会抔を恐れる訳ではないが、何うも政党の方が受けが良い様だ」と語っている。[60] さらに、清浦奎吾は同年九月に宇垣一成に会った際に、中間内閣もあり得るということを認めた後で以下のように語っている。

乍併今の朴烈問題の行掛りでは中間内閣に持ち行くを有利なりとも思えぬ。殊に今日色々世間で噂されて居る顔ぶれでは政党に遣らすよりも結構なりとも申せぬ。中間内閣を造る以上は現在よりもより好くより強き政治の行わるる見込みのなき限りは、遣りた処で政局の却て紛糾せしむるのみで益のなきことである。[61]

このような形で民主化途上体制の正統性は保たれていたものの、その低下は、政党内閣が軍部に臨む力に影響を与えた。第五章で、リンスやアグエロの議論を紹介し、政治体制の正統性が広く認められている間は、軍部は政府に従い、挑戦しないものであることを論じた。この議論を裏返すと、政治体制の正統性の水準が低下しつつあると軍部が感じた時には、政府に挑戦することにそれほど抵抗感を覚えないということである。

これと同じことが、一九二六年から一九二九年の間の政党内閣と軍部の関係についても言えよう。軍部は、実際に民主化途上体制の正統性の水準が低下しつつあることを感じ取り、このため政党内閣が軍部を抑止する能力は減少した。例えば、宇垣一成は何度も民主化途上体制の正統性が減じつつあったことを感じ取っており、一九二六年七月には、「今や国民中の識者は既成政党の低級なる抗争、施設に愛憎を尽かして一新回転を希望しつつある」と日記に記し、一九二八年一月には、「既成政党に厭き足らざるは一般を蔽う所の空気である。」と書き込んでいる。[62]

三　準忠誠

政党内閣が軍部を押さえ込む力が低下したことは民主化途上体制の正統性の水準が低下していたことによって分析できるが、これに加え、暗殺事件の首謀者を処罰し、真相を公表することで、軍部に対する優位を回復できなかったことについては、閣僚や政党政治家の一部が取った準忠誠の態度が大きな役割を果たしていた。

田中内閣は、陸軍の反対により、河本大佐らを処罰し、陸軍を統制することができなかった。しかし、処罰できなかったのは、陸軍の反対のためだけではなかった。元老の西園寺は内閣が真相を公表し、首謀者を処罰することを支持、天皇も陸軍の規律を正すことを求めていた[63]。そもそも、河本は陸軍参謀本部から命令を受けていないため、統帥権の独立を理由に彼の行動を正当化することもできず、陸軍の抵抗はなんら法的根拠に基づいたものではなかったので、閣僚や政党政治家が内閣の方針を一致して支持していれば、陸軍の抵抗を阻止し、真相を公表し、首謀者を軍法会議にかけて処罰する余地は十分にあった。実際、一九二八年一二月に陸軍の中には、暗殺の首謀者を軍法会議にかけて処罰することを支持する者もあった[64]。

第一章において、政治体制の下での政治のルールに従わないアクターは、政治体制に挑戦していると考えられる一方、これを「働きかけ、それを黙認、取り繕い、寛大に取り扱い、許容し、正当化しようとする」アクターを政治体制に対し準忠誠の態度を取っていると論じた。張作霖爆殺事件において、河本大佐は、民主化途上体制の下での政治のルールに従わず、政党内閣の政策を無視した点において、体制に対する挑戦者であったと言える。

これに対し、閣僚や政党政治家の一部は、河本の行動を許容し、覆い隠すことで、民主化途上体制に対し準忠誠の態度を取ったのであった。閣僚の殆どは、真実を明らかにすることは世界に恥をさらけだすようなものであり、日本の立場を悪くするという理由で真相の公表や首謀者の処罰に反対した(65)。一部の閣僚はまた、真相の公表によって首相自身の責任が問われることになることを恐れた(66)。

また、衆議院議員さえもこの事件を隠蔽することに協力し、民主化途上体制に対し準忠誠の態度を取った。民政党は、早くから事件の真相をつかんでいたが、これを「満州某重大事件」と呼んでその公表を内閣に迫るのみで、真相を自ら国会で明らかにすることなく、南満州鉄道の守備に不手際があったことを批判するに止めた。さらに、民政党が提出した「満州某重大事件」の真相解明を求める決議案は、衆議院において否決された(67)。

要するに、河本大佐が政党内閣の政策を無視して張作霖を暗殺したことは明らかに民主化途上体制に対する挑戦であったが、田中内閣がこの体制への挑戦に対し、厳罰をもって臨むことができなかったのは、閣僚や政党政治家の一部が、これを許容し、覆い隠すことで、体制に対し準忠誠の態度を取ったことが関係していると分析できる。

第三節　民主化途上体制崩壊の過程に与えた影響

一九二六年から一九二九年にかけては、民主化途上体制の正統性の減少が進み、体制の崩壊過程に繋がっていくという点で重要な意味を持っていた。さらに、この期間は、民主化途上体制の崩壊過程の出来事に影響を及ぼす二つの前例が作られたという点においても極めて重要な意味を持っていた。

第一次若槻内閣は、台湾銀行を救済するための緊急勅令が枢密院によって否決されたために総辞職したが、これは、内閣の政策が枢密院に反対された場合、内閣は総辞職するかもしれないという前例を残すことになった。

この前例は、恐らく、ロンドン海軍軍縮条約の調印をめぐって政党内閣と軍部の間の対立が激化する一因になったと考えられる。ロンドン海軍軍縮条約調印の際に、政友会が浜口内閣を攻撃するための材料として統帥権の干犯問題を持ち出したことで、政党内閣と軍部の間の対立が深まったが、政友会がこの問題を持ち出したのは、このために、枢密院が条約の批准を拒み、浜口内閣の崩壊及び政友会内閣の成立に繋がると考えたからであるということは十分考えられるのである。

さらに、田中内閣が、張作霖爆殺事件の真相を公表できず、軍部を統制できなかったことは、軍部が政党内閣の政策に従わなかった場合でもおとがめなしという前例を残すことになってしまった。一九三一年に満州事変が起きた際に、軍部が政党内閣の政策に全く従わず、独自の行動を取った背景には、この前例の影響があったと考えられる。

第四節　まとめ

一九二六年から一九二九年にかけて、軍部の民主化途上体制に対する挑戦が開始され、政党内閣と軍部の力関係は軍部の方に傾き始めた。これは、第一に政治スキャンダルに表われているように政治面での民主化途上体制の実績が振わず、金融恐慌に対する対処の仕方が混迷したように経済・社会面でも体制の実績が振わなかったため、正統性の水準が低下したことに加え、第三に一部の政党政治家が軍部の挑戦を前に、体制に対し準忠誠の態度を取ったためであったと分析できる。

同時に、この時期には枢密院が内閣の政策を支持しないために内閣が倒壊する、また、軍部が政党内閣の政策に従わなかった場合にも処罰されずに済む、という二つの政治的に非常に重要な前例が打ち立てられた。このような前例が打ち立てられ、正統性が損なわれる中で、一九二九年七月に浜口内閣が成立し、民主化途上体制は崩壊期を迎えることになる。

（1）　張作霖爆殺事件については関寛治「満州事変前史」日本国際政治学会編『太平洋戦争への道』第一巻、朝日新聞社、一九六三年、二九九～三〇九頁、歴史学研究会編『大平洋戦争史』第一巻、青木書店、一九七一年、一四三～一五三頁。

（2）　関寛治「満州事変前史」三〇四～三〇五頁。

（3）　同右、三〇五～三〇六頁。歴史学研究会編『大平洋戦争史』第一巻、一四七～一五〇頁。

（4）　河本大作「私が張作霖を殺した」『文芸春秋』三二巻、一八号、（一九五四年、一二月）、一九四～二〇一頁。

（5）　関「満州事変前史」三〇八頁。

（6）　原田熊雄『西園寺公と政局』第一巻、岩波書店、一九五〇年、三～四頁。岡義武、林茂校訂『大正デモクラシー期の政治：松本剛吉日記』岩波書店、一九五九年、六〇五～六〇七頁。小川平吉「満洲問題秘録」小川平吉文書研究会編『小川平吉関係文書』第一巻、みすず書房、一九七三年、六二八～六二九頁。

（7）　小川平吉によれば、天皇にこの旨上奏したのは、天皇の即位の礼（一九二八年一一月）後とされる。小川「満洲問題秘録」六二九頁。原田熊雄によれば、上奏の内容は不明であるが、田中首相が、天皇に上奏したのは一一月頃とされる。原田『西園寺公と政局』第一巻、六～七頁。田中義一伝記刊行会『田中義一伝記』下巻によれば、田中首相は一二月に上奏し、関係者を処罰する旨報告している。田中義一伝記刊行会『田中義一伝記』下巻、田中義一伝記刊行会、一九六〇年、一〇三〇頁。その後の粟屋憲太郎の研究によれば、田中首相は、一二月に上奏し、軍の規律を正すために河本大佐を処罰する方針を天皇に伝えているが、この際、真相を公表する方針であったかどうかまでは明らかでないとされている。粟屋憲太郎『東京裁判論』大月書店、一九八九年、二三二～二三三頁。

（8）小川平吉文書研究会編『小川平吉関係文書』第一巻、二六〇頁。なお、岡、林『大正デモクラシー期の政治』六一二頁には、事件の決着を軍法会議でつけるべきであるという元帥会の意見が記されている。
（9）関「満州事変前史」三二六頁。小川平吉文書研究会編『小川平吉関係文書』六三〇頁。田中義一伝記刊行会『田中義一伝記』下巻、一〇三五～三六頁。また、舩木繁『岡村寧次大将』河出書房新社、一九八四年、一九九～二〇四頁も参照。
（10）田中義一伝記刊行会『田中義一伝記』下巻、一〇三七～三八頁。
（11）関「満州事変前史」三二六～三二七頁。小川「満洲問題秘録」六三〇～六三一頁。
（12）岡、林『大正デモクラシー期の政治』五六七頁。
（13）『東京朝日新聞』一九二九年七月三日。
（14）北岡伸一『政党から軍部へ』〈日本の近代 5〉中央公論新社、一九九九年、四八～五一頁、粟屋憲太郎『昭和の政党』〈小学館ライブラリー 昭和の歴史 6〉小学館、一九九四年、二二一～二二五頁。
（15）事件の詳細は、大島美津子「松島遊廓移転事件」我妻栄他編『日本政治裁判史録：昭和・前』第一法規、一九七〇年、九七～一二二頁。
（16）北岡『政党から軍部へ』五〇頁。粟屋『昭和の政党』二四頁。なお、松本清張「陸軍機密費問題」『昭和史発掘』第一巻、文芸春秋社、一九六五年、五～七〇頁も参照。
（17）事件の詳細は、許世楷「朴烈事件」我妻栄他編『日本政治裁判史録：大正』第一法規、一九六九年、三七九～四一一頁参照。
（18）坂野潤治「政党政治の確立」歴史学研究会・日本史研究会編『日本歴史』第九巻、東京大学出版会、一九八五年、一一二～一一五頁。高橋進、宮崎隆次「政党政治の定着と崩壊」坂野潤治、宮地正人編『日本近代史における転換期の研究』山川出版社、一九八五年、二三六頁。
（19）石橋湛山「今期議会の功績」『石橋湛山全集』第五巻、東洋経済新報社、一九七一年、七七頁。『東洋経済新報』（一九二六年三月二〇日）初出。
（20）『大阪朝日新聞』一九二六年三月六日。

(21)『東京日日新聞』一九二六年三月一一日。
(22)高橋、宮崎「政党政治の定着と崩壊」一二三五頁。
(23)政友本党は、第五一議会（一九二五年一二月開会）では、憲政会と協力したが、第五二議会（一九二六年一二月開会）では、一月に政友会と共に内閣不信任案を提出した。しかし、その後、再び、二月には憲政会と連携することで合意した。伊藤隆「第四節　大正から昭和へ」井上光貞、永原慶二、児玉幸多、大久保利謙編『第一次世界大戦と政党内閣』〈普及版　日本歴史大系　16〉山川出版社、一九九六年、一一七六～一一八〇頁。
(24)『東京朝日新聞』一九二七年三月二四日。
(25)北岡『政党から軍部へ』五一頁。伊藤「第四節　大正から昭和へ」一二七九頁。若槻礼次郎『古風庵回顧録』読売新聞社、一九五〇年、三二一～三二二頁。岡、林『大正デモクラシー期の政治』五五一頁。内閣不信任案から撤回にいたるまでの詳しい経緯については、岡、林『大正デモクラシー期の政治』五五〇～五五四頁。
(26)『東京朝日新聞』一九二七年一月二一日。
(27)『東京朝日新聞』一九二七年一月二二日。
(28)『東京朝日新聞』一九二七年一月二六日。
(29)『大阪朝日新聞』一九二七年一月二三日。
(30)『大阪毎日新聞』一九二七年一月二三日。
(31)石橋湛山「衆議院を解散すべし」『石橋湛山全集』第五巻、一〇二頁。『東洋経済新報』（一九二七年四月三〇日）初出。
(32)『東京朝日新聞』一九二七年四月二〇日。
(33)一九二七年末に第五四議会が召集された時に、民政党の二一九議席に対し、政友会は、一九〇議席しか有していなかった。伊藤隆「第一節　田中内閣と東方会議」井上他編『第一次世界大戦と政党内閣』山川出版社、一九九六年、一二九〇～一二九一頁。
(34)『大阪朝日新聞』一九二八年二月二四日。
(35)『大阪毎日新聞』一九二八年二月二五日。

(36)『大阪毎日新聞』一九二八年二月二六日。
(37)新党倶楽部の所属代議士の数は三〇名、憲政一新会の所属代議士の数は七名となった。吉井研一「対中国政策の転換と議会」内田健三、金原左門、古屋哲夫編『日本議会史録』第三巻、第一法規、一九九〇年、四二頁。
(38)伊藤「第一節　田中内閣と東方会議」二九二頁。
(39)『東京朝日新聞』一九二九年二月一二日。
(40)吉野作造「現代政局の展望」『吉野作造選集』第四巻、二五一～二五二頁。『中央公論』(一九二九年二月)初出。
(41)『大阪毎日新聞』一九二八年九月四日。
(42)吉井「対中国政策の転換と議会」内田健三、金原左門、古屋哲夫編『日本議会史録』第三巻、三七～四〇頁。
(43)『大阪毎日新聞』一九二八年五月三一日。
(44)『大阪朝日新聞』一九二八年六月一八日。同一九二八年六月二三日。
(45)中村政則『昭和の恐慌』〈小学館ライブラリー　昭和の歴史　2〉小学館、一九九四年、五四～一〇〇頁。北岡『政党から軍部へ』五二～五四頁、六八～六九頁。伊藤「第一節　田中内閣と東方会議」、二八六～二八八頁。
(46)『東京朝日新聞』一九二七年四月一七日。
(47)『大阪毎日新聞』一九二七年五月九日。
(48)『東京朝日新聞』一九二七年三月一七日。
(49)『東京朝日新聞』一九二六年二月一〇日。
(50)岡、林『大正デモクラシー期の政治』五二九～五三〇頁。
(51)同右、五三一頁。
(52)同右、五四四、五六一～五六二頁。
(53)小川平吉「政党信頼恢復の要諦」小川平吉文書研究会編『小川平吉関係文書』第二巻、みすず書房、一九七三年、三三九頁。
(54)伊藤隆『昭和初期政治史研究』東京大学出版会、一九六九年、三八〇～三八一頁。伊藤は、このグループが平沼内閣の樹立を図っていたものと推察している。

(55) 同右、三八〇頁。
(56) 林宥一「階級の成立と地域社会」坂野潤治、宮地正人、高村直助、安田浩、渡辺治編『現代社会への転形』〈シリーズ　日本近現代史　三〉岩波書店、一九九三年、四三～四四頁。
(57) 同右。
(58) 例えば、総同盟は、労働三権を保障する労働組合法を第一七大会で要求した。大河内一男、松尾均『日本労働組合運動：昭和』筑摩書房、一九六五年、一三四頁。また、全日本農民組合はその設立大会において小作人を保護するための小作法の制定を求めた。農民組合史刊行会『農民組合運動史』日本民政調査会、一九六〇年、三八三頁。農民組合五十周年記念祭実行委員会編『農民組合五十年史』御茶の水書房、一九七二年、九九～一〇一頁。また、鈴木文治や高橋亀吉など労働運動や農民運動の指導者も労働組合の合法化と小作権の法的保護を求めた。鈴木文治「勤労無産者の生活安定を」『改造』一〇巻三号（一九二八年三月）一〇二～一〇四頁。高橋亀吉「生産者本位の小作法制定のために」『改造』一〇巻三号（一九二八年三月）九六～九七頁。
(59) 例えば、『大阪毎日新聞』一九二七年四月一九日、『東京日日新聞』一九二九年六月三〇日。
(60) 岡、林『大正デモクラシー期の政治』五一〇頁。
(61) 角田順校訂『宇垣一成日記』第一巻、みすず書房、一九六八年、五三七～五二八頁。
(62) 同右、五二八、六四三頁。
(63) 岡、林『大正デモクラシー期の政治』六〇六～六〇七頁。小川「満洲問題秘録」六二八～六二九頁。原田『西園寺公と政局』第一巻、三～六頁。一〇～一一頁。
(64) 岡、林『大正デモクラシー期の政治』六一二頁。
(65) 同右、六二八～六二九頁。小川「満洲問題秘録」六二九頁。原田『西園寺公と政局』四～五頁。
(66) 小川「満洲問題秘録」六二八頁。
(67) 関「満州事変前史」三二一頁。

第七章　民主化途上体制

一九二九年～一九三二年：危機と体制の崩壊

一九二六年から一九二九年にかけて政党内閣と軍部の力関係は軍部の方に傾きかけたが、この時期に軍部はまだ政党内閣そのものを倒そうとはしていなかった。しかし、一九二九年から一九三二年にかけて、浜口、第二次若槻、犬養内閣の下で、軍部は政党内閣に対する挑戦姿勢をさらに強めた。政党内閣と軍部の力関係は決定的に軍部の方に傾き、軍部は一九三二年の五・一五事件以後政党内閣の成立を阻止し、民主化途上体制を崩壊させたのであった。

政党内閣と軍部の力関係の変化は、この期間に起きたロンドン海軍軍縮条約、三月事件及び十月事件、満州事変、五・一五事件などの一連の危機に表われた。本章では、政党内閣と軍部の力関係の変化が一連の危機にどのように表われているかについて論じ、このような変化が起こったことを、政治制度、正統性、準忠誠という三つの要素を用いて分析できることを論証する。

第一節　一九三〇年　ロンドン海軍軍縮条約：対立の激化

一　政党内閣と軍部の関係

浜口内閣は一九三〇年に軍令部の反対を押し切ってロンドン海軍軍縮条約の調印及び批准に成功した。このため、ロンドン海軍軍縮条約の調印及び批准は政党内閣が軍部を押さえ込んだ成功例とみなされることが多い[1]。しかし、次の二つの意味で、軍縮条約調印及び批准の経緯は、政党内閣と軍部の力関係の変化を示していた。

第一に、過去の軍縮の場合に比べ、軍部の対応が著しく異なっていた。過去の軍縮の場合、陸軍や海軍は、反対意見を表明した場合はあったにせよ、軍縮を行う政府の妨害は行わなかったのに対し、ロンドン海軍軍縮条約の場合、軍令部はあからさまに政党内閣が条約を批准するのを妨害した。これは、過去に比して、政党内閣に対する軍部の力が増大していたことを示していた。

第二に、軍令部は法的権限を増加させることに成功した。第四章において説明したように、軍の兵力について政府と軍部のどちらが管轄権を有しているのかはっきりしていなかったが、ロンドン海軍軍縮条約調印後、統帥権の問題について海軍省と軍令部の間に次のような覚書が交わされた。

兵力ニ関スル事項ノ処理ハ関係法令ニヨリ尚左記ノ儀ト定メラル。
海軍兵力ニ関スル事項ハ従来ノ慣行ニヨリコレヲ処理スベク、コノ場合ニ於テハ海軍大臣海軍軍令部長間ニ意見一致シアルベキモノトス[2]。

つまり、この覚書により、海軍の軍備に対する決定は海軍大臣と軍令部長双方の同意に基づいて決定が下されなければならないということが確認された。浜口内閣は、これは単に海軍部内での取決めであり、政府の管轄権に影響を与えるものでないと主張したが、実質的にはこの取決めは、今後海軍大臣は、軍令部の同意がなければ、政府の決定に同意できなくなったことを意味していた。既に述べたように、明治憲法の下では、首相は軍部大臣の反対を押し切って内閣の方針を定める権限を有していなかったため、仮に軍令部の反対を受けて、海軍大臣が海軍の軍備に対する内閣の当初の方針に賛成できないとなれば、内閣はその方針を最終方針とすることができないことが予想された。従って、これまで、管轄権が曖昧であった兵力についても軍令部は管轄権を明確に有することになったわけで、内閣は、軍令部の同意がなければ決定を行えなくなったことを意味し、政党内閣の軍部に対する立場は一歩後退したのであった。

二　分析

ロンドン海軍軍縮条約の批准過程で、政党内閣と軍部の力関係がこのような形で変化したのは、明治憲法の下の政治制度が一定の影響を及ぼしていたことに加え、政党政治家の一部が民主化途上体制に対し、準忠誠の態度を取り、政党内閣に対する軍部の挑戦を働きかけたためであると分析できる。

1　政治制度

ロンドン海軍軍縮条約の調印にあたり、統帥権の干犯という問題が発生したのは、そもそも明治憲法の下で、軍の兵力量については軍部が責任を負う軍令事項か、内閣が責任を負う軍政事項のどちらにあたるのか明確化されていなかったことが背景にあった。

2 準忠誠

軍の兵力量の決定が軍令事項と軍政事項のどちらにあたるのかが明確化されていなかったにせよ、このことが顕在化し、軍縮条約の締結が統帥権の干犯にあたるのかどうかという問題が生じたのは、政党政治家の一部が民主化途上体制に対し準忠誠の態度を取り、軍部が政党内閣に対し挑戦するよう「勧めた」ためである。

ここで、ロンドン海軍軍縮条約締結後、統帥権干犯問題が生じた経緯を見ていきたい。ロンドン海軍軍縮条約締結の後に、政党内閣が条約に調印することを決定した最終的な過程が後に政党内閣と軍部の対立の因となり、軍部は最終決定過程において内閣は天皇の統帥権を干犯したと主張した。しかし、実際には、浜口内閣が軍縮条約の最終的妥協案を受け入れる決定を行った際、軍令部が取った態度は非常に曖昧なものであった。[3]

ロンドン海軍軍縮会議は、一九三〇年一月にロンドンで始まり、三月に日本代表団は各国代表団と条約の文言に関する最終的妥協案について合意し、政府に対し、妥協案に同意するかどうか回訓を求めてきた。この際、軍令部は妥協案の内容について不満の意を表明したが、政府が最終的に妥協案受け入れの決断を下した際には、この妥協案に対し明確に反対はしなかった。即ち、一九三〇年四月一日に妥協案を受け入れる旨の回訓案を決定する閣議に先立って、首相と海軍の代表者の間で会談が行われたが、その席で、岡田啓介大将は、海軍を代表して回訓案に同意することを表明し、同席した軍令部長加藤寛治は「米国案の如くにては用兵作戦上軍令部長として責任は取れません」と言うに留まった。[4] さらに、回訓発信後の四月二日の新聞発表においても、軍令部は米国案を骨子とした兵力量には同意できないが、その職責と所信をもって国防を危地に導かないよう全幅の努力を払う覚悟である旨、表明し、軍令部はロンドン海軍軍縮条約の調印そのものに対しては反対しなかった。[5]

要するに、軍令部は、妥協案の中身には満足ではなかったものの、条約の調印そのものに対し反対する意見は内閣に伝えておらず、最終的には内閣の決定に従う考えであった。三月二六日に開かれた省部最高幹部会議において、条約について以下のように最終的には内閣の決定に従う方針を確認していたのであった。

海軍ノ方針（厳格ニ云ヘバ各種ノ議ニ列シタル諸官ノ意見）ガ政府ノ容ルル所トナラザル場合ト雖モ、海軍諸機関ガ政務及軍務ノ外ニ出ズルノ義ニ非ザルハ勿論、官制ノ定ムル所ニ従ヒ政府方針ノ範囲内ニ於テ最善ヲ尽ス可キハ当然ナリ[6]

軍令部長もこの会議には参加しており、この方針に異議を唱えなかった[7]。従って、軍令部はこの時点では条約の調印に明確に反対したわけではなく、また、統帥権の干犯という問題を意識していたわけでもなかった[8]。

それにもかかわらず、軍部と政党内閣の間の対立を深刻化させた統帥権干犯の問題が出てきたのはなぜであろうか。ロンドン海軍軍縮条約調印及び批准の政治過程を詳細に研究した小林龍夫と伊藤隆は共に、政友会が浜口内閣を総辞職に追い込むためにこの問題を持ち出したことを示唆している[9]。つまり、政友会は統帥権干犯の問題を持ち出すことで海軍を内閣に反対させ、さらに、枢密院が条約の批准を拒むことを期待していたと考えられる。

まず、四月二日に、政友会幹事長であった森恪は、次のように政府回訓案を批判する談話を発表した。

元来、国防は一般政務とみとむべきものでなく、天皇を輔弼して国防上に直接参画する責任の所在は、海軍においては軍令部であり、陸軍においては参謀本部であることは、なんびともみとむるところで、国務大臣には国防上直接責任はないともみることができる。直接責任なき国務大臣が、直接責任ある軍令部の強硬なる反対意見を知りながら、これを無視してこの国防上の重大事件を軽率に決定し去ったということは、その現在ならびに将来におよぼすところの政治上の責任は恐るべきものがあることをみとめなければならぬ。[10]

さらに政友会は、一九三〇年四月二三日に始まった第五八議会において、兵力の決定権は主に軍令部にあると論じて、内閣が軍令部の反対を押し切って条約に調印したのは、統帥権の干犯であるとして内閣を激しく非難した。[11]また、多くの有力な資料が海軍からの圧力が内閣の崩壊に繋がることを期待して、この頃、政友会が海軍に様々な角度から働きかけたことを示している。例えば、森恪の伝記『森恪』には、森が軍令部に倒閣を働きかけたことが記されている。[12]森と軍令部の間に緊密な連絡があったことは、加藤軍令部長が条約の調印に抗議して、六月一〇日に天皇に辞表を提出する前に、森がそのことを知っていたことからも窺える。[13]また、鈴木喜三郎や山本悌二郎のように政友会の党員の何人かは、条約の支持者で海軍部内の反対派の説得にあたった岡田大将に対し条約に反対するよう勧めた。[14]彼等の海軍に対する期待は鈴木が岡田に語った次の言葉にはっきりと表われている。「伊東は此前は枢密院が下手人となったが今度は海軍と云っていたがいかんかなー」。[15]つまり、鈴木の言葉は、枢密院が緊急勅令の否決によって第一次若槻内閣を一九二七年に総辞職に追い込んだように、海軍が浜口内閣を総辞職に追い込むことを期待する態度を表わしていた。

政友会は、枢密院にも条約を批准しないよう働きかけていた。[16]これもまた、批准の否決が内閣の総辞職に繋がると期待していたからである。九月に枢密院による審査が最終局面を迎えた時に、政友会は枢密院が条約の批准を拒み、内閣が総辞職することを予想していた。例えば、森は、原田熊雄に対し「内閣はこの問題で倒れる。(中略）枢密院では政府は遂に暗礁に乗り上げてしまった。必ず四五日中にこの内閣は倒れるのである」と語った[17]。また、政友会は、一九三〇年九月一六日に党の臨時大会を開き、内閣を批判した[18]。

実際には、浜口内閣が軍部と枢密院の抵抗を押さえたことで、政友会の期待は完全に裏切られた。しかし、政友会の行動は、結局、民主化途上体制に対する軍部の脅威を増大させただけであった。既に述べたように、条約調印後、軍令部は海軍軍備についても権限を持っていることを認めさせ、また、統帥権干犯問題は、政党内閣に対する軍部の反感を強めることになった。政友会は、長期的には民主化途上体制の持続に利益を有していたはずであるにもかかわらず、政友会内閣の樹立という短期的利益の追及に固執したため軍部の体制に挑戦する運動にはずみをつけることになった。

3　準忠誠に対する政治制度からの影響

ここで注意する必要があるのは、政友会が民主化途上体制に対し準忠誠の態度を取ったことにも、政治制度からの影響があったと言えることである。即ち、民主化途上体制が置かれている政治制度の下で、議院内閣制が確立されておらず、政権の存廃は衆議院の多数の信認を受けているかどうかにかかっているというルールが存在していなかった。このため、政友会には、統帥権の干犯の問題を持ち出すことで軍部と民政党内閣の間の対立を激化させ、枢密院により条約の批准を拒ませることで、内閣を総辞職に追い込み政権交替を狙う誘因が働いた[19]。

第二節　一九三一年　満州事変：体制の危機

一　政党内閣と軍部の関係

一九三一年に起こった満州事変を始めとする一連の危機は、軍部が民主化途上体制に対する挑戦を一層深めているにもかかわらず、政党内閣がもはや軍部の行動を抑制する力を完全に失ったことを意味し、体制が崩壊の危機に瀕していたことを示していた。一九三一年になると軍部の政党内閣に対する挑戦の姿勢は、張作霖暗殺事件やロンドン海軍軍縮条約の調印における姿勢に比べ一段と強硬なものとなった。張作霖爆殺事件やロンドン海軍軍縮条約においては、軍部内の一個人が政党内閣の政策を無視し独自の行動を取るか、または政党内閣が主体的に展開した政策に反応する形で軍部が政党内閣に反対するに留まった。これに対し、一九三一年に起こった一連の危機では、軍部は政党内閣の権威を無視して独自の政策を立案、実行したのみならず、未遂に終わったものの、クーデターによって政党内閣そのものの打倒を企てたのであった。

1　満州事変

一九三一年九月に、関東軍は謀略により関東軍と南満州鉄道に対する中国軍の攻撃に反撃する形を装って進撃を開始し、満州事変が起こった。事変を通じて軍部は次から次へと政党内閣の意向を無視し、独自に政策を立案し実行していった。そもそも、満州事変が関東軍の謀略によって始められたものであった上、関東軍は第二次若槻内閣の戦線不拡大という方針を無視して占領地の拡大を続けた。例えば、関東軍は九月一八日に軍事行動を開始したが、第二次若槻内閣は、直ちに翌九月一九日に閣議を開き、事変を拡大しないという方針を固め、これを同日関東軍に伝えた。[20]しかし、関東軍はこの命令を無視し、九月二一日には吉林への進撃を開始し、これを占領した[21]。さらに、九月二四日には、第二次若槻内閣は公式声明を発表し、日本は満州において領土獲得の意思も事態を拡大する意思もないことを表明したにもかかわらず[22]、関東軍はこの声明も無視し、一〇月八日には錦州を爆撃した[23]。朝鮮軍も内閣の権威を完全に無視し、当時は天皇からの命令なしに国外での軍事作戦を開始することは禁じられていたにもかかわらず、関東軍を支援するために、命令なしに、九月二一日、国境を越え作戦行動を開始した。

このような軍部の度重なる挑戦に対し、政党内閣はこれを抑制することができなかった。第二次若槻内閣は、朝鮮軍の進軍を追認する一方で、満州における軍事行動を拡大しないという当初の方針を撤回し、一一月に「我方ニ於テハ支那側ノ地方的治安維持機関ノ内容充実ヲ計ラシメ其ノ実勢力ノ奥地方面ニモ波及スル」まで占領地から軍を撤兵しないことを決定するなど、軍部を統制できず、次々と軍部の作った既成事実を追認していった[24]。犬養内閣成立後も、関東軍は満州において独立国家を樹立することに反対であった内閣の意向を無視し、独自に計画を押し進め、一九三二年三月に満州国を樹立した[25]。ここにおいても、また、政党内閣は既成事実の追認を迫られ、満州国成立の一〇日後に、満州に独立国を樹立する計画を承認したのであった[26]。

2　三月事件と十月事件

満州事変において軍部は独自に政策を立案し、遂行するという形で、政党内閣に挑戦したが、軍部の挑戦はこれに留まらず、民主化途上体制の存在そのものに挑み、一九三一年には三月事件、十月事件と呼ばれる二度にわたるクーデター未遂事件が起きた[27]。

一九三〇年一〇月に、国家改造を目的とする桜会が橋本欣五郎中佐を中心とする陸軍青年将校によって結成され、一九三一年三月に、橋本中佐を中心とする青年将校は宇垣一成を首班とする軍事政権の樹立を目指し、クーデターを起こす計画を立てた。この計画は、陸軍首脳の賛同も得られていたとされるが、結局実行に移されず、その後、政界に知られることになった。しかし、三月事件の真相や首謀者について捜査されることはなかった。

橋本中佐らはさらに、一〇月には、荒木貞夫を首班とする軍事政権の樹立を目指し、クーデターを計画した。三月事件の場合は、計画が噂として流布したに過ぎなかったが、十月事件の場合、計画が事前に洩れ、憲兵によって首謀者らが逮捕された。しかしながら、十月事件の首謀者達を厳罰に処することが他の青年将校を刺激することを恐れた第二次若槻内閣は、首謀者達を重く処罰せず、また事件の存在を公表することもなかった。

二　分析

政党内閣と軍部の力関係がこのような形で変化したのは、民主化途上体制の正統性が失われたため、政党内閣が軍部を統制する力が減少する一方で、政党内閣や政党政治家の一部が体制に対し準忠誠の態度を取ったため、軍部の挑戦に対し政党内閣や政党政治家が一致団結して抵抗できなかったためであると分析できる。

1　正統性

この頃、民主化途上体制の実績は、経済・社会面及び政治面の双方で全く振わず、この結果、体制の正統性は次第に低下した。民主化途上体制の正統性は、経済・社会面では政党内閣が昭和恐慌に対し、有効に対処することができない一方で、政治面では政党同士が相変わらず権力の獲得のみを目的とする争いを続けたために失われていった。

ここでも前章と同様、体制の知的エリート層である新聞及び知識人、また政治的エリート層である政治指導者の間における正統性の水準を主に評価し、次いで一般国民層の間における正統性の水準を測っていきたい。

(1) 新聞及び知識人の間における正統性

経済・社会面における体制の実績の影響

まず、民主化途上体制の正統性に大きな影響を与えたのが、昭和恐慌に対する体制の対応の仕方であった。浜口内閣は、一九三〇年一月に金解禁を実施し、これにより日本の産業の効率化が進み、長い目で見た景気回復に繋がることを期待した。しかし、一九二九年一〇月の米国の株式の暴落をきっかけに既に大恐慌が始まっており、大恐慌と金解禁が相まって、日本経済は恐慌状態に陥った。

しかし、経済的な危機に対する民主化途上体制の実績は全く振わず、浜口内閣と第二次若槻内閣は経済危機そのものを打開するか、あるいは少なくとも危機の社会に対する影響を緩和するために有効な政策を実施せず、経済状況を好転させることはできなかった[28]。この結果、新聞や知識人に民主化途上体制の政策立案能力を疑わせることになった。

今日、多くの研究者は、民政党内閣が大恐慌が既に始まっていたにもかかわらず金解禁を行ったことを批判している[29]。しかしながら、金解禁の実施そのものが民主化途上体制の政策立案能力に対する疑問を生じさせたと結論することはできない。日本が金解禁を実施した当時は、金本位制に復帰することが普通のことと考えられており、工業国の殆どが既に金本位制に復帰していた。中には、石橋湛山のように金解禁に対する懸念を表明する者もあったが、総じて、大部分の識者によって金解禁は評価されていた[30]。例えば、『大阪毎日新聞』は、金解禁は

「現政府の真摯なる努力」に負っていると称え、「国家永遠の福祉のために、解禁の解決を心より悦びとせざるを得ない」と論じた[31]。同様に、『東京朝日新聞』も、金本位制への復帰は「我国の経済的発展上極めて有効で」あり、「我国の経済基調をノーマルの状態に復せしめたものである」とこれを評価した[32]。従って、民主化途上体制の政策立案能力を疑わせることになったのは、金本位制への復帰そのものではなく、むしろ金本位制復帰後に悪化した経済情勢に対する政党内閣の対応であった。

一九三〇年の春頃までには、経済の状態が極めて悪化したことが明らかになったにもかかわらず、浜口内閣と第二次若槻内閣は、それ以前と同様の経済政策を続け、経済状態をさらに悪化させた[33]。金本位制が維持されたために、膨大な正貨が流出すると、民政党内閣は緊縮財政を継続し、一九二九年には、一七億四、〇〇〇万円であった歳出を一九三〇年には、一五億六、〇〇〇万円、さらに一九三一年には、一四億八、〇〇〇万円にまで削減した[34]。大恐慌に巻き込まれる中で、このような緊縮政策が実施されたことは経済に対する致命的な打撃となり、経済成長が損なわれ、失業者が急増する一方で、平均所得と物価が低下した。

また、経済情勢の悪化にもかかわらず、浜口内閣は、経済情勢の悪化が国民の生活に及ぼす悪影響を緩和するための政策を実施せず[35]、例えば、井上準之助蔵相の次の演説にも示されているように、失業問題に対しても無策であった。

吾々は失業者に対して或る一部の人の主張する如く、失業者に扶助金を与えるようなことは断じてしない覚悟である。なぜならば欧羅巴の先進国の非常な失敗の跡を見ると、吾々は同一の失敗を重ねる勇気はないのである[36]。

さらに、昭和恐慌のために、労働者と農民は非常な打撃を受けたが、浜口内閣は彼等の生活への恐慌の影響を緩和する政策を取らなかった。浜口内閣は労働組合法案と小作法案を提出したものの貴族院を通過させることができなかった。

このような経済運営のために浜口内閣は厳しい批判にさらされることとなった。例えば、石橋湛山は経済恐慌に対する内閣の対応を次のように批判した。

> 浜口内閣は今や人心を失いつつある。理由は、同内閣が誤って施行した金解禁が、たまたま並び起った世界的不景気と合流して、我財界に非常な打撃を与うるに至ったにも拘らず、内閣は之に対して何等処置する策を知らず、全く無能を暴露したからである。（中略）蓋し浜口内閣が倒るるとせば、其直接の動機は何に依るにせよ、根本は此経済政策の失敗に基く国民信望の離反に原因する。㊲

金本位制を維持するという政府の方針を一貫して支持してきた『東京朝日新聞』さえも、浜口内閣が経済恐慌について無策であることを批判した。『東京朝日新聞』は浜口内閣総辞職時にその経済政策を取り上げ、金解禁が景気の状態を悪化させたと指摘した上で、そもそも内閣が不景気に対して取った政策は殆どない上に実施された政策の効果がなかったことを批判し、さらに、労働組合法及び小作法を成立させることができなかったことから「社会政策の確立の如きも」「全くその無能力を暴露した」と評した。㊳

このように、金解禁後の浜口内閣の政策に対して厳しい批判がなされたにもかかわらず、同内閣に続いて成立した第二次若槻内閣の下でも政策転換はなされなかった。一九三一年九月にイギリスが金本位制を離脱した時点において、民政党の経済政策が失敗に終わったことは明らかであったにもかかわらず[39]、総辞職の日まで、第二次若槻内閣は、その経済政策を変更しなかったのであった。一九三二年度予算案編成でも、緊縮政策を継続し、イギリスの金本位制離脱後に投機目的のドル買いが起こると二度にわたって金利を引き上げさらに経済の状態を悪化させた[40]。

第二次若槻内閣の柔軟性のなさに対して、新聞や知識人は怒りを爆発させた。石橋湛山は、第二次若槻内閣が経済危機に対し何も手を打とうとしないことを批判した。彼は、社会不安が増大し、「財界を総潰れの大変に陥る（ママ）る」恐れがあるにもかかわらず、若槻内閣は無策で、「何とかなるであろう」とでも考えているかのように振舞っていると非難した[41]。また、『東京朝日新聞』は増税計画について、「経済的苦難のどん底にある国民」に対し増税を実施することは「選挙民の信託にそむくのみでなく、広く国民を敵とするものと覚悟しなければならぬ」と断言した[42]。政府に対する最も激しい批判は、『時事新報』に見られる。

英国の金本位制停止以来、国際的に金本位制が不安動揺を続けつつあるに際し、我国に金輸出再禁止是非の論が行われるに至ったのは、何等怪しむを要しない。（中略）殊に国家産業の利害を大局より達観して、対策の大方針を決定す可き政府の当局者が、区々たる行掛りや一身の面目に囚われて、動もすれば冷静なる判断を失い、甚しきはその失敗を掩うに急なるの余り、空漠なる愛国論や、浅薄なる感傷論を以て、今日の複雑なる経済機構を律せんとする如き言動を為すものあるは、軽薄至極の沙汰と評するの外はない。（中略）解禁後一年十箇月を経たる今日までの実情は、正しく現内閣の吹聴を裏切って、不景気は愈々深刻化して行くの一方である。当局者は之が責を一に世界的不景気に帰して恬然たる如きも、国民は結果に於て欺かれたのである。（中略）少しく経済上の知識を持つものならんには、政府の消費節約強要が必然的に生産を抑圧し、国民生活を全面的に萎縮せしむること、明白の理たるを解するに拘らず、現内閣は単に自己目前の政策遂行に利用せん為に、敢て其非を遂げたのである。（中略）[43]

政治面における体制の実績の影響

民主化途上体制の正統性は、経済・社会面における体制の実績が振わなかったことだけでなく、政治面における体制の実績が振わなかったためにさらに傷つけられた。数々の政治スキャンダル、政党内閣の議会に対する対応、及び議会内での各政党の行動は全て知識人らに政党内閣と政党が日本国民の意見及び利益を代表しているのかということについて疑いを抱かせるものであった。

まず、政友会と民政党が関わった政治スキャンダルは民主化途上体制の正統性を傷つけた。例えば、浜口内閣の成立後、前田中内閣にまつわる二つの政治スキャンダルが明るみに出た[44]。一九二九年九月に、田中内閣の下で賞勲局総裁であった天岡直嘉が一九二八年に天皇即位時の賞勲に際し、収賄したという理由により起訴された。また、田中内閣の下で鉄道大臣であった小川平吉は、私鉄会社から鉄道を買収したり、鉄道の建設許可を出す見返りに収賄したという理由によって起訴された。これらの事件は政友会に関係するものであったが、他方で、民政党にまつわるスキャンダルも明らかになり、小橋一太文相が一九二七年に別の鉄道会社から収賄したとの疑惑が発覚し、一九二九年一一月に辞任に追い込まれ、一九三〇年三月に起訴された。

既に、これ以前の時期にも、政治スキャンダルは政党の信頼性について深刻な打撃を与えており、新たに発覚した政治スキャンダルはさらに民主化途上体制の正統性を損なった。例えば、『大阪毎日新聞』は、二大政党の信頼性が共に、疑問視されるようになってきている事態について次のように報じている。

この現状はいわゆる既成政党の醜状を白日の下にさらけ出したものであり、政党政治の病根は国民等しく目を蔽い政、民の泥試合に愛想をつかし議会を前にして政界の将来に一層の不安を感ぜしめつつある、従って早くも政、民ともに醜類を一掃し政界の病原ともいうべき選挙の革正を期するために中間内閣説なども擡頭して某々顧問官らを中心に種々の策動が伝えられ、(中略)各方面に既成政党に対する不信の声が放たれて来た。(45)

小橋文相の疑惑が明るみに出た際に、『東京日日新聞』はよりはっきりと二大政党の信頼性に対する疑念を表明している。

たゞ、われ等はこの際、この時局に当面して、甚だ当惑を感ぜざるを得ない。一体、何人がこの時局を担当して、この政界廓清の任に当るべきであろうか。本来ならば、斯の如き事態に当面せる以上、現内閣は、直ちにその責を引いて、挂冠すべきであるといわねばならない。しかして、その結果は当然、反対党たる政友会に、政権が移動するということが、自然の順序である。しかし、多数の国民は、この自然の順序が、もし実現さるゝとするならば、果たして無条件に納得するであろうか。田中内閣の選挙ぶり、選挙後における不自然なる多数の製造ぶり、もしくは、その倒潰までの径路、倒潰後の醜状百出等、等の記憶は、国民の脳裡から容易に払拭することができない。（中略）特に、幾多の疑獄事件には現に多数の収容者を出し、更に疑惑中の有力者も少なくないと伝えられている。（中略）彼等が民政党以上に、この際、国政担当の資格ありとはいい得ない。（中略）われ等は極めて不本意ながらも、現内閣が、充分首相の信条を実現し得る程の廓清を先づ内閣自身に加えて、然る後に、真に公平なる国民の批判を聞いて、政局安定の途を開く方法を講ずる以外に、時局収拾の策はあるまいと考えるものである。[46]

結局、同紙は中間内閣を拒み、現内閣が変化することを期待するのであるが、この意見は、二大政党の信頼性がいかに失墜していたかを示している。二大政党に対するこのような評価から、二大政党に取って代わる政党がない以上、もはや政党そのものに政権を委ねることはできないとする意見が強くなっていくのは自然の流れであり、この頃、既に民主化途上体制の正統性の水準が危険水域に入っていたことを表わしている。

政党を巻き込む政治スキャンダルが頻発したのは、男子普通選挙導入後、巨額の費用が選挙にかかるようになったからであると考えられている。[47] 吉野作造は、選挙の状況は、男子普通選挙の下で、政治が浄化されるであろうという彼の期待が裏切られたことを次のように嘆いたのであった。

私も大正の初め頃から熱心に普選制の実施を主張した一人だ。そして普選制の功徳の一つとして金を使わなくなるだろうことを挙げた。金を使わないのではない、使えないのだ、そうは出し切れないと云う事になるのだ。そして、金が姿を消すとこれに代り選挙闘争の武器として登場するのは言論と人格との外にはないと説いたのであった。（中略）併しそは制度を改めただけで実現せられ得る事柄ではなかったのだ。今日となっては選挙界から金が姿を消せばその跡に直ちに人格と言論とが登場するとの見解をも取消す必要を認めて居るが、普選制になって金の跋扈が減ったかと詰問されると一言もない。この点に於ては私もまた前記の先輩政治家とともに当年の不明を愧ぢざるを得ないのである。(48)

さらに、吉野は政党が「権力を握って金力を作り金力によって権力を奪取」し「手段を択ばず死力をつくして競い争う」政界の状態を歎くのであった。

政党の腐敗に加え、政党内閣の議会無視の態度と議会における政党の行動の様式は、政党内閣と政党が本当に国民を代表するものなのかどうかについて疑問を抱かせ、正統性をさらに減少させた。

この時期の最大の問題は議会が殆ど開かれなかったことである。そもそも明治憲法の下では、常会は一二月から三月にかけての三ヶ月しか開かれず、常会に加えて臨時会を開くかどうかは、内閣の判断によった。浜口内閣、第二次若槻内閣、犬養内閣の下では、実質的には、常会が一回（第五九議会）と特別会が二回（第五八議会及び第六一議会）開かれただけであった。浜口内閣は常会である第五七議会を一九三〇年の一月に解散し、犬養内閣も常会である第六〇議会を一九三二年の一月に解散したので、政策課題を議会で議論する機会が失われてしまった。この結果として、内閣は、議会において十分議論が尽くされるのを待たないで金解禁などの重要な政策決定を下していくことになった。例えば、浜口内閣は、既に議会で承認されていた一九二九年度予算を金本位制に復帰するために削減したが、この際、予算を削減するのは政府の権限であると説明した。(49) また、金解禁そのものについても議会では殆ど議論がなされなかった。さらに、第五七議会において一九三〇年度の予算案を成立させることができなかった時に、内閣は、憲法上の規定に則って、一九二九年度の予算を執行した。(50)

このように重要な政策が十分な議会審議抜きで決定されたことは、政党内閣が国民の利益と意見を十分取り入れずに政策を決めているという懸念を生じさせることになった。例えば、次のように石橋湛山は世論を政策決定に反映させる仕組みになっていないことが浜口首相が狙撃された理由であると論じた。

浜口内閣は、果して国民に十分の言論を尽さしめて金解禁を行ったであろうか。又かの軍縮条約に就ては何うであったか。（中略）記者の提出せる問題は、結果に就ての批判ではなく、其結果に到達する手続である。（中略）総ての場合、同じ結論に達するにしても、其党議を十二分に尽させ、而してそこに到らしむると、然らざるとでは、人心の受くる感銘は全く違う。（中略）けれども右は無論独り浜口内閣だけの罪ではない。本来我政治の制度が、到る所でデモクラシーの本義に反せる仕組みに造られていることが、自ら累代の内閣を官僚的専制的ならしむる。中にも記者の常に遺憾とせるは、我国が名は議会政治を行えりと云われながら、其肝心の議会は毎年ほんの申訳的に僅かの期間開かるるのみにて、一年の大部分は、全く議会無き専制政治の布かれている事である。[51]

石橋は、民主化途上体制の欠陥が浜口首相暗殺未遂事件の根底にあったと説いたわけである。たとえ、議会がたまにしか開かれないとしても、政党内閣が議会における審議を尊重する姿勢を見せ、また、少なくとも議会において真摯な議論が行われているという印象を与えることができれば、新聞や知識人の間における民主化途上体制の正統性が非常に減少するということはなかったかもしれない。この点において、民主化途上体制崩壊以前では、一九三〇年一二月開会の第五九議会は通常の会期通り開かれた最後の常会となり、非常に重要な意味を持つものであったが、同議会における内閣の議会運営のあり方や、審議のあり方は、体制の正統性を非常に損なうことになった。

浜口内閣は浜口首相が一九三〇年一〇月に狙撃された後、幣原喜重郎外相を首相臨時代理に任命したが、浜口首相の健康状態がなかなか回復しなかったため、一九三〇年一二月に議会が開会しても、同内閣は、幣原首相臨時代理を続けることを選んだ。幣原は民政党員ではなかったため、新聞や知識人の目には、幣原が永く首相臨時代理を続けることは、政党内閣の慣行に背くものと映った。例えば、『東京朝日新聞』は繰り返し、幣原が首相臨時代理を続けることを批判し、「責任の帰着点となるものは、いやしくも政党内閣においては、その政党以外の者であっては、政党政治の意味をなさない」[52]とし、浜口内閣は「形式的には超然内閣」と同じ状態にあると論じた[53]。京都大学法学部教授の佐々木惣一は、非政党員が首相代理に就くことが及ぼす政党内閣の慣行と民主化途上体制の正統性に対する悪影響について以下のような意見を表明した。

政党内閣の首相代理が党人であることの適当であることは疑いがない。従って党人に非ざる者が首相代理として議会に臨まねばならないことの遺憾であることは自明のことである。この自明のことを繰返してこれを遺憾とすることを説くのは、今日殊に理由があるのである。それは今日我が国において、政党内閣ということ、即ち政党を代表する者が内閣の首班の地位にあるということが、特に憲法的習律とならんとしている今日であるからである。（中略）その矢先に党人にあらざる者が内閣の首班の地位に置かれ、しかもこれを政党内閣と称しなければならないということは頗る遺憾である。（中略）これがために政党内閣の価値ということについて世人の価値を動揺せしめるものがある、と思うのである。この点よりせば、政府およびその輿党が政友会の非難を受けても致し方があるまい。新聞紙の伝うるところによれば、今回の首相代理設置の措置は四圍の事情やむを得ない、と政府及び輿党に弁明しているという。事実やむを得ないのであろう。しかも事情やむを得ないというそのことが、偶々以て政党内閣の価値に関する観念を動揺せしめるのである。何故かといふに、それが政党というものそのもの、力について疑いを懐かしめるからである。民政党は今日衆議院において過半数の議員を占むる所の、近来に比を見ない有力な政党である。この有力な政党が四圍の事情上政党内閣の根本主義を実現し得ないとするならば、一応、我国においては政党は政党内閣主義を行うの力を有し得ないのではあるまいか、という疑問を生ずるのである。[54]

首相臨時代理の問題は、政党内閣の慣行をどう捉えるかという原理原則の問題以上に民主化途上体制の政策立案能力に関わる実務的問題になっていった。非政党員によって内閣が率いられているということは政友会の攻撃の対象となり、浜口内閣は、首相臨時代理の問題が内閣提出の法案についての議論を混乱させることを恐れ、重要法案の議会提出を遅らせた。[55]このことについて、新聞は内閣が議会を無視していると批判した。『東京朝日新聞』は浜口内閣を「重要法案を提出せずひたすら無事を願」っていると攻撃し、[56]その態度を「頬冠り」と批判した。[57]

さらに議員は政策課題に関する議論に集中せずに、しばしば議場内で乱闘を起こした。乱闘や流血事件まで起き議会が混乱したことは議会の信用を大きく損ない、『大阪毎日新聞』はこの状況を次のように歎いた。

衆議院の議場は討論審議の場所でなく、文字通りに喧嘩口論の道場である。（中略）わが衆議院議場の現在の有様は断然国民的恥辱である。しかし恥辱というのみでは済まされない。その実害にいたっては、立憲政治の基礎を震撼し、議会政治の機能を減却するものである。[58]

このような民主化途上体制の政治面での実績が著しく低かったことが体制の正統性を非常に損なった。これは、一九三一年四月の浜口内閣総辞職後に石橋湛山が書いた「近来の世相ただ事ならず」によく表われている。

浜口首相の遭難後、首相は意識を回復せられた際に、辞意を決し、辞表を捧呈すべきであった。然るに、之を為さず、倫安姑息を貪った為に、遂に、この大国難の際に、我政界を爾来見る如き無道、無議会の状態に陥れた。（中略）民政党は議会中心主義を高調して問題を作った程の議会尊重政党だ。（中略）誠心誠意は浜口首相の一枚看板だ。綱紀粛正は誠に氏を首班とせる内閣にふさわしいとして、国民一般に迎えられた所であった。然るに、組閣早々、氏の閣僚に収賄容疑者を出して、看板に泥を塗り、予算の組替を行うて議会協賛権無視の問題を起して、議会尊重論を疑わしめ、而して遭難後、五ヵ月に亙って（其間には最も重要な議会期三ヵ月を含む）殆ど国務を見ず、曠職と綱紀紊乱の非難を強く受けつつある如きも、また何という皮肉だろう。以上を云い換うれば、政府は不信の標本に化し、議会は愚弄せられ、在野党の領袖代議士に依て、政府問責が直接行動的に行われ、心あるものをして、近来の事相ただ事ならず、と窃に深く眉をひそめしめつつある。首相は職を曠うし、政府の言に信なく、議会は、愚弄せられ、国民を代表する代議士は暴力団化する。以上を一言に括れば、殆んど乱世的事相とも評して差支えあるまい。[59]

この記事から、政治面での実績が無に等しかったことが、この頃までに民主化途上体制の正統性をほぼ完全に消滅させかけていたことが窺える。

(2) 政治指導者の間における正統性

多くの有力な資料は、多くの政治指導者がこの頃、民主化途上体制に正統性を認めなくなってきていることを示している。西園寺公望の秘書であった原田熊雄の記録からは、これ以前の時期と同じように、非政党内閣が検討されており、第二次若槻内閣の後継内閣の首班として、平沼騏一郎、斉藤実、宇垣一成らの名前が挙がっていたことが分かる。[60] さらに犬養内閣登場後は、西園寺は、井上準之助と共に、宇垣一成を後継首相候補と考えていた。[61] このことから、当時の政界において既に、政党内閣は、いくつか考えられる内閣の形態の一つに過ぎなくなっていたことが分かる。

この当時、政党政治家の一部さえも民主化途上体制の正統性が減じつつあったことを認識していた。例えば、浜口雄幸は一九三一年に亡くなる前に、議会の運営方法のために、国民の間で議会に対する信頼が揺らいでいることに懸念を表明しているが、これはまさに国民の間における体制の正統性の水準についての危機感の表われであった。

若し多数党が多数を恃んで少数党の言論を封じ、少数党が言論を放棄し、暴力を以て院内の秩序を紊り、議事の進行を妨げ、甚だしきに至っては議場内に於て乱闘を演じ、言論の府でなければならぬ所の帝国議会をして暴力の府と化せしむるが如きことがあるならば、それこそ憲法政治の破壊であり議会政治の蹂躙であって、実に由々しき大事と云わなければならぬ。

（中略）

国民は此の如き議会の亡状に対して、始めの内は呆れ果て、其の次には呆れる程度を越えて議会政治に冷淡になり、其の次には議会政治を嫌悪し、次には議会政治を否認せんとする傾向を生ずるに至ることがないものであろうか。今日のところでは国民は第二段即ち議会政治に冷淡になりつゝある程度であって、幸にして、まだ嫌悪、否認と云うところへは到って居らぬけれども、今日に於て改むるところがなかったならば、国民の感情は何処まで行くか測り難いと思うのである。

若し夫れ国民の間に議会否認の空気が瀰漫するに至ったならば、その結果は果して如何であろうか、想像するだに恐ろしいことである[62]。

さらに他の資料は、民主化途上体制の正統性自体を疑問視する政党政治家も現われ始めていたことを示している。例えば、政党内閣樹立のために長く戦ってきた尾崎行雄は、一九三一年初めに、牧野伸顕内大臣に次のように政党政治の状態を嘆いた。

我々は青年時代に薩長政府を悪み英国流の議会政治に如くものなしと思込、多年奮闘し来りたるが、事志と違い今日の現状に直面して慚愧に堪えず抔、薩長政府は国家を念頭に置き働きたるが、今日は議会抔に国家を思うも一人もなし（以下略[63]）。

このように、犬養内閣成立の頃までに政治指導者の間でも、民主化途上体制の正統性は殆ど消滅しかかっていた。

(3)一般国民層の間における正統性

この頃の一般国民層の間における民主化途上体制の正統性の水準を評価するのは難しい。例えば、総選挙における投票率は引き続きこの時期も高く、一九三〇年には八三・三パーセント、一九三二年には、八一・七パーセントであった[64]。さらに、既成政党は絶えまなく批判にさらされていたにもかかわらず、二大政党は殆どの票と議席を確保し続けた。両方の選挙において、既成政党は、総投票数の九〇パーセント以上と総議席数の九五パーセント以上を獲得した[65]。さらに、前章において、県会議員選挙の投票率が低かったことに言及したが、一九三一年の県会議員選挙の投票率は七九・八パーセントに上昇した。このような資料から判断すると、一般国民層の間での正統性は減少していなかったようにも考えられる。

しかしながら、他の資料は、一般国民層は社会全体が袋小路に入り込んでいるにもかかわらず、政党内閣が実効的な解決策を持ち合わせていないと感じていたことを示している。一般国民層がこのように感じたのは経済恐慌により生活が圧迫されていたためであった。この頃、失業者の数は増大し、所得は低下し、人々の生活は次第に苦しくなっていった。一般国民層の生活状態が困窮していたことは、学費を納められない学生や弁当を持っていけない小学生のことを報じる新聞記事からも窺える[66]。農作物の価格が下落したため、農民は飢餓に苦しみ、農家の娘の身売りなども報じられるほどであった[67]。この頃の農民の窮乏状態は、第三章で紹介した猪俣津南雄や下村千秋の報告にも表われている。

このような経済状態が悪化しているにもかかわらず、それに対し何ら対応策が取られなかったために、一般国民層の不満が増大したことは、まず、労働争議と小作争議の数が急増したことに表われており、このことは正統性がこの頃減少しつつあったと見る見方と一致している。

さらに、次の二つの新聞記事は、一般国民層の間で民主化途上体制に対する不信感が強まっていたことを示している。『東京日日新聞』は次のように、一般国民各層の議会に対する不信感を伝えている。

（教員の声として）近頃の議会の醜状……問題にする勇気もありません。連日の騒ぎをきいてはたゞ特殊の階級の闘争という感を深くするだけです、今までは若い教員などがよく憤慨していたものですが最近ではあきれるだけで問題にもしなくなりました。（中略）

（自由労働者の声として）政友、民政両党、感情上の争いからやっていることで、少しも失業問題などの生きた問題にふれていない、こんなことでは実にあいそがつきてしまった、議員の質をよくしてもらいたい、といって既成政党にはもう、信頼する気にはなれない（中略）[68]

また、『東京朝日新聞』は婦人運動家達が議会浄化運動を開始したことを伝えている。

四十三の婦人団体より成る東京連合婦人会では、打ち続く議会の乱闘事件に「私共の立場から見ていられない」とこゝに議会浄化運動を起こすことに決定（中略）「私共は（中略）年々深まっていく議場の混乱を見て益々将来の不安を深められて行きます」（中略）[69]

一般国民層の間でこのような意見が広まっていることは、民主化途上体制の正統性の水準が低下していたことを示唆している。

さらに、この時期に暗殺事件が頻発したことも正統性の水準が低下していたとする見方と矛盾しない。一九三〇年一一月には佐郷屋留雄による浜口雄幸首相の暗殺未遂事件が起こり、同首相はこの事件で負った傷が因で亡くなった。さらに、一九三二年には血盟団事件が起こり、二月には浜口内閣の蔵相であった井上準之助が、続いて三月には三井合名の理事長である団琢磨が、井上日召に率いられる血盟団員によって暗殺された[70]。井上日召らは、さらに西園寺公望や、若槻礼次郎ら他の政財界の主要人物の暗殺も計画したが、計画が事前にもれ検挙された。これらの暗殺事件を起こした者たちは、当時の政治の状態に対し不満を募らせ、日本を改革するために権力の座にあるものを排除する必要があると考え、暗殺事件を起こしたのであった[71]。

2　準忠誠

満州事変において、軍部が政党内閣の権威や方針をことごとく無視できたことについては、政治政治家の一部が民主化途上体制に対し準忠誠の態度を取ったことも大きく関係していた。第一に、満州事変以前に多くの政党政治家は、軍部が満州事変によって達成しようとしていた目的を支持していた。満州事変が始まる以前に、民政党内閣は外交を通じて満州における日本の権益を保護することを考えていたが、結局その政策目標は軍部と同じであった。例えば、若槻礼次郎首相は「我が国は満蒙地方において現に我が国民的生存と緊切なる関係のある権利利益を享有するものであって……我国家の生存を防衛せんがためには如何なる犠牲をもかえり見ず敢然として蹶起しなければならぬ」と民政党の大会で演説していた[72]。政友会の政治家の場合はもっとはっきりしており、民政党内閣の外交政策を批判したのみならず、満州における日本の権益を保護するには武力行使が必要であることをほのめかした。

例えば、政友会の代議士であった松岡洋右は一九三一年一月に議会で次のような演説を行い、満州における日本の権益を守ることを訴えた。

満蒙問題は、私は是は我国の存亡に係わる問題である、我が国民の――我が国民の生命線であると考へて居る(拍手)。国防上にも亦経済的にも左様に考えて居るのであります……是は実に我国の生命線であると斯様に承知して居る。……現内閣成立以来茲に一年半、此間現内閣は満蒙で何を為さったか……此満蒙の地に於ても亦幣原外相の絶対無為傍観主義が遺憾なく徹底されてあるように見えるのである(拍手[73])。

また、政友会の幹部であった森恪は、一九三一年八月中旬に満州を視察し、その視察報告書で、森は日本の権益を守るためには「国力の発動による」以外考えられないとし、「満蒙の状況は事実上交戦直前の無気味なる対立である」と結論付けた[74]。さらに森は一〇月に発表した論文でも以下に紹介するように外交ではなく武力によって日本の権益の保護を図ることをほのめかした。

満蒙に於ける事端はその何れを捉えても日本の生存権と密着し、離すべからざる因果関係を有して居るのである。古往今来、何れの国を問わず自己生存権のためにする努力は絶対的のものであった。外来の厭迫、環境の如何、条約の拘束もこれを左右することは不可能である。（中略）腰の弱いハイカラ一點張りの軟弱外交は、日本の存立権を自ら冒すものであって、危険千萬と云わねばならぬ。

さて結論に於て、私は先日政友会に報告した通り、支那の排日指導方針の下に悪化せる満蒙支那の解決のためには、国力発動以外に途がないと断ぜざるを得ないのである。

国民個々の統一なく連絡なき努力では如何とも効果の奏しようがないからである。たゞ国力の発動とは、具体的に何を指すか、私個人としては勿論案を有しているが、今日はまだ公表し実行し得る時機に到達していないから、諸君の解釈に一任しておくより仕方がないのである。[75]

森は、この論文で国力の発動が何であるか明らかにできないと弁明しているが、これが軍事力の行使を指していることはほぼ明らかである。

彼はまた、軍部に対し直接軍事行動を勧めすらした。一九三一年八月の陸軍に対する演説で南次郎陸相は、満州方面の情勢が「帝国にとりて甚だ好ましからざる傾向を辿」っているため「遺憾」の意を表明した。[76]この際、南陸相は、内閣と民政党から外交に口出ししていると非難されたが、森は南に「陸相の訓辞は、ちっとも激烈でも、越権行為でもない。（中略）貴君の満蒙問題に関する認識には全く同感である。是非しっかりやって貰いたい」と語った。[77]要するにこれらの言動に表われているように、政党政治家の一部は軍部に対し政党内閣の方針を無視し、満州において武力行使に出ることを「働きかけ」ていたわけである。

第二に、満州事変発生後に、政党内閣は軍部を統制する機会に数回恵まれたにもかかわらず、その際、内閣はこの機会を利用せず、以後、内閣が軍部を統制することが難しくなってしまった。

まず、事変勃発後、幣原外相は外務省が収集した情報を基に、関東軍が満州において陰謀によって戦火を開いたことを承知していた(78)。しかしながら、幣原はこの証拠を南陸相から軍事行動を拡大しないという言質を取るためには利用したものの、その後、軍部が第二次若槻内閣の方針を繰り返し無視した時には、この証拠を利用しようとはしなかった。関東軍が謀略、即ち、陸軍中央の命令なしに、軍隊を動かしたということは、関東軍自体が天皇の統帥権を干犯したということであり、もし、内閣がこの事実を公表すれば、関東軍は、その行動を正当化する根拠を失う可能性が高かった。にもかかわらず、第二次若槻内閣はそうした行動を取らなかった。

軍部を統制する第二の機会は、朝鮮軍が朝鮮と中国の間の国境を勝手に越境した時に訪れた。朝鮮軍が国外出兵を行うのに必要とされた閣議による経費支出の承認と天皇からの命令なしに国外出兵したということは、政治的に重要な意味を持っていた(79)。仮に、第二次若槻内閣が朝鮮軍の行動を追認することを拒み、軍事活動に必要な経費の支出を行わなければ、軍部は困難な状況に陥ったことが予想される。少なくとも、軍部に対する統制を回復するための取引材料として、朝鮮軍の越境の追認を使うことも考えられたにもかかわらず、第二次若槻内閣は、そのようなこともせずに、ただ単純に朝鮮軍の行動を追認してしまったのである。

以上見てきたように、政党内閣や政党政治家の一部は、満州事変で軍部が民主化途上体制に対して行った挑戦を働きかけたり、黙認したのである。

第三節　一九三二年　五・一五事件：体制の崩壊

一　政党内閣と軍部の関係

満州事変と三月事件、十月事件という二つのクーデター計画は、政党内閣と軍部の力関係が次第に軍部の方に傾き、民主化途上体制が既に崩壊の縁に立っていたことを表わしていた。こうした中、一九三二年に五・一五事件が発生し、この事件をきっかけとして、民主化途上体制は崩壊した。

一九三二年五月一五日に海軍青年将校、陸軍士官候補生らは首相官邸を襲撃し、犬養毅首相を殺害した[80]。彼等はこのほかに、政友会本部や内大臣官邸なども襲撃したが、大きな損害は与えられず、実質的には犬養首相の殺害が唯一の成果であった。五・一五事件自体は、政党内閣倒壊をめざしたクーデターではなく、血盟団事件の流れを受けたテロ事件という性格のものであった[81]。

しかし、結果的に、軍部は軍部全体としてこの機会を政党内閣の存立を拒むために利用した。この経緯については、山本四郎が詳しく研究しており、この研究を参考にこれを具体的に見ていくことにする[82]。

犬養首相暗殺後、五月一六日に犬養内閣は総辞職した。首相襲撃による内閣総辞職の場合、同じ政党が後継内閣を組閣した前例から、政友会は、五月一七日に鈴木喜三郎を後継総裁に選ぶことを内定し、内閣を引き続き担当することを期待した[83]。

これに対し、陸軍は一貫して、政党が後継内閣を組閣することに対して反対し、挙国一致内閣の成立を求めて、政界の各層にその意見を伝えた。五月一七日に、鈴木貞一中佐や、永田鉄山少将は、木戸幸一内大臣秘書官や原田熊雄に対し、政党内閣に対する反対を表明し、政党内閣が続けば、再びテロ事件が繰り返される可能性を指摘する一方で、陸軍大臣のなり手がいなくなると警告を発した[84]。五月一八日には、陸軍は政党の浄化、統帥権を干犯しないことなどを陸軍大臣が次期内閣に入閣する条件として発表する一方で[85]、鈴木喜三郎と荒木貞夫陸相が面会し、荒木は鈴木に対し政友会を離党して、内閣を組閣することを求めた[86]。また、小磯国昭陸軍次官も森恪に対し、政友会の単独内閣ではなく挙国一致内閣を成立させることを求めた[87]。

このように陸軍から圧力が加えられたにもかかわらず、鈴木は政友会中心の内閣の準備を開始した。しかし、この頃陸軍内部で政党に対する反発がさらに高まっていった[88]。

西園寺は五月一六日に天皇より、次期首相を推薦するよう求められ、五月一九日に上京した[89]。西園寺は上京する際には、鈴木を後継首相に推薦する意向であったが、上京後、これまで述べてきたような状況を踏まえ、考えを変更したとされている[90]。西園寺は、五月二〇日から二二日に重臣や陸海軍首脳に面会し、意見を聞いた上で、五月二二日に斉藤実海軍大将を後継首相に推薦し、斉藤が次期首相に任命された[91]。

こうして、軍部は、五・一五事件後、政党内閣の継続を阻止することに成功し、ここに民主化途上体制は崩壊した。

二　分析

軍部が民主化途上体制の存在そのものに挑戦したのに対し、政党内閣がこれに対抗できず、体制が崩壊したのは、体制の正統性が失われたため政党内閣が軍部を統制する力を失う一方で、政党政治家の一部が体制に対し準忠誠の態度を取り、軍部の挑戦に対し、政党政治家が一致団結して抵抗できなかったためであると分析できる。

1　正統性

ここでも前節と同様に、知的エリート層である新聞及び知識人、また政治的エリート層である政治指導者の間における正統性の水準を検討し、最後に、一般国民層の間における正統性の水準を測っていきたい。

(1) 新聞及び知識人の間における正統性

五・一五事件が起こる頃までに、新聞及び知識人の間で民主化途上体制の正統性は完全に失われていた。一九三一年一〇月に石橋湛山は、政治の現状について深刻な懸念を表明していた。「非合法傾向愈よ深刻化せんとす」という衝撃的な名を付けた社説において、石橋は、政治が「一種の暴力政治に堕しておる」と嘆き、「政党政治に対する呪詛の声が聞かれ、はては伊太利のファシズムを讃美する者さえ少なからず現れたる」のも無理もないと認めるにいたった(92)。一九三二年には、多くの新聞が、その論調では政党内閣と議会制度を否認する見方を決して支持しなかったものの多くの人々が政党内閣と議会政治を否認し始めていたことを認めている。各新聞は、政党内閣や議会政治を武力や暴力によって否認することに反対し続けたが、政治の現状を鑑みればそのような意見が台頭しても不思議がないと認めていた。例えば、『東京朝日新聞』は、「既成政党による政治は今日のままであってはならない。議会政治は建替えられなければならない」と訴え(93)、政治が今のような状態のままであると「やがて議会軽視から否認への傾向を助長する原因ともなる」と警告した(94)。

五・一五事件の数日前の新聞各紙の報道はまさに民主化途上体制の正統性が危機状態にあったことを明確に物語っている。例えば、『大阪朝日新聞』は次のような警告を発した。

　既成政党非難の声におびえてか、昨今の政界は全く活気を失っている。（中略）この隙をねらって擡頭しつつあるものは議会政治、政党政治否認の声、乃至運動であるがわが国民は、いまやこの運動に対しいかなる態度をとるべきかを決定しなければならぬ重大時機に際会している（以下略）[95]。

『東京朝日新聞』も政治情勢の変化を認めており、「たゞ考えねばならぬのは僅か一年余を隔てた時勢の相違である。第五九議会当時はまだ議会に対する軽蔑不信用位で済んだが、いまはじゅそ（原文ママ）、憎悪とまで進展しつつある」と論じた[96]。

言うまでもないことであるが、これらの新聞は、事件が発生したことを踏まえて、事後的に政党政治、政党内閣への圧倒的な不信感が広まっていることを論じているわけではないことに注意したい。これらの意見はいずれも五・一五事件発生前のものであり、五・一五事件がまさに民主化途上体制の正統性が失われる中で発生したことを示している。

さらに、五・一五事件後は、新聞及び知識人の間で、民主化途上体制の正統性が失われていたことは明らかであった。例えば、『東京朝日新聞』は非政党内閣の成立は不可避であったと論じた。

政党の不評判より多数党の存在が無視されたことは立憲政治のために遺憾であるが、この多数党自身一夜にして自信を取失い、勢いを見て挙国一致内閣支持の悲鳴をあげる体たらくであれば、政局の帰結がこゝに至るのも寧ろ当然といわねばならない[97]。

『大阪朝日新聞』も、これまでの既成政党の振る舞いから、斉藤内閣を支持した。

園公（西園寺公望）従来の方針を超越して、政党首以外のものを以て組閣大命拝受の奏薦をされたについては、報答の大任を受けている公みずからの責任に帰すべきではなく既成政党の累積罪業が現下の時局匡政にあたるべく、余りに甚しく上下の信頼覚束なく、（中略）吾人もまた此の非常の際、非常内閣の出現を已むを得ずと信ず、而して挙国一致的強力内閣の首班とするには斉藤子をもって適任と思惟するのである。(98)

こうして民主化途上体制の正統性は消失したのであるが、これには、体制の実績が経済・社会面と政治面の双方で低迷したことによる相乗効果が大きく関係していた。もし民主化途上体制の実績が低いのがどちらか一方だけの面であれば、正統性は消滅しなかったかもしれない。

仮に政党内閣が政策立案にあたり国民の意見や利益を取り込もうと努力したにもかかわらず、経済恐慌を解決できなかったと知識人や新聞が考えたならば、経済恐慌に対し有効な対応策を取れなかったこと自体が民主化途上体制の正統性の喪失には繋がらなかったと考えられる。また、政党内閣や政党が国民の意見や利益を尊重するという姿勢を見せなかったために起こってしまったと非難できるような問題が発生していなければ、政治面での民主化途上体制の実績が振わなくても、そのために、体制の正統性が損なわれることはなかったと考えられる。しかしながら、その崩壊過程において、政治面での体制の実績が低いことと経済・社会面での体制の実績が低いことが結び付けられてしまったために民主化途上体制の正統性は失われたのである。新聞及び知識人は政党内閣と政党の行動が経済恐慌の長期化という問題を引き起こしたと考えたのである。

例えば、『東京朝日新聞』は政党内閣と政党が社会の重要な問題に無関心であると再三非難した。浜口内閣が経済・社会問題を解決する法案を策定しようとしないことを批判して同紙は、「未曾有の不景気時代に際し、この内閣の施政によって多大の犠牲を払わされながらも、その声明を信じて将来に多少の待望をつないだ国民全般に対し、申訳のないことであって、殊に重要懸案山積の時、仮にも国民の生活を寄託された政治当局者として、（中略）許すべからざる怠慢といはねばならぬ」と難じた。(99) 同紙はさらに、第二次若槻内閣が、権力の座に居座ることにしか関心がなくそのような態度から「社会不安が生れ、財界不安も濃くなって」いくと論じた。(100) さらに、民主化途上体制の下で最後の議会となった第六一議会について、議員が一般国民の利益について無関心であり、些末なことで紛糾を重ねていると非難し、これが社会不安の増大に繋がっていると論じた。(101)

さらに、民主化途上体制が五・一五事件で崩壊したあとで発表された美濃部達吉の以下の論説は、民主化途上体制の正統性が経済・社会面での実績の低迷と政治面での実績の低迷が相まって失われたことを裏付けている。

斯ういう重大な危機（一九三二年初来、社会不安が増大し、暗殺事件が相次いだこと）に際しては、国の政治機構を如何にするのが適当であるかが殊に重要な問題となる。最近数年の間一般民心が絶えず不安で、年を逐うて、益々険悪の度を加えて来つたのは、主としてこの点に其の原因を有つて居る。一は経済上に於ける一般民衆殊に農村の極度の窮迫であり、一は政治上に於ける政党政治の不信用である。一方に於いては世界大戦の結果として起った世界経済恐慌の影響として、日本に於いても、貿易は衰え、事業は振わず、物価は下落し、失業者は益々加わり、都市農村を通じて中産者以下の窮乏は、何時回復の曙光を見るべしとも望まれない。しかも一方には、政党政治の弊害は益々露骨となり、政治は民衆の利益より主としては党利の為に行われ、公器を私し、公金を濫費し、私曲を営み、権力を濫用し、責任を回避し、虚偽の言を弄する等の罪悪が殆ど公然の如くに行われる。其の結果は経済上の生活の不安と相俟って、民衆をして政党政治に対して極度の不満を抱かしむるに至った。今年に入ってから相次いで起った暗殺事件は、疑もなく此の点に主たる原因を有するもので、それは結局に於いては政治に対する民衆の不平の爆発と見なければならぬものである。斯ういう事情の下に於いては、従来の政治機構をそのまゝ続けて行くことは、決して民心を安定せしむる所以ではなく、此の重大な危機に処すべき非常の手段が已むを得ざる必要となる。[102]

即ち、美濃部は、経済上の失政と政治の腐敗が結合したことによって、民主化途上体制の正統性が失われたと論じているのである。

(2) 政治指導者の間における正統性

多くの有力な資料は、五・一五事件が起こる時までに、政治指導者の間においても、民主化途上体制の正統性は完全に失われたことを示唆している。犬養毅は、民主化途上体制の正統性が危機的状態にあることを認識しており、五・一五事件の一週間前に開かれた政友会関東大会において、社会の一部で議会否認の動きがあることを認めた。[103] また、田中内閣で鉄道大臣を務めた小川平吉は、より率直に民主化途上体制の政治面における実績が低いために体制の正統性が失われ、五・一五事件が起きたことを体制崩壊後に認めている。[104] 彼は「政党の泥試合」のために国民が政党を「罪悪の集団なるが如く」思うようになり、「遂に議会制度にまで疑惑を抱かしむるに至った」と論じ、相次ぐ暗殺事件も「党争党弊と無関係ではない」と断じている。[105]

さらに、既に紹介した山本四郎の研究は、後継総裁である鈴木喜三郎が後継首班に推されるであろうと期待した政友会の党員以外に、後継内閣として政党内閣を支持する者がいなかったことを明らかにしている。[106] 西園寺は、天皇に後継首相を推薦するにあたって次期内閣について政界の重要人物から意見を求めた。しかし、政党内閣が後継内閣になることを支持した者がいたと認めることはできない。[107] さらに、内大臣秘書官であった木戸幸一は、政党と無関係な斉藤実が首相になるべきであると考えていた。[108] 政友会の党員以外に政党内閣が後継内閣となってもいいという考えを持っていたのは近衛文麿であるが、彼も政党内閣を軍部主導の内閣を含むいくつかの候補の一つとして考えていたにすぎなかった。[109]

(3) 一般国民層の間における正統性

前節に付け加えるべき資料は余り多くはないが、次の記事はこの頃の一般国民層の間における民主化途上体制の正統性の喪失を示唆している。『大阪朝日新聞』は次のように、労働者の疎外感と経済的困窮から脱したいという希望を報じている。

政局混沌を前にして俸給生活者達は或いは自由主義者として、或はファシストとして、或は観念的左傾シンパとして食堂にオフィスに不穏事件を中心に後継内閣の私議を行っているが、彼らとしてはいかなる内閣となるも直接生活に影響を及ぼすものとして痛切なる実感を伴うものは少く、その言辞は多くは憤慨にあらずんば自棄的な皮肉である。しかしその真意は打続く不景気の諸相をなめつくして志気阻喪しているのが実情であるから、とにかく現状を打開せんとするものに対する意識的無意識な共鳴を暗示するものが殆んど総てである。例えばファッショ的支配の空気に陰鬱な不安を感ずるものといえども既成政党と自由主義とによって自分等が救われるとはいわない[110]。

つまり、民主化途上体制の正統性は、日々の生活に追われる一般国民層がもはや体制の運命について関心を抱かなくなってしまったという意味において失われていたといっていい。このことは、一般国民層は、民主化途上体制に取って代わる政治体制を熱心に支持したり、民主化途上体制に対し、積極的に反対したということではない。ただ、軍部が民主化途上体制を倒そうとした時も、経済・社会面と政治面の両面で政策立案能力を欠いていた体制を守ろうと立ち上がる気をもはや有していなかったことを示している。

(4) 正統性の喪失：正統性の空白

このように民主化途上体制の正統性は、エリート層の間と一般国民層の間で共に失われていたと考えられる。前の章で、田中内閣が総辞職した際に、民主化途上体制はこれに取って代わる政治体制が考えられていなかったことの裏返しとして正統性が維持されているに過ぎなかった可能性が高いと論じた。つまり、エリート層と一般国民層の双方がいろいろな欠陥があるにもかかわらず民主化途上体制に正統性があると考えていたのは、非政党内閣が中心となる政治体制を支持しないことの裏返しであった。しかしながら、一九三二年までには、民主化途上体制は、それに取って代わる政治体制が支持されないことの裏返しとしても正統性を維持することができなくなっていた。

しかし、ナチスやファシストに対する熱狂的支持があったようなドイツやイタリアのように民主化途上体制に取って代わる政治体制に対する強力な支持がこの頃の日本において見られたわけではない。政治指導者は、民主化途上体制をもはや支持してはいなかったが、かといって、二・二六事件後に出現したような軍部主導の権威主義体制を支持したわけでもなかった。政党内閣がもはや信用されなかったために、斉藤内閣が登場したが、斉藤内閣に対する軍部の影響力は、それほど大きくはなかった。このことは、以下の木戸幸一の日記によく表われている。

此際、政党も軍部も共に相協力して当るを最も当然とすべきも、軍部の政党否認は感情的に迄進展せること故、両者の提携は困難なりと思わる。然らば此の際暫く両者を引退かしめ、爰に第三者たる公平なる有力者を出馬せしめ、此事態を預りて前後処置《(原文ママ)》に任せしむるも亦一策にして、之が最も実行的なりと思考す⑪。

木戸は政党も軍部のいずれにも内閣を委ねることはできないと考えたために、斉藤実の首相任命を支持したのであった。

要するに新聞及び知識人また政治指導者さらに一般国民層も民主化途上体制に取って代わる政治体制を積極的に支持したわけではなかった。これが恐らく当時の新聞が繰り返し斉藤内閣の成立を「已むを得ず」とし、積極的に支持しなかった理由であろう⑫。

2　準忠誠

五・一五事件後に政党政治家の一部が民主化途上体制に対し、準忠誠の態度を取ったため、政党政治家全体が民主化途上体制を守るために一致団結できなかったことも体制が最終的に崩壊するにあたって重要な役割を果たした。民政党の永井柳太郎が憲政擁護運動を起こそうとしたが、永井の申し入れを政友会は拒絶した[113]。むしろ、一部の有力な政党政治家は非政党内閣を受け入れる用意ができていた。政友会幹部の森恪はもはや政党内閣を支持しておらず、政友会の有志が五月二一日に有志代議士会を開いて政党内閣保持を訴えようとするのを中止させたのみならず、荒木貞夫に働きかけて、枢密院副議長であった平沼騏一郎を首班とする内閣の樹立を画策した[114]。

この一方で、若槻礼次郎すらも、山本権兵衛が首相になるべきであると考えており、西園寺に次期内閣についての意見を求められた時に次のように答えている。

> 私は政党員であるからむろん政党内閣論者であるが、軍隊の規律が弛緩し、この度のような不祥事件を生ずるに至った時においては、必ずしも政党内閣を主張すべきではない。意志の強固な、軍の衆望を負う者を推薦せられるが至当であろう[115]。

同様に、高橋是清も西園寺に対し、次期内閣として政党内閣を支持しなかった[116]。全政党政治家が政党内閣の慣行を守るために団結した行動を取っていたらどうなっていたかは分からないが、政党政治家の間にそのような団結が見られなかったことは、西園寺が鈴木喜三郎を後継首相に任命しないという決定を下すのに影響を与えたものと考えられる。例えば、西園寺は原田に対し、「やはり若槻前総理が一番話の筋は判っていた」と語っている[117]。

第四節　まとめ

一九二九年から一九三二年にかけて、経済・社会面と政治面の両方で民主化途上体制の実績が振わなかったため、体制の正統性の水準は低下を続け、この結果、体制に対する軍部の挑戦が激しくなっていく中で、政党内閣が軍部を抑制する能力が減じた。また、閣僚や政党政治家の一部が民主化途上体制に対し、準忠誠の態度を取ってしまい、肝心な時に自己の権力を増大させるために軍部を利用しようとしたり、政党内閣を無視して軍部が政策を立案、実行していくことに対し、寛容な態度を取ったため、政党内閣が軍部を押さえることは一層困難になった。

最終的に、正統性が完全に失われ、政党内閣は軍部の挑戦に対して抵抗する拠り所を失う一方で、民主化途上体制の運命が決しようという時に、政党政治家の一部が体制に対し準忠誠の態度を取ったために、民主化途上体制は崩壊した。

---

(1) 中村政則『昭和の恐慌』〈小学館ライブラリー　昭和の歴史　2〉小学館、一九九四年、二〇〇〜二〇一頁。伊藤之雄『大正デモクラシーと政党政治』山川出版社、一九八七年、二五三頁。
(2) 小林龍夫「海軍軍縮条約」日本国際政治学会編『大平洋戦争への道』第一巻、朝日新聞社、一九六三年、一三〇〜一三一頁。
(3) 条約を受け入れるかどうかについて最終決定が下される前に軍令部がどのような態度を取ったかについては、同右、八四〜九一頁及び、伊藤隆『昭和初期政治史研究』東京大学出版会、一九六九年、一五九〜一六三頁参照。
(4) 岡田啓介「岡田啓介日記」小林龍夫、島田俊彦編『満州事変』みすず書房、一九六四年、八頁。
(5) 小林「海軍軍縮条約」八八頁。
(6) 伊藤『昭和初期政治史研究』一六二頁。小林「海軍軍縮条約」八一〜八二頁。
(7) 伊藤『昭和初期政治史研究』一六二頁。小林「海軍軍縮条約」八一〜八二頁。

（8）伊藤『昭和初期政治史研究』一六二頁。小林「海軍軍縮条約」八二頁。
（9）伊藤『昭和初期政治史研究』二四〇～二四七頁。小林「海軍軍縮条約」一〇九～一一〇頁。
（10）小林「海軍軍縮条約」一〇九頁。
（11）同右、一一三～一一四頁。
（12）山浦貫一『森恪』高山書院、一九四一年、六七二頁。
（13）原田熊雄『西園寺公と政局』第一巻、岩波書店、一九五〇年、八三頁。
（14）岡田「岡田啓介日記」一三～一九頁。
（15）同右、一九頁。
（16）伊藤『昭和初期政治史研究』二四六～二四七頁。
（17）原田『西園寺公と政局』第一巻、一七七～一七八頁。
（18）小林「海軍軍縮条約」一四七頁。
（19）政府に議会を解散させないで総辞職させるための手段として「非選出部分」への依存があったことを指摘したものとして、坂野潤治「政党政治の確立」『日本歴史』第九巻、一九八五年、東京大学出版会、一一四頁。
（20）島田俊彦「満州事変の展開」日本国際政治学会編『太平洋戦争への道』第二巻、朝日新聞社、一九六二年、一二～一三頁、二六～二七頁。片倉衷「満州事変機密政略日誌その一」小林龍夫、島田俊彦編『満州事変』一八四～一八五頁。
（21）緒方貞子『満州事変と政策の形成過程』原書房、一九六六年、一〇六～一〇八頁。島田「満州事変の展開」四四頁。
（22）森島五郎、柳井久男編『日本外交史』第一八巻、鹿島研究所出版会、一九七三年、一四四～一四六頁。
（23）島田「満州事変の展開」八六頁。
（24）緒方『満州事変と政策の形成過程』一七六～一七七頁に引用されている「満州問題政府方針」参照。原典は、外務省『日支事件』四巻、六二三～六二九頁。
（25）緒方『満州事変と政策の形成過程』二〇九、二三四頁。

(26) 島田「満州事変の展開」一八〇頁。
(27) 三月事件については、秦郁彦『軍ファシズム運動史』一九六二年、河出書房、二二頁～三一頁。伊藤隆「三月事件」井上光貞、永原慶二、児玉幸多、大久保利謙編『第一次世界大戦と政党内閣』〈普及版　日本歴史体系　16〉山川出版社、一九九六年、三二九～三三〇頁。十月事件については、秦『軍ファシズム運動史』三三一～四〇頁。加藤陽子「十月事件」、井上光貞、永原慶二、児玉幸多、大久保利謙『革新と戦争の時代』〈普及版　日本歴史体系　17〉山川出版社、一九九七年、一一～一四頁。
(28) 浜口内閣と第二次若槻内閣の経済政策の問題については、伊藤『大正デモクラシーと政党政治』二四八～二五五頁。中村『昭和の恐慌』二七一～二九〇頁。長幸男「昭和恐慌2」隅谷三喜雄編『昭和恐慌』有斐閣、一九七四年、二三四～二四五頁。
(29) 例えば、伊藤『大正デモクラシーと政党政治』二四八頁。
(30) 例えば、石橋湛山は、旧平価での金方位制への復帰に強く反対し、新平価での復帰を主張した。石橋湛山「井上蔵相の旧平価解禁論を評す」『石橋湛山全集』第七巻、東洋経済新報社、一九七一年、七二～一〇四頁。『東洋経済新報』（一九二九年九月二一日、一〇月五日、一二日、一九日、二六日、一一月二日）初出。
(31)『大阪毎日新聞』一九二九年一一月二二日。
(32)『東京朝日新聞』一九三〇年一月一一日。
(33) 原朗「第二節　昭和恐慌と金解禁」井上他編『第一次世界大戦と政党内閣』三一五～三一六頁。伊藤『大正デモクラシーと政党政治』二五〇～二五一頁。
(34) 大蔵省編『歳計』〈昭和財政史　三〉、東洋経済新報社、一九五五年、第四表。
(35) 伊藤『大正デモクラシーと政党政治』二五一～二五三頁。
(36) 同右、二五二頁に引用されている井上準之助「世界不景気と我国民の覚悟」『民政』四号九巻（一九三〇年九月一日）。
(37) 石橋湛山「濃厚化せる政変来の予想」『石橋湛山全集』第七巻、四二六頁。『東洋経済新報』（一九三〇年八月二日）初出。

(38)『東京朝日新聞』一九三一年四月一四日。
(39)この頃、政府及び日本銀行内の政策立案者の間で金本位制を維持することが不可能であることを認識していた。中村隆英『昭和史：一九二六―一九四五』東洋経済新報社、一九九三年、一四二頁。
(40)中村政則『昭和の恐慌』二八九頁。
(41)石橋湛山「指導階級の陥れる絶大の危険思想」『石橋湛山全集』第八巻、東洋経済新報社、一九七一年、一六〜一七頁。『東洋経済新報』（一九三一年五月二日）初出。
(42)『東京朝日新聞』一九三一年一二月三日。
(43)『時事新報』一九三一年一一月六日。
(44)二つの政治スキャンダルの詳細については、大島太郎「勲章鉄道疑獄事件：政党政治における汚職の露呈」我妻栄他編『日本政治裁判史録：昭和前』第一法規、一九七〇年、三〇五〜三五八頁。
(45)『大阪毎日新聞』一九二九年一一月二二日。
(46)『東京日日新聞』一九二九年一一月二八日。
(47)河原宏「浜口内閣」林茂、辻清明編『日本内閣史録』第三巻、一九八一年、第一法規出版、一九二頁。
(48)吉野作造「選挙と金と政党」『吉野作造選集』第四巻、岩波書店、一九九六年、三五三〜三五五頁。
(49)古屋哲夫「金解禁、ロンドン条約、満州事変」内田健三、金原左門、古屋哲夫編『日本議会史録』第三巻、第一法規、一九九〇年、八一〜八二頁。
(50)同右。
(51)石橋湛山「首相遭難の根因　改良を要する議会制度」『石橋湛山選集』第七巻、四〇八〜四〇九頁。『東洋経済新報』（一九三〇年一一月二二日）初出。
(52)『東京朝日新聞』一九三一年一月三日。
(53)『東京朝日新聞』一九三一年一月二二日。
(54)『大阪朝日新聞』一九三一年一月一九日。
(55)古屋「金解禁、ロンドン条約、満州事変」九〇頁。

(56) 『東京朝日新聞』一九三二年二月五日。
(57) 『東京朝日新聞』一九三一年三月二一日。
(58) 『大阪毎日新聞』一九三一年一月二九日。
(59) 石橋湛山「近来の世相ただ事ならず」『石橋湛山選集』第八巻、八～九頁。『東洋経済新報』(一九三一年四月一八日)初出。
(60) 原田熊雄『西園寺公と政局』第二巻、岩波書店、一九五〇年、一二九～一三〇頁。
(61) 同右、一八二頁。
(62) 池井優、波多野勝、黒沢文貴編『濱口雄幸日記・随感録』みすず書房、一九九一年、五五八～五五九頁。
(63) 伊藤隆・広瀬順晧編『牧野伸顕日記』中央公論社、一九九〇年、四二九頁。
(64) 『日本近代史事典』東洋経済新報社、一九五八年、七六六頁。
(65) 同右、七六八～七六九頁。
(66) 『都新聞』一九三一年七月一三日。『大阪朝日新聞』一九三〇年六月二一日。
(67) 中村『昭和の恐慌』三〇六～三一七頁。
(68) 『東京日日新聞』一九三二年二月七日。
(69) 『東京朝日新聞』一九三二年二月八日。
(70) 血盟団事件については、高橋正衛『昭和の軍閥』中央公論社、一九六九年、一四四～一六八頁。秦『軍ファシズム運動史』四六～五三頁。雨宮昭一「血盟団事件」我妻他編『日本政治裁判史録:昭和前』四〇〇～四六一頁。
(71) 浜口首相暗殺未遂事件の犯人の動機については、佐郷屋嘉昭「なぜ浜口首相を殺したか」猪瀬直樹、山崎宏編『昭和恐慌』〈目撃者が語る昭和史 2〉新人物往来社、一九八九年、二〇九～二二〇頁(事件後、佐郷屋は改名している)。血盟団員の動機については、高橋『昭和の軍閥』一四八～一五二頁。また、松本清張『昭和史発掘』第四巻、文芸春秋社、一九六六年、一二三二頁も参照。
(72) 江口圭一『十五年戦争の開幕』〈小学館ライブラリー　昭和の歴史　4〉小学館、一九九四年、五四頁における引用。

(73) 同右、一二三頁における引用。
(74) 御手洗達夫『南次郎』南次郎伝記刊行会、一九五七年、一二二～一二三頁。
(75) 山浦『森恪』七〇〇～七一一頁中引用の森恪「窮迫する満蒙対策」『経済往来』(一九三一年、一〇月)。
(76) 御手洗『南次郎』二一六～二二〇頁。
(77) 同右、二二四頁。
(78) 島田「満州事変の展開」一二頁。
(79) 同右、六～七頁。
(80) 五・一五事件については、加藤陽子「五・一五事件」井上光貞、永原慶二、児玉幸多、大久保利謙『革新と戦争の時代』三一～三九頁。秦『軍ファシズム運動史』五三～五九頁。高橋『昭和の軍閥』一六八～一七二頁。
(81) 加藤「五・一五事件」三五頁。
(82) 山本四郎「斉藤内閣の成立をめぐって」『史林』第五九巻、五号(一九七六年、九月)、四二～七八頁。
(83) 同右、四七頁。
(84) 木戸幸一『木戸幸一日記』上巻、東京大学出版会、一九六六年、一六五～一六六頁。
(85) 山本「斎藤内閣の成立をめぐって」五〇頁。
(86) 同右、六〇頁。山浦貫一『森恪』八一二～八一三頁。
(87) 山浦『森恪』八一三～八一四頁。
(88) 山本「斎藤内閣の成立をめぐって」六〇頁。
(89) 木戸『木戸幸一日記』上巻、一六三頁。
(90) 山浦『森恪』八一五頁。伊藤隆、佐々木隆編「鈴木貞一日記」『史学雑誌』八七巻、第一号(一九七八年、一月)、九四頁。但し、山本はこれについて疑問を呈しており、西園寺がもともと鈴木喜三郎を後継首相に推薦する考えはなかったのではないかと論じている。山本「斎藤内閣の成立をめぐって」六二頁。
(91) 山本「斎藤内閣の成立をめぐって」六二～六四頁。
(92) 石橋湛山「非合法傾向愈よ深刻化せんとす」『石橋湛山選集』第八巻、三六頁。『東洋経済新報』(一九三一年一〇月三一日）初出。
(93)『東京朝日新聞』一九三二年二月一〇日。
(94)『東京朝日新聞』一九三二年三月三日。
(95)『大阪朝日新聞』一九三二年五月九日。
(96)『東京朝日新聞』一九三二年五月一四日。
(97)『東京朝日新聞』一九三二年五月二三日。
(98)『大阪朝日新聞』一九三二年五月二三日。
(99)『東京朝日新聞』一九三二年一月八日。
(100)『東京朝日新聞』一九三二年一〇月八日。
(101)『東京朝日新聞』一九三二年三月二五日。
(102) 美濃部達吉「挙国一致内閣の成立」『中央公論』四七巻七号（一九三二年七月）、三〇〜三一頁。
(103)『東京朝日新聞』一九三二年五月九日。
(104) 小川平吉「政党信頼恢復の要諦」小川文書研究会編『小川平吉関係文書』第一巻、みすず書房、一九七三年、三三九〜三四〇頁。
(105) 同右、三四〇頁。
(106) 山本四郎「斉藤内閣の成立をめぐって」四二〜七八頁。
(107) 同右、六二〜六三頁。原田熊雄の記録の中にも、そのような証拠をみつけることはできない。原田『西園寺公と政局』第二巻、二八八〜二九三頁。
(108) 木戸『木戸幸一日記』上巻、一六四〜一六五頁。
(109) 同右、五三頁。
(110)『大阪朝日新聞』一九三二年五月二〇日。山本「斉藤内閣の成立をめぐって」六七頁による引用。
(111) 木戸『木戸幸一日記』上巻、一六八頁。
(112) 例えば、『大阪朝日新聞』一九三二年五月二三日。

(113)　山本「斎藤内閣の成立をめぐって」四七～四八頁。
(114)　同右、六一頁。山浦『森恪』八一五～八一八頁。
(115)　若槻礼次郎『古風庵回顧録』読売新聞社、一九五〇年、三九〇頁。なお、伊藤隆はその『一五年戦争』〈日本の歴史　30〉小学館、一九七六年、七六頁で、西園寺公望から次期内閣について意見を求められた時、若槻礼次郎は政党内閣を支持していたと論じている（原田熊雄『西園寺公と政局』第二巻、二九三頁にある西園寺の「やはり若槻前総理が一番話の筋は判っていた。」という記述をその根拠にしているようである）。また、御厨貴もその「ゴードン・バーガー『日本における政党の権力の喪失過程　一九三一－一九四一』」近代日本研究会編『昭和期の軍部』〈年報・近代日本研究　1〉山川出版社、一九七九年、四五四頁でこれを通説的見解と評している。しかしながら、ここで引用したように、戦後になって記した『古風庵回想録』の中で、若槻は、西園寺との面会時に山本権兵衛を後継首班として念頭に置きながら政党内閣を必ずしも主張すべきでなく、軍部の支持を得られる者を後継首班に推薦するべきであると述べたと回想している。このことを西園寺は「一番話の筋は判っていた」と評したものと考えられ、西園寺との面会時に、若槻が政党内閣を支持したとは考えにくい。
(116)　山本「斎藤内閣の成立をめぐって」六二頁。山浦『森恪』八一六頁。
(117)　原田『西園寺公と政局』第二巻、二九三頁。

第八章　結論

これまでの各章においては、民主化途上体制の崩壊を分析するための仮説を紹介し、一九一八年から一九三二年にかけて日本に成立した民主化途上体制の崩壊をこの仮説に依拠して分析できることを示してきた。ここでは、まず、これまでの議論をまとめた上で、それらが民主化論にどのように関係しているのか、今後さらに検討されるべき点について検討してみたい。

第一節　これまでの議論のまとめ

本書においては、まず、競争的寡頭体制や権威主義体制の民主化が相当進捗し、①政治において実質的競争が相当程度実現し、②かなりの公職に対する有権者の統制が実現し、③相当程度の国民が政治に参加する権利を有するようになった政治体制を民主化途上体制と捉え、完全に民主化が進んだ民主体制と区別すべきことを論じた。この民主化途上体制は、安定化しさらに民主化する可能性と、崩壊し非民主的政治体制に逆転する可能性という二つの可能性を有する政治体制であるが、本書においては、このうち、民主化途上体制の崩壊を分析することを試みた。

本書では、民主化途上体制の崩壊の分析を行う場合、これを、①民主化が進展する条件が欠如していたためと捉え、民主化論に基づいて分析する方法、②広く政治体制の変動の一類型として捉え体制変動論に基づいて分析する方法、さらに、③民主化途上体制という固有の政治体制の崩壊として捉え分析する方法が考えられることを論じた。その上で、民主化途上体制から民主化がさらに進展しないことと、この体制が崩壊することは別の問題であるため、第一の方法は取れないこと、また、体制変動論は理論として大きな問題を抱えているため、第二の方法も取れないことを明らかにした。その上で、民主化途上体制を固有の政治体制として捉え、この崩壊を分析するための仮説を提示した。

仮説をここでもう一度整理したい。民主化途上体制の下では、民主的勢力と非民主的勢力が併存しており、民主化途上体制の下で両者の力関係に大きな影響力を持つのは、民主化途上体制の置かれている政治制度、正統性、及び準忠誠という三つの要素である。政治制度は、民主的勢力や非民主的勢力が保持する権限を定め、両者がどのような行動を取るかに大きな影響を与える。また政治制度は、両勢力が取る行動に影響を与えることを通じて正統性の水準を左右するほか、一部の民主的勢力が民主化途上体制に対し準忠誠の態度を取る要因ともなる。

正統性の水準が高い時は、民主的勢力は非民主的勢力を押さえ込み、民主化途上体制は維持される。しかし、非民主的勢力が、政治制度によって与えられた権限も利用しながら、民主化途上体制への挑戦を開始した場合に、正統性の水準が低下していると、民主的勢力が非民主的勢力に対抗する力は低下する。これに加え、民主的勢力の一部が民主化途上体制に対し準忠誠の態度を取ることは、民主的勢力の力を低下させる一方で、非民主的勢力の力を一層増大させる。

最終的には、正統性が消滅し、民主的勢力の一部が準忠誠の態度を取るために、民主的勢力が非民主的勢力からの挑戦に一致して対抗することができなくなり、民主化途上体制は崩壊していく。

このような形で、民主化途上体制という政治体制を紹介し、この崩壊を分析するための仮説を提示した。本書では、一九一八年から一九三二年にかけて日本では、①政治において実質的競争が相当程度実現し、②かなりの公職に対する有権者の統制が実現し、③相当程度の国民が政治に参加する権利を有するようになったという点において、民主化途上体制が成立していたことを論証し、一九一八年以前と一九三二年以降の政治体制と区別できることを論じた。

その上で、民主化途上体制の崩壊についての仮説に基づき、この日本の民主化途上体制の崩壊を分析することができることを論証した。

戦前の日本に成立した民主化途上体制の場合、政党内閣と軍部の力関係が体制の存続、崩壊を決定した。明治憲法の下に置かれた政治制度によって政党内閣は制約を課せられ、軍部が特権を与えられていたにもかかわらず、当初政党内閣が軍部を押さえることができたのは民主化途上体制の正統性の水準が高かったからである。しかし、軍部が政治制度によって与えられていた権限をも利用しつつ、政党内閣に対する挑戦を開始した際に、これを政党内閣が押さえられなかったのは、そもそも政党内閣が明治憲法の下の政治制度から軍部を統制するための権限を十分与えられていなかったことに加え、体制の正統性の水準が低下したり、政党内閣や政党政治家の一部が軍部の挑戦を誘ったり、容認したためである。最終的に民主化途上体制が崩壊したのは、体制の正統性が消滅したために、政党内閣が軍部を押さえる力が完全に失われたことに加え、政党政治家が連帯して軍部に対抗することができなかったからであると分析することができる。

第二節　民主化論との関係

ここでは、本書で展開した議論がどのように民主化論と関わってくるのかについて改めて論じてみたい。

一　民主化途上体制という概念

本書においては、民主化途上体制という概念を打ち立て、この崩壊を分析するための仮説を提示してきたが、ここでこの概念の有用性について改めて論じたい。歴史的に見た場合、民主化とは長期間にわたって進む政治過程であり、競争的寡頭体制からいったん民主化途上体制を経験した上で民主体制に移行することが多い。そして、この概念は、日本のように民主化を開始した国が、民主化途上体制経験後、さらに民主化することなく非民主的政治体制に逆行した事例を分析するにあたり、有用な概念である。また、この概念は一九七〇年代後半以降いわゆる「第三の波」の中で進行した、または現在進行しつつある民主化を分析するにあたっても有効である。例えば、現在、民主化論の中では、民主体制の「確立」(consolidation)について非常に活発な議論が行われている。ギュンター、ディアマンドロス、ピューレらは、「政治的に重要なグループ全てが、体制の主要な政治機関を政治的競争を行うための唯一の正統な枠組みとしてみなし、民主的なゲームのルールに従うようになる」時、民主体制は確立されたと言えると論じている。(1)しかしながら、この民主体制の確立という概念の有効性を疑問視する研究者もおり、例えばオドネルは、多くの国が民主体制が確立されたと言える段階に到達しないことをもって、この概念の意味を疑問視している。(2)

民主体制の確立という概念が分析概念として有用かどうかという問題がなぜ発生してしまうのか今一度考えてみたい。この問題は、一般に民主体制に移行したと言われているものの、民主体制の定義から見れば、民主体制に移行したかどうかは疑わしい国々にこの民主体制の確立という概念をあてはめようとするために発生していることに注目する必要がある。実際に、オドネルは、民主体制に移行したと言われているラテン・アメリカ諸国のうちの多くは、伝統的な民主体制諸国と同じような種類の政治機関を同程度には発達させていないので、これらの国々を伝統的な民主体制諸国と同様に扱うことはできないと論じている。オドネルは、これらの国々を「委任民主体制」と名づけ、これらの国々では、大統領選挙に勝利を収めた者は、その任期が定められている以外に法的に制限されることはなく、政治における実際上の権力関係によって権限が与えられるほかは、自分が適当と考える形で統治を行うことができると論じている。(3) オドネルは、これらの国々が民主体制に移行したということを前提に、民主体制の確立という概念の是非を論じている。しかしながら、彼が提起した権力者の権限行使のあり方の問題に加え、ラテン・アメリカ諸国の多くの国々で軍部が依然として有している特権を考えると、これらの諸国が民主体制に移行したという前提をもう一度検討する必要が生じてくる。(4) これらの諸国は、権威主義体制からの移行を果たしたことは間違いないが、これらの諸国全てが、民主体制に移行したかどうかは別問題である。これらの国々の一部を分類するために民主化途上体制という概念は有効であると考えられ、今後の検討課題と言えよう。

二　民主体制の崩壊をめぐる議論との関係

次に、民主化途上体制の定義の問題以外に理論的問題として、主にリンスらが行った民主体制の崩壊をめぐる議論との関係について考えてみたい。

1 経済危機

民主体制の崩壊の要因として、しばしば経済危機と体制の崩壊の関係が問題になる。リンスらの行った共同研究では、民主体制の崩壊は経済危機だけで説明することはできないと論じられている。

ワイマール共和国の崩壊を研究したレプシウスは、大恐慌が与えた影響を否定はしないものの、他の政治的要因が「崩壊の前提条件」として必要であったと論じている⑤。彼によれば、政党システムが分解し、議会の機能が麻痺する一方で、大統領が大統領令を乱用し、議会の権威を無視したことが民主体制に対する信頼を失墜させ、独裁の道に繋がったとしている。

またオーストリアの第一共和制の崩壊について分析したサイモンは、経済状況が政治情勢に影響を与えたにせよ、それは決定的ではなく、むしろ重要だったのは社会主義者、親教会の保守派、及びドイツ国粋主義者の三勢力の間の列柱化であり、この列柱化が議会の機能を麻痺させ、権力の真空状態をつくり出し、権威主義者の介入を招いてしまったと論じている⑥。

同様に、戦間期のアルゼンチンの民主体制の崩壊について研究したスミスも大恐慌が崩壊の原因であるという見方を否定している⑦。彼によれば、それまで権力を握っていたエリート保守層が民主体制の下で権力を失ったので、民主体制の正統性を認めなかった一方で、イリゴエン大統領が恣意的に権力を行使し、軍士官を私兵化しようとしたために、軍隊が体制の正統性を認めなくなったので、民主体制は崩壊したのである。

既に明らかなように、本書でも民主化途上体制の崩壊を分析するにあたり、経済危機を要素として用いた説明を行っていない。これは、民主体制の崩壊についてこれまでなされてきた研究と一致する点である。問題は、民主化途上体制の正統性の低下が経済危機によってのみもたらされるのかどうかということであり、仮に、経済危機によってのみ正統性の低下が生じるのであれば、正統性に代わって、経済危機を用いて、民主化途上体制の崩壊の説明を行えることになる。少なくとも日本の事例から言えることは、民主体制と同様に、経済危機だけから民主化途上体制の崩壊はもたらされないということである。既に明らかにしたように、崩壊に繋がった民主化途上体制の正統性の消失は、経済危機に対する対応だけが原因となったのではなく、体制の政治面での実績が振わなかったために起こったのである。

2　正統性及び準忠誠

民主化途上体制の崩壊を分析する仮説を構築する際に、リンスがまとめた民主体制の崩壊についての議論を紹介し、特に重要と考えられる政治体制の正統性と政治アクターの準忠誠という要素を盛り込んで仮説を構築した。これまでの議論は、政治体制の正統性及び政治アクターの準忠誠という要素は民主体制の崩壊のみならず民主化途上体制の崩壊にあたっても重要な役割を果たしていることを示している。これは、政治体制の正統性及び政治アクターの準忠誠という要素が民主体制の崩壊以外にも広く政治体制の崩壊にあたり一般的に重要な役割を果たす可能性を示している。

民主体制の崩壊の過程の場合と同じように、民主化途上体制の崩壊の過程においても、体制の正統性の減少は、体制の弱体化に繋がる。また、民主体制の崩壊過程の場合と同じように、民主化途上体制の崩壊過程においても、一部の政治アクターが体制に対し準忠誠の態度を取ることは、民主的勢力が、非民主的勢力に対抗する力を削ぐことになり、体制を結局、弱めることになる。

但し、ここで注意する必要があるのは、民主化途上体制の場合には、正統性の損なわれ方が、民主体制の場合と異なるということである。即ち、民主体制の場合には、非民主的な政治体制、一般には権威主義体制を求める勢力によって体制は批判にさらされ、体制の正統性が損なわれていくのに対し、民主化途上体制の場合には、民主的要素と非民主的要素が併存するため、このような勢力に加え、一層の民主化を求める勢力が体制を批判することによって体制の正統性が損なわれることである。従って、民主化途上体制の正統性は民主体制の正統性に比べてもろいということがいえる。

さらに、注意すべきなのは、一層の民主化を要求してなされる批判は、民主化途上体制を弱め、体制の崩壊に繋がることはあっても、一層の民主化には繋がらない可能性があるということである。これは、民主化途上体制に不満を抱き、より権威主義的な体制を打ち立てようとする勢力が体制に挑戦を開始している場合、一層の民主化を求める勢力が体制を批判し、これによって体制の正統性が傷つけられることは、結果的に、権威主義体制を打ち立てるのに繋がってしまう可能性があるためである。

戦前の日本について言えば、吉野作造や石橋湛山などの知識人や、新聞の多くの民主化途上体制に対する批判は、体制の中の非民主的要素に対してなされたのであって、彼等は決して、軍部を中心とする権威主義体制の確立を求めてこのような批判を行っていたのではない。しかし、彼等の批判により民主化途上体制の正統性が弱められたことは、結局、政党内閣から軍部に対し抵抗する力を奪い、体制の崩壊に繋がった。

このように民主化途上体制の中の非民主的要素に対する批判が体制の正統性を損なうことでかえってより非民主的政治体制への変換を促進してしまうというパラドックスは実は民主体制の崩壊においても起こり得る可能性

がある。既に論じたように、いろいろな面における政治体制の実績が正統性に影響を及ぼすが、政治面における実績が民主体制の正統性に影響を及ぼす場合、民主体制内にある非民主的要素が大きな役割を果たす可能性が高い。即ち、ある国に成立している民主体制の正統性が失われるにあたっては、政治体制としての民主体制そのものの正統性が失われることよりも、むしろ、その国が民主体制として分類されてはいるものの、依然として体制内に存在する非民主的要素あるいは何らかの理由によって一時的に非民主的方法による権限行使が行われ、これに対する批判が大きな役割を果たしている可能性が高い。このことについては、戦間期のヨーロッパにおける民主体制の崩壊例などを中心として、改めて研究する必要があると考えられる。

また、本書においては、正統性の水準を測るにあたり、これまで一般的と考えられている世論調査などによる統計的手法によらず、新聞論調、知識人の意見、政治指導者の意見などを活用し、これが変化していく過程を辿ることにより、政治体制の正統性の水準の変化を測る手法を用いた。そして、この手法によって十分正統性の水準の変化を測ることができることを日本の民主化途上体制の事例を研究することで論証することができた。正統性の果たす役割は、現在の民主化論においては盛んに行われている民主体制の確立をめぐる議論においても重視されており、世論調査など統計的手法に頼る以外にも、本書で取ったような方法で正統性の水準を測ることは今後の研究に貢献できると考えられる。

第三節　今後の検討課題

以下の部分では今後の検討課題について触れ、本書を終えることにしたい。

一　政治体制の変動と政治制度の関係

本書では、民主化途上体制を取り巻く政治制度が民主化途上体制の下で政治アクターに及ぼす影響を分析した。現在、政治制度が政治過程、政策決定にどのような影響を及ぼすか、あるいは政治制度そのものがどのように形成され、変容するかについては合理選択的制度論、歴史的制度論の名で広く知られるように盛んに議論が行われている。しかしながら、権威主義体制からの移行、民主体制の崩壊など広く政治体制の変動について現在主に行われている議論では政治制度が政治体制の変動に及ぼす影響はそれほど取り上げられていない。

これに対しては、直ちに、政治制度は政治体制の変動を取り扱った議論で十分研究の対象となっているという反論が予想される。もちろん本書でも詳細に紹介したようにハンティントンが論じた体制変動論では政治制度からの影響、及び政治制度が拡大した政治参加を吸収できるか否かが政治体制の変動を決する重要な要素として扱われている。また、本書では紹介しなかったが、民主体制移行後に民主体制が確立される要素として政治制度について盛んに議論されていることは確かである。例えば、民主体制を確立させるために、大統領制と議院内閣制のどちらがふさわしいのか、選挙制度はどのような影響を及ぼすのかといった論点について盛んに議論が行われている。しかしながら、政治体制の移行過程そのもの、つまり権威主義体制から民主体制への移行過程や、民主体制の崩壊過程そのものに政治制度がどのような役割を果たしているかについての研究は現在それほど行われていない。これには、民主化論のこれまでの経緯が大きく関係しているのでこれについて簡単に触れたい。

民主化について研究が始まった当初は、本書の第一章で紹介したリプセットの研究に代表される民主体制と社会経済的諸条件の関係が研究の中心となった。これらの研究では経済発展水準、政治文化、市民社会の成熟度などの条件と民主体制の関係が研究された。これらの条件の共通点はいずれも短期間では変化しない構造的なものであるということである。逆に言えば、これらの研究では民主体制の成立における政治アクターの役割というものは殆ど取り上げられることがなかった。しかし、このような構造的条件偏重の研究動向はラストウによって厳しく批判された。ラストウは民主体制がいかに成立するかという問題と、その後、民主体制が安定的に持続するかは別の問題であると論じ、構造条件は民主体制の持続には重要な関係を持つが、民主体制の成立する過程においては必ずしも重要な意味を持たないと論じた。[8]その上で、ラストウは民主体制の成立の過程においては不確実性が多く取り巻き政治アクターの政治的決定や相互の働きかけが重要な役割を演じるということを強調した。

リンスらの研究も、彼等は構造的条件の重要性を否定するものではないとしながらも、民主体制の崩壊の実際の過程に重要な影響を及ぼす要素を指摘しようとした。また、オドネルとシュミッターの研究の権威主義体制からの移行についての研究も権威主義体制からの移行過程では、不確実性が多く存在し、政治アクターの個別の決定が大きな影響力を持つことを前提に、民主体制の移行に成功するパターンを探ろうとした。

権威主義体制からの移行にせよ、民主体制の崩壊にせよ、政治体制が変動する過程の研究では、近年政治アクターの役割が強調された結果、政治制度も構造条件の一部として取り扱われ、関心がそれほど向けられなかったものと推察される。しかし、この政治アクターの役割を重視する議論を前提とした場合、まさに政治アクターが作り出す様々な政治過程の中から政治体制の変動が最終的に起こるということになる。この場合、政治過程において個々の政治アクターが相互にどのような影響力を行使し、どのような決定を下せるかについては政治制度によって与えられている権限が大きく関係してくることに注目しなくてはならない。

従って、政治制度は政治体制の変動過程そのものにも大きな影響を及ぼし、単に本書で行った民主化途上体制の崩壊の分析のみならず、民主体制の成立、崩壊などを含め政治体制の変動過程の分析を行う場合に、検討すべき要素であり、今後この果たす役割についてさらに研究を進めていく必要があろう。

二　非民主的勢力が民主化途上体制に対し挑戦を開始する条件

また、本書で提示した仮説は、非民主的勢力がなぜ民主化途上体制に挑戦するかについての説明が試みられておらず、非民主的勢力が体制に対し、挑戦を開始した際、民主的勢力がどうしてこれに対抗し得ないかについて説明を試みているに過ぎない。今回の仮説の構築にあたっては、非民主的勢力が民主化途上体制に挑戦を開始する要因は余りに多岐にわたっており、一般化できないと判断したからであるが、仮説を複雑化させることなく、体制に挑戦する要因をこの仮説に盛り込むことができるかどうか今後さらに検討していく必要がある。

（1）　Richard Gunther, P. Nikiforos Diamandouros, and Hans-Jürgen Puhle, "Introduction," in *The Politics of Democratic Consolidation: Southern Europe in Comparative Perspective*, eds. Richard Gunther, P. Nikiforos Diamandouros, and Hans-Jürgen Puhle (Baltimore: Johns Hopkins University Press, 1995), 7.

（2）　Guillermo O'Donnell, "Illusions about Consolidation," *Journal of Democracy* 7, no. 2 (April 1996): 34-51.

（3）　Guillermo O'Donnell, "Delegative Democracy," *Journal of Democracy* 5, no. 1 (January 1994): 59.

（4）　軍部の特権については、Alfred Stepan, *Rethinking Military Politics: Brazil and the Southern Cone*. (Princeton: Princeton University Press, 1988), Wendy Hunter, "Contradictions of Civilian Control : Argentina, Brazil and Chile in the 1990s," *Third World Quarterly* 15, no. 4 (December 1994): 633-653.

（5）　M. Rainer Lepisius, "From Fragmented Party Democracy to Government by Emergency Decree and National Socialist Takeover: Germany," in *The Breakdown of Democratic Regimes: Europe*, eds., Juan J. Linz and Alfred Stepan

(Baltimore: Johns Hopkins University Press, 1978), 34-79.

(6) Walter B. Simon, "Democracy in the Shadow of Imposed Sovereignty: The First Republic of Austria," in *The Breakdown of Democratic Regimes: Europe*.

(7) Peter H. Smith, "The Breakdown of Democracy in Argentina, 1916-1930," in *The Breakdown of Democratic Regimes: Latin America,* eds., Juan Linz and Alfred Stepan (Baltimore: Johns Hopkins University Press, 1978), 3-27.

(8) Dankwart A. Rustow, "Transitions to Democracy: Toward a Dynamic Model," *Comparative Politics* 2, no. 3(April 1970): 337-363.

あとがき

本書は、一九九八年にスタンフォード大学政治学部大学院に提出した博士論文を大幅に加筆・修正・再構成したものである。筆者は、序章でも述べたように、戦前の日本における政治変動を比較政治学で議論されている民主化論、体制変動論の枠組みの中で分析してみたいという動機につき動かされて、この研究を行った。

本書を完成させることができたのは、多くの方々の御指導、御助力を頂くことに負っており、その方々に心より感謝申し上げたい。まずは、博士論文執筆の過程で多くの先生方にお世話になった。

スタンフォード大学政治学部大学院の諸先生には、政治学の研究を行うために徹底的に鍛えて頂いた。特に、博士論文指導委員会のダニエル・オキモト先生、ラリー・ダイアモンド先生、ピーター・ドゥース先生、デイヴィッド・ブレイディー先生に非常に多くのことを教えて頂いた。日本政治を専門とするオキモト先生は指導教官として、単に博士論文の執筆を御指導下さったのみならず、研究生活、留学生活全般にわたっていろいろと面倒を見て下さった。オキモト先生には、同大学卒業後も、今日にいたるまで非常に多くの御恩を頂戴しており、感謝申し上げたい。民主化論を専門とするダイアモンド先生は、先生のゼミでこの研究の端緒となるペーパーを書く機会を与えて下さったほか、博士論文の各章を御精読下さり、各章について非常に詳細なコメントを下さった。御自身の研究で非常に多忙を極めているにもかかわらず、学生の指導にも情熱を傾けられる先生の御姿勢からは、研究・教育を行うにあたっての心構えをはじめ多くのことを学ぶことができた。日本政治史を専門とするドゥース先生は、各章を御精読下さり、史実面からのコメントを下さった。さらに、アメリカ政治学を専門とするブレイディー先生は、方法論の面から貴重なコメントを下さった。この他、博士論文を執筆する過程では三谷太一郎先生、高橋進先生、宮崎隆次先生、西村吉正先生、ガブリエル・アルモンド先生から貴重な御助言を頂くことができた。各先生に感謝申し上げたい。

帰国後、博士論文を基に本書を執筆するにあたっても多くの方々のお世話になった。まず、博士論文を出版することを勧めて下さった五十嵐武士先生と蒲島郁夫先生に感謝申し上げたい。五十嵐先生は、東京大学法学部で先生のゼミに参加して以来、御指導下さっており、永年の御恩に対し、御礼を申し上げたい。蒲島先生は、本書を出版するよう強く励まして下さった上、木鐸社を御紹介下さり、御礼を申し上げたい。

政策研究大学院大学で研究を開始し、本書を執筆する作業に入ってから、丁寧に御指導下さったのが御厨貴先生である。本書の草稿を幾度にもわたり読んでコメントを下さった上、筆者の度重なる質問にもいつも親身に答えて下さった。また、戦前の政治変動を比較政治の観点から分析しようという課題と苦闘する筆者を暖かく励まして下さり、先生のお励ましは、本書を完成させる上で大きな力となった。ここに心より感謝申し上げたい。さらに、伊藤隆先生は、史実面で筆者の抱く様々な疑問点に丁寧に答えて下さり、御礼を申し上げたい。

河野勝先生は、筆者が本書の執筆を始めるに先立ち、博士論文全部を読んで下さり、構成についてのコメントのほか、各章につき詳細なコメントを下さった。それらのコメントをすべて活かすことはできなかったかもしれないが、本書を執筆するにあたり非常に有益なものであり、御礼を申し上げたい。

さらに、政策研究大学院大学の吉村融先生、故佐藤誠三郎先生、西本晃二先生をはじめとする諸先生方に、恵まれた研究環境を与えて下さったことに感謝申し上げたい。本書の執筆を強く励まされた佐藤先生が、作業開始後間もなく逝去されたことはいまだに残念である。また、専門を同じくする飯尾潤先生は、研究・教育の両面でいろいろ御教示下さっており、御礼を申し上げたい。

また、本書を完成させるにあたり、黒澤良氏に校正作業を、また、清水唯一朗氏に校正作業及び索引の作成作業を手伝って頂いた。御礼を申し上げたい。

その他、ここに名前をあげることができなかったが、御指導、御助力を頂いた多くの方々がいらっしゃり、感謝申し上げたい。

本書を出版するにあたっては木鐸社の能島豊氏と坂口節子氏に非常にお世話になった。筆者にとって、本を作るということが初めてのために、多くの御迷惑をおかけしたにもかかわらず、出版作業の各段階で親切にいろいろ御教示下さり、感謝申し上げたい。

最後に、永年筆者の成長を見守ってくれてきた父治彦と母弥生に心より感謝するとともに、本書を捧げたい。

本書は、平成一三年度科学研究費補助金（研究成果公開促進費）の交付を受けて刊行されたものである。

竹中　治堅

二〇〇一年一二月

立憲国家と日露戦争

伊藤之雄著（京都大学法学部）

A5判・428頁・6000円（2000年）ISBN4-8332-2293-0

■外交と内政1898～1905

本書は，従来注目されてこなかった列強の中国分割後から日露戦争終了までの行政・財政整理問題に光を当てる。日露戦争への道を外交交渉過程にのみ焦点を当てるのではなく，内政と外交や近代日本の国民国家形成構想・国民思潮の変化との相互関連のもとでとらえなおし，新しい可能性を考察する。

〔知のフロンティア叢書　2〕

近代日本の意味を問う

■政治思想史の再発見Ⅱ

執筆者代表　溝部英章

46判・260頁・2000円（1992年）ISBN4-8332-2162-4

性的人間と政治的人間＝小野紀明　近世における「気」の思想史＝辻本雅史　福沢諭吉における文明開化＝安西敏三　知の回廊―近代世界における思想連鎖の一前提＝山室信一　近代化の＜終焉＞＝溝部英章　同時代と維新史研究＝菊池久　他

日本政治史の中の知識人（上）（下）

竹中佳彦著（北九州大学法学部）

上巻　A5判・430頁・7282円（1995年）ISBN4-8332-2202-7
下巻　A5判・430頁・7282円（1995年）ISBN4-8332-2203-5

■自由主義と社会主義の交錯

矢内原忠雄・横田喜三郎・鈴木安蔵という夫々独自な自由主義者・社会主義者として生きた三人の知識人を採り上げ，戦前・戦中・戦後を通じての各人の思想と行動の変化を，政策対立軸によって比較分析した。知識人と昭和史の緊張関係を鮮やかに描き出した大作。

近代日本の心象風景

広岡守穂著（中央大学法学部）

46判・348頁・2200円（2000年2刷）ISBN4-8332-2213-2

第Ⅰ部　変容するこころ　第Ⅱ部　戦争体験と思想
第Ⅲ部　社会科学の足元

第Ⅰ部では，文学作品を手掛かりに，平等観や勤勉観，家族観，宗教観など，戦争と富国強兵策にあけくれた近代日本社会がもっていた諸相を歪められて確立し・変容をとげた「近代」であるとして分析。第Ⅱ部は思想構造の分析・第Ⅲ部は社会分析。

著者略歴

竹中治堅（たけなか　はるかた）

1971年　東京都に生れる

1993年　東京大学法学部卒業。同年大蔵省入省。

1998年　スタンフォード大学政治学部大学院 Ph.D.（政治学）取得

1999年より政策研究大学院大学政策研究科助教授

戦前日本における民主化の挫折：民主化途上体制崩壊の分析

2002年２月25日第一版第一刷　印刷発行©

著　　者：竹中治堅

発 行 者：坂口節子

発 行 所：有限会社　木鐸社（ぼくたくしゃ）

印　　刷：㈱アテネ社

製　　本：関山製本社

住　　所：〒112－0002 東京都文京区小石川５－11－15－302

郵便振替：00100－5－126746

電話／ファックス：(03) 3814－4195

ISBN4-8332-2316-3　C3031

索　引

凡例

1．人物名については，原則として本文中に登場する人物名は全て採録している。

2．事項名については，本書の議論を理解する上で重要である概念，政治主体，事件，を中心に採録している。

3．事項名そのものが記載されていない頁についても，当該頁がその事項について議論している場合には，頁数を記載した。例えば，正統性の項目中，正統性と民主化途上体制（1929～1932年）の下に，新聞及び知識人の間における正統性215-227と記載した。215頁から227頁にかけての全頁に「新聞及び知識人の間における正統性」という言葉が記述されているわけではないが，215頁から227頁にかけての全体を通じて，新聞及び知識人の間における民主化途上体制の正統性が議論されているので，このような形で頁数を記載した。

あ行

か行

さ行

た行

な行

は行

ま行

や行

ら行

わ行

参考文献

英文（アルファベット順）

Agüero, Felipe. *Soldiers, Civilians, and Democracy: Post-Franco Spain in Comparative Perspective*. Baltimore: Johns Hopkins University Press, 1995.

——. "Democratic Consolidation and the Military in Southern Europe and South America." In *The Politics of Democratic Consolidation,* edited by Richard Gunther, P. Nikiforos Diamandouros, and Hans-Jürgen Puhle, 124–165. Baltimore: Johns Hopkins University Press, 1995.

Almond, Gabriel A., Scott C. Flanagan, and Robert J. Mundt. *Crisis, Choice, and Change: Historical Studies of Political Development*. Boston: Little, Brown and Company, 1973.

Almond, Gabriel A., and Sidney Verba. *The Civic Culture: Political Attitudes and Democracy in Five Nations*. Princeton: Princeton University Press, 1963; Newbury Park: Sage, 1989.（石川一雄他訳『現代市民の政治文化：五カ国における政治態度と民主主義』勁草書房，1974年。）

Alt, E. James, Kenneth A. Shepsle, eds. *Perspectives on Positive Political Economy.* Cambridge: Cambridge University Press, 1990.

Andrews, George Reid, and Herrick Chapman, eds. *The Social Construction of Democracy, 1870–1990*. New York: New York University Press, 1995.

Arima, Tatsuo. *The Failure of Freedom: A Portrait of Modern Japanese Intellectuals*. Cambridge: Harvard University Press, 1969.

Bailey, Sydney D. *Political Parties and the Party System in Britain*, reprint ed. Westport, CT: Hyperion Press, 1979.

Ball, Alan R. *British Political Parties*. London: Macmillan Press, 1981.

Beasley, W. G. *Japanese Imperialism 1894 – 1945*. Oxford: Clarendon Press, 1987.（杉山伸也訳『日本帝国主義1894-1945：居留地制度と東アジア』岩波書店，1990年）

Beattie, Alan, ed. *English Party Politics*, vol. 1. London: Weidenfeld and Nicolson, 1970.

Bentley, Michael. *Politics without Democracy 1815–1914*. London: Fontana Press, 1984.

Berger, Gordon. *Parties Out of Power in Japan, 1931–1941*. Princeton: Princeton University Press, 1977.（坂野潤治訳『大政翼賛会：国民動員をめぐる相剋』

山川出版社，2000年。）

Bracher, Karl Dietrich. *The German Dictatorship: The Origins, Structure and Consequences of National Socialism*. Harmondsworth, England: Penguin Books, 1973.

Burton, Michael, Richard Gunther, and John Higley. "Introduction: Elite Transformations and Democratic Regimes." In *Elites and Democratic Consolidation in Latin America and Southern Europe*, edited by John Higley and Richard Gunther, 1–37. Cambridge: Cambridge University Press, 1992.

The Centre for East Asian Cultural Studies. *Meiji Japan through Contemporary Sources*. 3 vols. Tokyo: The Centre for East Asian Cultural Studies, 1969–72.

Chu, Yun-Han. *Crafting Democracy in Taiwan*. Taipei: Institute for National Policy Research, 1992.

Cook, Chris, and John Stevenson. *The Longman Handbook of Modern British History 1714–1995*, 3rd ed. London: Longman, 1996.

Cohen, Youssef. Radicals, *Reformers, and Reactionaries*. Chicago: University of Chicago Press, 1994.

Craig, Gordon A. *Germany 1866–1945*. New York: Oxford University Press, 1978.

Dahl, Robert. *Polyarchy: Participation and Opposition*. New Haven: Yale University Press, 1971.（高畠通敏訳『ポリアーキー』三一書房，1981年）

——, ed. *Regimes and Oppositions*. New Haven: Yale University Press, 1973.

——. *Democracy and Its Critics*. New Haven: Yale University Press, 1989.

Di Palma, Giuseppe. *To Craft Democracies: An Essay on Democratic Transitions*. Berkeley: University of California Press, 1990.

Diamond, Larry. "Economic Development and Democracy Reconsidered," *American Behavioral Scientist* 35, no. 4–5 (March/June 1992): 450–499.

—— , ed. *Political Culture and Democracy in Developing Countries*. Boulder, CO: Lynne Rienner, 1993.

——. "Is the Third Wave Over?" *Journal of Democracy* 7, no. 3 (July 1996): 20–37.

——."Toward Democratic Consolidation."In *The Global Resurgence of Democracy*, edited by Larry Diamond and Marc F. Plattner, 227–240. Baltimore: Johns Hopkins University Press, 1996.

—— . *The End of the Third Wave and the Global Future of Democracy.* Vienna: Institute for Advanced Studies, 1997.

——. *Developing Democracy.* Baltimore: Johns Hopkins University Press, 1999.

Diamond, Larry, and Byung-Kook Kim, eds. *Consolidating Democracy in South*

Korea. Boulder, CO: Lynne Rinner, 2000.

Diamond, Larry, and Juan J. Linz. "Introduction: Politics Society, and Democracy in Latin America." In *Latin America,* vol. 4 of *Democracy in Developing Countries*, edited by Larry Diamond, Juan J. Linz, and Seymour Martin Lipset, 1-58. Boulder, CO: Lynne Rienner, 1988.

Diamond, Larry, Juan J. Linz, and Seymour Martin Lipset, eds. Latin America, vol. 4 of *Democracy in Developing Countries*. Boulder, CO: Lynne Rienner, 1988.

——, eds. *Politics in Developing Countries: Comparing Experiences with Democracy,* 2d ed. Boulder, CO: Lynne Rienner, 1995.

——. "Introduction: What Makes for Democracy?" In *Politics in Developing Countries: Comparing Experiences with Democracy,* 2d ed., edited by Larry Diamond, Juan J. Linz, and Seymour Martin Lipset, 1–66. Boulder, CO: Lynne Rienner, 1995.

Diamond, Larry, and Marc F. Platter, eds. *Economic Reform and Democracy.* Baltimore: Johns Hopkins University Press, 1995.

——, eds. *The Global Resurgence of Democracy,* 2d ed. Baltimore: Johns Hopkins University Press, 1996.

——, eds. *Civil-Military Relations and Democracy.* Baltimore: Johns Hopkins University Press, 1996.

Diamond, Larry, and Doh Chull Shin, eds. *Institutional Reform and Democratic Consolidation in Korea*. Stanford: Hoover Institution Press, 2000.

Dix, Robert H. "Military Coups and Military Rule in Latin America," *Armed Forces & Society* 20, no. 3 (Spring 1994): 439–456.

Dogan, Mattei, ed. *Comparing Pluralist Democracies*. Boulder, CO: Westview, 1988.

Drake, Paul W, and Eduardo Silva, eds. *Elections and Democratization in Latin America, 1980–85*. San Diego: Center for Iberian and Latin American Studies, Center for U.S. - Mexican Studies, and Institute of the Americas, University of California, San Diego, 1986.

Duch, Raymond M. "Economic Chaos and the Fragility of Democratic Transition in Former Communist Regimes," *Journal of Politics* 57, no. 1 (February 1995): 121–158.

Duus, Peter. *Party Rivalry and Political Change in Taisho Japan*. Cambridge: Harvard University Press, 1968.

——. *The Rise of Modern Japan*. Boston: Houghton Mifflin Company, 1976.

——, ed. *The Cambridge History of Japan*, vol. 6. Cambridge: Cambridge

University Press, 1988.

Duus, Peter, and Daniel I. Okimoto. "Fascism and the History of Pre-War Japan: The Failure of a Concept,"*Journal of Asian Studies* 39, no. 1 (November 1979): 65–76.

Eckstein, Harry. "Case Study and Theory in Political Science." In *Handbokk of Political Science* vol. 7: *Strategies of Inquiry*, edited by Fred I. Greenstein and Nelson W. Polsby. Reading, MA: Addison-Wesley.

Evans, Eric. *The Forging of the Modern State: Early Industrial Britain, 1783 – 1870*, 2d. ed. London: Longman, 1996.

Finer, S. E. *The Man on Horseback: The Role of the Military in Politics*, 2d enl. ed. Harmondsworth: Penguin Books, 1976.

Fitch, John Samuel. *The Military Coup d'Etat As a Political Process: Ecuador, 1948 –1966*. Baltimore: Johns Hopkins University Press, 1977.

——. "Armies and Politics in Latin America: 1975–1985." In *Armies and Politics in Latin America*, rev. ed., edited by Abraham F. Lowenthal and J. Samuel Fitch, 26-55. New York: Holmes and Meier, 1986.

—— . "The Military Coup d'état As a Political Process: A General Framework and the Ecuadorian Case." In *Armies & Politics in Latin America*, rev. ed., edited by Abraham F. Lowenthal and J. Samuel Fitch, 151–164. New York: Holmes and Meier, 1986.

Goodman, Louis W., Johanna S. R. Mendelson, and Juan Rial. *The Military and Democracy: The Future of Civil-Military Relations in Latin America*. Lexington, MA: Lexington Books, 1990.

Gordon, Andrew. *Labor and Imperial Democracy in Prewar Japan*. Berkeley: University of California Press, 1991.

Gourevitch, Peter. *Politics in Hard Times: Comparative Responses to International Economic Crises*. Ithaca: Cornell University Press, 1986.

Gunther, Richard. *Public Policy in a No-Party State*. Berkeley: University of California Press, 1980.

—— . *Spain after Franco: The Making of a Competitive Party System*. Berkeley: University of California Press, 1986.

Gunther, Richard, P. Nikiforos Diamandouros, and Hans-Jürgen Puhle. *The Politics of Democratic Consolidation: Southern Europe in Comparative Perspective*. Baltimore: Johns Hopkins University Press, 1995.

Haggard, Stephen, and Robert R. Kaufman. *The Political Economy of Democratic Transitions*. Princeton: Princeton University Press, 1995.

Hane, Mikiso. *Modern Japan*. Boulder, CO: Westview, 1986.

Higley, John, and Richard Gunther, eds. *Elites and Democratic Consolidation in Latin America and Southern Europe*. Cambridge: Cambridge University Press, 1992.

Hill, Brian. *The Early Parties and Politics in Britain, 1688–1832*. New York: St. Martin's Press, 1996.

Himmelfarb, Gertrude. "The Politics of Democracy: The English Reform Act of 1867," *The Journal of British Studies* 6, no. 1 (November 1966): 97–138.

Holmes, Geoffrey. *The Making of A Great Power: Late Stuart and Early Georgian Britain 1660–1722*. London: Longman, 1993.

Holmes, Geoffrey, and Daniel Szechi. *The Age of Oligarchy: Pre-industrial Britain 1722–1783*. London: Longman, 1993.

Horowitz, Donald L. *Coup Theories and Officers' Motives: Sri Lanka in Comparative Perspective*. Princeton: Princeton University Press, 1980.

——. "Comparing Democratic Systems." In *The Global Resurgence of Democracy*, edited by Larry Diamond and Marc F. Plattner, 143–149. Baltimore: Johns Hopkins University Press, 1996.

Hudson, Manley O. *The Verdict of the League: China and Japan in Manchuria*. Boston: World Peace Foundation, 1933.

Hunter, Wendy."Contradictions of Civilian Control: Argentina, Brazil and Chile in the 1990s," *Third World Quarterly* 15, no. 4 (December 1994): 633–653.

Huntington, Samuel P. *The Soldier and the State: The Theory and Politics of Civil-Military Relations*. Cambridge: Belknap Press of Harvard University Press, 1957.（市川良一訳『軍人と国家』上下巻，原書房，1978年。）

—— . *Political Order in Changing Societies*. New Haven: Yale University Press, 1968.（内山秀夫訳『変革期社会の政治秩序』上下巻，サイマル出版会，1972年。）

——. *The Third Wave*. Norman: University of Oklahoma Press, 1991.（坪郷實，中道寿一，藪野祐三訳『第三の波：20 世紀後半の民主化』三嶺書房，1995年。）

—— . "Reforming Civil-Military Relations," *Journal of Democracy* 6, no. 4 (October 1995): 9–17.

Huntington, Samuel P., and Clement H. Moore, eds. *Authoritarian Politics in Modern Society.* New York: Basic Books. 1970.

Janowitz, Morris. *The Military in the Political Development of New Nations*. Chicago: University of Chicago Press, 1964.

Jenkins, Gwyn Harries, and Jacques van Doorn, eds. *The Military and the Problem of Legitimacy.* London: Sage, 1976.

Johnson, John, ed. *The Role of the Military in Underdeveloped Countries*. Princeton: Princeton University Press, 1962.

Johnson, Paul M., and William R. Thompson, eds. *Rhythms in Politics and Economics*. New York: Praeger, 1985.

Karl, Terry Lynn. "Imposing Consent? Electoralism vs. Democratization in El Salvador." In *Elections and Democratization in Latin America, 1980–1985*, edited by Paul W. Drake and Eduardo Silva, 9–36. San Diego: Center for Iberian and Latin American Studies, Center for U.S.-Mexican Studies, and Institute of the Americas, University of California, San Diego, 1986.

——. "Dilemmas of Democratization in Latin America," *Comparative Politics* 23, no. 1 (October 1990): 1–21.

Karl, Terry Lynn, and Philippe C. Schmitter. "Modes of Transition in Latin America, Southern and Eastern Europe," *International Social Science Journal* 43, no. 2 (May 1991): 269–284.

Kolb, Eberhard. *The Weimar Republic*, rep ed. London: Routledge, 1992.

Lakatos, Imre. "Falsification and the Methodology of Scientific Research Programmes." In *Criticism and the Growth of Knowledge*, edited by Imre Lakatos and Alan Musgrave. Cambridge: Cambridge University Press, 1970: 91–196.

Lakatos, Imre and Alan Musgrave, eds. *Criticism and the Growth of Knowledge*, Cambridge: Cambridge University Press, 1970.（森博監訳『批判と知識の成長』木鐸社，1985年。）

Lardeyret, Guy. "The Problem with PR." In *The Global Resurgence of Democracy,* edited by Larry Diamond and Marc F. Plattner, 175–180. Baltimore: Johns Hopkins University Press, 1996.

League of Nations: Information Section. *Summary of the Report of the Commission of Enquiry into the Sino-Japanese Dispute*. Geneva: League of Nations, 1932.

League of Nations, *Assembly Report on the Sino-Japanese Dispute*. Geneva: League of Nations, 1933.

Lepsius, M. Rainer. "From Fragmented Party Democracy to Government by Emergency Degree and National Socialist Takeover: Germany." In *The Breakdown of Democratic Regimes: Europe*, edited by Juan J. Linz and Alfred Stepan, 34–79. Baltimore: Johns Hopkins University Press, 1978.

Linz, Juan J."An Authoritarian Regime: Spain."In Cleavages, *Ideologies and Party Systems: Contributions to Comparative Political Sociology,* edited by Erik Allardt and Yrjo Littunen, 291–341. Helsinki: Academic Bookstore, 1964.

——. "From Falange to Movimiento-Organización: The Spanish Single Party and the Franco Regime, 1936–1968." In *Authoritarian Politics in Modern Society,* edited by Samuel P. Huntington and Clement H. Moore. 128–201. New York: Basic Books, 1970.

—— . "Opposition in and under an Authoritarian Regime: The Case of Spain." In *Regimes and Oppositions*, edited by Robert Dahl, 171–259. New Haven : Yale University Press, 1973.

—— . "Totalitarianism and Authoritarian Regimes." In *Handbook of Political Science* vol. 3: Macropolitical Theory, edited by Fred Greenstein and Nelson Polsby, 175–411. Reading: Addison Wesley Press, 1975.

—— .*The Breakdown of Democratic Regimes: Crisis, Breakdown, & Reequilibration*. Baltimore: Johns Hopkins University Press, 1978.（内山秀夫訳『民主体制の崩壊』岩波書店，1982年。）

——. "Legitimacy of Democracy and the Socioeconomic System." In *Comparing Pluralist Democracies*, edited by Mattei Dogan, 65–113. Boulder, CO: Westview, 1988.

—— . "Transitions to Democracy," *Washington Quarterly* 13, no. 3 (Summer 1990):143–161.

—— . "The Perils of Presidentialism." In *The Global Resurgence of Democracy,* edited by Larry Diamond and Marc F. Plattner, 124–142. Baltimore: Johns Hopkins University Press, 1996.

Linz, Juan J., and Alfred Stepan, eds. *The Breakdown of Democratic Regimes: Europe*. Baltimore: Johns Hopkins University Press, 1978.

—— , eds. *The Breakdown of Democratic Regimes: Latin America*. Baltimore: Johns Hopkins University Press, 1978.

—— . *Problems of Democratic Transition and Consolidation: Southern Europe, South America, and Post-Communist Europe*. Baltimore: Johns Hopkins University Press, 1996.

——. "Toward Consolidated Democracies," *Journal of Democracy* 7, no. 2 (April 1996): 14–33.

Lijphart, Arend. "Constitutional Choices for New Democracies." In *The Global Resurgence of Democracy,* edited by Larry Diamond and Marc F. Plattner, 162–174. Baltimore: Johns Hopkins University Press, 1996.

Lipset, Seymour Martin. *Political Man: The Social Bases of Politics*, exp. ed. Baltimore: Johns Hopkins University Press, 1981.（内山秀夫訳『政治の中の人間：ポリティカル・マン』東京創元新社，1963年。）

——. "The Social Requisites of Democracy Revisited," *American Sociological Review* 59, no. 1 (February 1994): 1–22.

Londregan, John B., and Keith T. Poole."Poverty, the Coup Trap, and the Seizure of Executive Power," *World Politics* 42, no. 2 (January 1990): 151–183.

Lowenthal, Abraham F. "Armies and Politics in Latin America: Introduction to the First Edition." In *Armies & Politics in Latin America*, rev. ed., edited by Abraham F. Lowenthal and J. Samuel Fitch, 3–25. New York: Holmes & Meier, 1986.

Lowenthal, Abraham F., and J. Samuel Fitch., eds. *Armies & Politics in Latin America*, rev. ed. New York: Holmes & Meier, 1986.

Luckham, A. R. "A Comparative Typology of Civil-Military Relations," *Government and Opposition* 6, no. 1 (Winter 1971): 5–35.

McDonough, Peter, Samuel H. Barnes, and Antonio López Pina. "The Growth of Democratic Legitimacy in Spain," *The American Political Science Review* 80, no. 3 (September 1986): 735–760.

Mackintosh, John P. *The British Cabinet*, 3rd. ed. London: Stevens & Sons Limited, 1977.

Mainwaring, Scott, Guillermo O'Donnell and J. Samuel Valenzuela, eds. Issues in *Democratic Consolidation: The New South American Democracies in Comparative Perspective*. Notre Dame: University of Notre Dame Press, 1992.

Maruyama, Masao. *Thought and Behaviour in Modern Japanese Politics*. Edited by Ivan Morris. London: Oxford University Press, 1963.

Merelman, Richard M."Learning and Legitimacy,"*The American Political Science Review* 60, no. 3 (September 1966): 548–561.

Merkl, Peter H. "Comparing Legitimacy and Values." In *Comparing Pluralist Democracies*, edited by Mattei Dogan, 19–63. Boulder, CO: Westview, 1988.

Mitani, Taichiro. "The Establishment of Party Cabinets." In *The Cambridge History of Japan* vol. 6, edited by Peter Duus, 55–96. Cambridge: Cambridge University Press, 1988.

Moore, Barrington, Jr. *Social Origins of Dictatorship and Democracy*. Boston: Beacon Press, 1966.（宮崎隆次他訳『独裁と民主政治の社会的起源：近代世界形成過程における領主と農民』第１，２巻，岩波書店，1986年。）

Morlino, Leonardo, and Jose R. Montero, "Legitimacy and Democracy in

Southern Europe." In *The Politics of Democratic Consolidation: Southern Europe in Comparative Perspective*, edited by Richard Gunther, P. Nikiforos Diamandouros, and Hans-Jürgen Puhle, 231–260. Baltimore: Johns Hopkins University Press, 1995.

Muller, Edward N., and Thomas O. Jukam."On the Meaning of Political Support," *The American Political Science Review* 71, no. 4 (December 1977): 1561–1595.

Najita, Tetsuo. *Hara Kei in Politics of Compromise, 1905–1915*. Cambridge: Harvard University Press, 1967.（安田志郎訳『原敬：政治技術の巨匠』読売新聞社，1974年。）

Najita, Tetsuo, and J. Victor Koschmann, eds. *Conflict in Modern Japanese History*. Princeton: Princeton University Press, 1987.

Needler, Martin. "Military Motivations in the Seizure of Power," *Latin American Research Review* 10, no. 3 (Fall, 1975): 63–79.

O' Donnell, Guillermo A. *Modernization and Bureaucratic-Authoritarianism: Studies in South American Politics*. Berkeley: Institute of International Studies, 1973.

——. "Reflections on the Patterns of Change in the Bureaucratic-Authoritarian State," *Latin American Research Review* 13, no. 1 (1978): 3–38.

——. "Modernization and Military Coups: Theory, Comparisons, and the Argentine Case," in *Armies and Politics in Latin America*, rev. ed., edited by Abraham F. Lowenthal and J. Samuel Fitch, 96–133. New York: Holmes & Meier, 1986.

——. "Delegative Democracy," *Journal of Democracy* 5, no. 1 (January 1994): 55–69.

——. "Illusions about Consolidation," *Journal of Democracy* 7, no. 2 (April 1996): 34–51.

O'Donnell, Guillermo, and Philippe C. Schmitter. *Transitions from Authoritarian Rule: Tentative Conclusions about Uncertain Democracies*. Baltimore: Johns Hopkins University Press, 1986.（真柄秀子，井戸正伸訳『民主化の比較政治学：権威主義支配以後の政治世界』未來社，1986年。）

O'Gorman, Frank. *The Emergence of the British Two-Party System*. London: Edward Arnold, 1982.

Ogata, Sadako. *Defiance in Manchuria*. Berkeley: University of California Press, 1964.

O'Kane, Rosemary H. T. "Probabilistic Approach to the Causes of Coup d'Etat," *British Journal of Political Science* 11, no. 3 (July 1981): 287–308.

Oren, Ido. "The Subjectivity of the 'Democratic' Peace," *International Security* 20, no. 2 (Fall 1995): 147–84.

Owen, John M. "How Liberalism Produces Democratic Peace," *International Security* 19, no. 2 (Fall 1994): 87–125.

Peukert, Detlev J. K. *The Weimar Republic*. New York: Hill and Wang, 1993.

Pion-Berlin, David. "Military Autonomy and Emerging Democracies in South America," *Comparative Politics* 25, no. 1 (October 1992): 83–102.

——."The Armed Forces and Politics: Gains and Snares in Recent Scholarship," *Latin American Research Review* 30, no. 1 (1995): 147–162.

Potash, Robert A. *The Army & Politics in Argentina: 1928–1945*. Stanford: Stanford University Press, 1969.

Powell, G. Bingham, Jr. Contemporary *Democracies: Participation, Stability, and Violence*. Cambridge: Harvard University Press, 1982.

Przeworski, Adam. *Democracy and the Market: Political and Economic Reforms in Eastern Europe and Latin America*. Cambridge: Cambridge University Press, 1991.

——. *Sustainable Democracy.* Cambridge: Cambridge University Press, 1995.（内山秀夫訳『サステナブル・デモクラシー』日本経済評論社，1999年。）

Przeworski, Adam, Michael Alvarez, Jose Antonio Cheibub, and Fernando Limongi, "What Makes Democracy Endure?" *Journal of Democracy* 7, no. 1 (January 1996): 39–55.

Przeworski, Adam and Henry Teune. *The Logic of Comparative Social Inquiry.* New York: Wiley-interscience, 1970.

Putnam, Robert D. "Toward Explaining Military Intervention in Latin America," *World Politics* 20, no. 1 (October 1967): 83–110.

—— . *Making Democracy Work: Civic Traditions in Modern Italy.* Princeton: Princeton University Press, 1993.（河田潤一訳『哲学する民主主義：伝統と改革の市民的構造』NTT 出版，2001年。）

Pye, Lucian. *Armies in the Process of Political Modernization*. Santa Monica, CA: RAND, 1961.

—— . *Asian Power and Politics: The Cultural Dimensions of Authority.* Cambridge: Belknap Press, 1985.（園田茂人訳『エイジアン・パワー』上下巻，大修館書店，1995年。）

—— . "Political Science and the Crisis of Authoritarianism," *The American Political Science Review* 84, no. 1 (March 1990): 3–19.

Quade, Quentin L. "PR and Democratic Statecraft." In *The Global Resurgence of*

Democracy, edited by Larry Diamond and Marc F. Plattner, 181–186. Baltimore: Johns Hopkins University Press, 1996.

Reischauer, Edwin O. *Japan: The Story of a Nation*. New York: Knopf, 1970.（鈴木重吉訳『日本：国のあゆみ』時事通信社，1971年。）

Remmer, Karen L. "The Political Impact of Economic Crisis in Latin America in the 1980s," *American Political Science Review* 85, no. 3 (September 1991): 777–800.

Robbins, Keith. *The Eclipse of a Great Power: Modern Britain, 1870–1992*. 2nd ed. London: Longman, 1994.

Rock, David. *Politics in Argentina 1890 – 1930: The Rise and Fall of Radicalism*. Cambridge: Cambridge University Press, 1975.

Russett, Bruce. *Grasping the Democratic Peace: Principles for a Post-Cold War World*. Princeton: Princeton University Press, 1993.（鴨武彦訳『パクス・デモクラティア：冷戦後世界への原理』東京大学出版会，1996年。）

Rustow, Dankwart A. "Transitions to Democracy," *Comparative Politics* 2, no. 3 (April 1970): 337–363.

Scalapino, Robert A. *Democracy and the Party Movement in Prewar Japan*. Berkeley: University of California Press, 1953.

Schmitter, Philippe C., and Terry Lynn Karl. "What Democracy Is...and Is Not," *Journal of Democracy* 2, no. 3 (Summer 1991): 75–88.

——. "The Types of Democracy Emerging in Southern and Easter Europe and South and Central America." *In Bound to Change: Consolidating Democracy in East Central Europe*, edited by Peter M. E. Volten, 42–68. Boulder, CO: Westview, 1992.

Shugart, Matthew Soberg, and John M. Carey. *Presidents and Assemblies: Constitutional Design and Electoral Dynamics*. Cambridge: Cambridge University Press, 1992.

Simon, Walter B. "Democracy in the Shadow of Imposed Sovereignty: The First Republic of Austria." In *The Breakdown of Democratic Regimes: Europe*, edited by Juan J. Linz and Alfred Stepan, 80–121. Baltimore: Johns Hopkins University Press, 1978.

Sklar, Richard. "Developmental Democracy," *Comparative Studies in Society and History* 29, no. 4 (October 1987): 686–714.

Smith, Peter H. *Politics and Beef in Argentina: Patterns of Conflict and Change*. New York: Columbia University Press, 1969.

——. *Argentina and the Failure of Democracy: Conflict among Political Elites 1904*

–1955. Madison: University of Wisconsin Press, 1974.

——. "The Breakdown of Democracy in Argentina, 1916–1930." In *The Breakdown of Democratic Regimes: Latin America*, edited by Juan J. Linz and Alfred Stepan, 3–27. Baltimore: Johns Hopkins University Press, 1978.

Spiro, David E. "The Insignificance of the Liberal Peace," *International Security* 19, no. 2 (Fall 1994): 50–86.

Steinmo, Sven, Kathleen Thelen, and Frank Longstreth. *Structuring Politics－Historical Institutionalism in Comparative Analysis*. Cambridge: Cambridge University Press, 1992.

Stepan, Alfred. *The Military in Politics: Changing Patterns in Brazil*. Princeton: Princeton University Press, 1971.

——. *Rethinking Military Politics: Brazil and the Southern Cone*. Princeton: Princeton University Press, 1988.（堀坂浩太郎訳『ポスト権威主義：ラテンアメリカ・スペインの民主化と軍部』同文館，1989年。）

Stimson, Henry. *The Far Eastern Crisis*. New York: Harper and Brothers, 1936.（清沢洌訳『極東の危機』中央公論社，1936年。）

Valenzuela, Arturo. "A Note on the Military and Social Science Theory," *Third World Quarterly* 7, no. 1 (January 1985): 132–143.

Varas, Augusto, ed. *Democracy under Siege*. New York: Greenwood Press, 1989.

Ward, Robert E., ed. *Political Development in Modern Japan*. Princeton: Princeton University Press, 1968.

Walker, Patrick Gordon. *The Cabinet: Political Authority in Britain*. New York: Basic Books, 1970.

Weatherford, M. Stephen. "Measuring Political Legitimacy," *American Political Science Review* 86, no. 1 (March 1992): 149–166.

Webb, R. K. *Modern England*, 2d. ed. New York: Harper Collins, 1980.

Weber, Max, Guenther Roth, and Claus Wittich, eds. *Economy and Society.* New York: Bedminster Press, 1968.

Whitaker, Arthur P. *Argentina*. Englewood Cliffs, NJ: Prentice-Hall, 1964.

Widmaier, Ulrich. "Tendencies Toward an Erosion of Legitimacy." In *Comparing Pluralist Democracies*, edited by Mattei Dogan, 143–167. Boulder, CO: Westview, 1988.

邦文（五十音順）

朝尾直弘他編『日本歴史』第15–20巻，岩波書店，1975年，1976年。

浅野和生『大正デモクラシーと陸軍』関東学園大学，1994年。

安達三季夫「小作調停法」鵜飼信成他編『日本近代法発達史』第７巻，勁草書房，1959年，37-86頁。

雨宮昭一「血盟団事件」我妻栄他編『日本政治裁判史録：昭和・前』第一法規，1970年，400-461頁。

雨宮昭一『近代日本の戦争指導』吉川弘文館，1997年。

粟屋憲太郎『東京裁判論』大月書店，1989年。

粟屋憲太郎『昭和の政党』〈小学館ライブラリー　昭和の歴史　6〉小学館，1994年。

安藤良雄編『両大戦間の日本資本主義』東京大学出版会，1979年
安藤良雄「両大戦間の日本資本主義」安藤良雄編『両大戦間の日本資本主義』東京大学出版会，1979年，3-49頁。

五百旗頭真「陸軍による政治支配」三宅正樹他編『大陸侵攻と戦時体制』〈昭和史の軍部と政治　2〉第一法規，1983年，3-56頁。

池井優，波多野勝，黒沢文貴編『濱口雄幸日記，随感録』みすず書房，1991年。

石上良平『政党史論：原敬歿後』中央公論社，1960年。

石橋湛山全集編纂委員会編『石橋湛山全集』第３，５，７，８巻，東洋経済新報社，1971年。

石橋湛山「何の為の選挙権拡張ぞ」『石橋湛山全集』第３巻，東洋経済新報社，1971年，3-７頁。

石橋湛山「今期議会の功績」『石橋湛山全集』第５巻，東洋経済新報社，1971年，77-79頁。

石橋湛山「衆議院を解散すべし」『石橋湛山全集』第５巻，東洋経済新報社，1971年，101-103頁。

石橋湛山「井上蔵相の旧平価解禁論を評す」『石橋湛山全集』第７巻，東洋経済新報社，1971年，72-104頁。

石橋湛山「首相遭難の根因　改良を要する議会制度」『石橋湛山全集』第７巻，東洋経済新報社，1971年，407-410頁。

石橋湛山「濃厚化せる政変来の予想」『石橋湛山全集』第７巻，東洋経済新報社，1971年，424-427頁。

石橋湛山「近来の世相ただ事ならず」『石橋湛山全集』第８巻，東洋経済新報社，1971年，7-10頁。

石橋湛山「指導階級の陥れる絶大の危険思想」『石橋湛山全集』第８巻，東洋経済新報社，1971年，14-17頁。

石橋湛山「非合法化傾向愈よ深刻化せんとす」『石橋湛山全集』第８巻，東洋経済新報社，1971年，33-37頁。

伊藤隆『昭和初期政治史研究』東京大学出版会，1969年。

伊藤隆『十五年戦争』〈日本の歴史 30〉小学館，1976年。

伊藤隆『昭和期の政治』山川出版社，1983年。

伊藤隆「昭和政治史研究への一視角」同『昭和期の政治』山川出版社，1983年，3-30頁。

伊藤隆「ファシズム論争その後」近代日本研究会編『近代日本研究の検討と課題』〈近代日本研究　10〉山川出版社，1988年，310-323頁。

伊藤隆編『大正初期山県有朋談話筆記／政変想出草』山川出版社，1981年。

伊藤隆，佐々木隆編，鈴木貞一「鈴木貞一日記」『史学雑誌』87巻，1号，1978年1月，68-95頁。

伊藤隆・広瀬順晧編『牧野伸顕日記』中央公論社，1990年。

伊藤之雄『大正デモクラシーと政党政治』山川出版社，1987年。

伊藤之雄「日露戦争への政治過程」山本四郎編『日本近代国家の形成と発展』吉川弘文館，1996年，227-288頁。

伊東巳代治「憲法図ト軍令軍政内閣管制ト軍令軍機公式令ト軍令軍機」小林龍夫編『翠雨荘日記』原書房，1966年，826-828頁。

稲場正夫他編『太平洋戦争への道　別巻　資料編』朝日新聞社，1963年。

井上光貞，永原慶二，児玉幸多，大久保利謙編『明治国家の成立』〈普及版　日本歴史体系　13〉山川出版社，1996年。

井上光貞，永原慶二，児玉幸多，大久保利謙編『明治憲法体制の展開・上』〈普及版　日本歴史体系　14〉山川出版社，1996年。

井上光貞，永原慶二，児玉幸多，大久保利謙編『明治憲法体制の展開・下』〈普及版　日本歴史体系　15〉山川出版社，1996年。

井上光貞，永原慶二，児玉幸多，大久保利謙編『第一次世界大戦と政党内閣』〈普及版　日本歴史体系　16〉山川出版社，1996年。

井上光貞，永原慶二，児玉幸多，大久保利謙編『革新と戦争の時代』〈普及版　日本歴史体系　17〉山川出版社，1997年。

猪俣津南雄『窮乏の農村』改造社，1934 年。

上原勇作関係文書研究会編『上原勇作関係文書』東京大学出版会，1976年。

ウェーバー，マックス『支配の諸類型』創文社，1970年。

鵜飼信成，福島正夫，川島武宜，辻清明編『日本近代法発達史』第7巻，勁草書房，1959年。

内田健三，金原左門，古屋哲夫編『日本議会史録』第2，3巻，第一法規，1990年。

内海徹「政変想出草」伊藤隆編『大正初期山県有朋談話筆記／政変想出草』山川出版社，1981年，145-180頁。

梅村又次他『労働力』〈長期経済統計　2〉東洋経済新報社，1988年。

江口圭一『十五年戦争の開幕』〈小学館ライブラリー　昭和の歴史　4〉小学館，1994年。

大石嘉一郎編『日本帝国主義史』第1，2巻，東京大学出版会，1985年，1987年
大川一司，高松信清，山本有造『国民所得』〈長期経済統計　1〉東洋経済新報社，1974年。

大久保利謙『政治史』第3巻〈体系日本史叢書　3〉山川出版社，1967年。

大蔵省編『歳計』〈昭和財政史　3〉東洋経済新報社，1955年。

大河内一男，松尾洋『日本労働組合物語：大正』筑摩書房，1965年。

大河内一男，松尾洋『日本労働組合物語：昭和』筑摩書房，1965年。

大島太郎「勲章鉄道疑獄事件：政党政治における汚職の露呈」我妻栄他編『日本政治裁判史録：昭和前』第一法規，1970年，305-358頁。

大島美津子「松島遊廓事件」我妻栄他編『日本政治裁判史録：昭和前』第一法規，1970年，97-122頁。

岡義武，林茂校訂『大正デモクラシー期の政治—松本剛吉政治日誌』岩波書店，1959年。

岡義武『転換期の大正』〈岡義武選集　3〉岩波書店，1992年。

岡田啓介「岡田啓介日記」小林龍夫，島田俊彦編『満州事変』みすず書房，1964年，3-34頁。

緒方貞子『満州事変と政策の形成過程』原書房，1966年。

小川平吉文書研究会編『小川平吉文書』第1，2巻，みすず書房，1973年。

角田順校訂『宇垣一成日記』第1，2巻，みすず書房，1968年，1970年。

桂太郎「覚書」国立国会図書館憲政史料室蔵「桂太郎関係文書」102頁，歴史学研究会編『日本史史料』第4巻，岩波書店，1997年，277-278頁。

加藤淳子「新制度論をめぐる論点」『レヴァイアサン』15号，1994年，176-182頁。

川人貞史『日本の政党政治　1890-1937年　議会分析と選挙の数量分析』東京大学出版会，1992年。

河原宏「清浦内閣」林茂，辻清明編『日本内閣史録』第3巻，第一法規，1981年，1-23頁。

河原宏「濱口内閣」林茂，辻清明編『日本内閣史録』第3巻，第一法規，1981年，177-219頁。

北岡伸一『日本陸軍と大陸政策』東京大学出版会，1978年。

北岡伸一「陸軍派閥対立の再検討」近代日本研究会編『昭和期の軍部』〈年報・近代日本研究　1〉山川出版社，1979年，44-95頁。

北岡伸一『政党から軍部へ』〈日本の近代　5〉中央公論新社，1999年。

木坂順一朗「軍部とデモクラシー」日本国際政治学会編『平和と戦争の研究』国際政治38号〉有斐閣，1969年，1-41頁。

木坂順一朗「大政翼賛会の成立」朝尾直弘他編『日本歴史』第20巻，岩波書店，1976年，269-314頁。

木戸幸一『木戸幸一日記』上巻，東京大学出版会，1966年。

許世揩「朴烈事件」我妻栄他編『日本政治裁判史録：大正』第一法規，1969年，379-411頁。

纐纈厚『総力戦体制研究』三一書房，1981年。

河野密『日本社会政党史』中央公論社，1960年。

河本大作「私が張作霖を殺した」『文芸春秋』32巻，18号，1954年12月，194-201頁。

小林龍夫「海軍軍縮条約」日本国際政治学会編『太平洋戦争への道』第1巻，朝日新聞社，1963年，1-160頁。

小林龍夫編『翠雨荘日記』原書房，1966年。

小林龍夫，島田俊彦編『満州事変』みすず書房，1964年。

戸部良一『逆説の軍隊』〈日本の近代　9〉中央公論新社，1998年。

小堀貴子「アメリカ政治学における『新制度論』」『法学政治学論究』21号，1994年，315-350頁。

酒井哲哉『大正デモクラシー体制の崩壊』東京大学出版会，1992年。

佐郷屋嘉昭「なぜ濱口首相を殺したか」山崎宏編『昭和恐慌』〈目撃者が語る昭和史　2〉新人物往来社，1989年，209-220頁。

篠原一『ヨーロッパの政治』東京大学出版会，1986年。

篠原三代平『鉱工業』〈長期経済統計　10〉東洋経済新報社，1972年。

信夫清三郎『大正デモクラシー史』日本評論新社，1968年。

島田俊彦「満州事変の展開」日本国際政治学会編『太平洋戦争への道』第2巻，朝日新聞社，1962年，1-188頁。

清水洋二「農業恐慌」大石嘉一郎編『日本帝国主義史』第2巻，東京大学出版会，1987年，255-294頁。

下村千秋「飢餓地帯を歩く―東北農村惨状報告書」『中央公論』47巻2号，1932年2月，142-156頁。

鈴木文治「労働者の立場より原新内閣に望む」法政大学大原社会問題研究所，総同盟五十年史刊行委員会編『友愛会機関誌：労働及び産業』第8巻，法政大学出版局，238-241頁。

鈴木文治「勤労無産者の生活安定を」『改造』10巻3号，1928年3月，102-103頁。

隅谷三喜男編『昭和恐慌』有斐閣，1974年。

関寛治「満州事変前史」日本国際政治学会編『太平洋戦争への道』第１巻，朝日新聞社，1963年，285-440頁。

高橋亀吉「生産者本位の小作法制定のために」『改造』10巻３号，1928年３月，96-97頁。

高橋幸八郎編『日本近代化の研究』下巻，東京大学出版会，1972年
高橋進，宮崎隆次「政党政治の定着と崩壊」坂野潤治，宮地正人編『日本近代史における転換期の研究』山川出版社，1985年，225-256頁。

高橋秀直「陸軍軍縮の財政と政治」近代日本研究会編『官僚制の形成と展開』〈年報・近代日本研究８〉山川出版社，1986年，143-183頁。

高橋秀直「原内閣下の議会」内田健三，金原左門，古屋哲夫『日本議会史録』第２巻，第一法規出版，1990年，189-260頁。

高橋正衛『昭和の軍閥』中央公論社，1969年。

武田晴人「労資関係」大石嘉一郎編『日本帝国主義史』第１巻，東京大学出版会，1985年，273-310頁。

田中義一伝記刊行会『田中義一伝記』上下巻，田中義一伝記刊行会，1957年，1960年。

筒井清忠『昭和期日本の構造』有斐閣，1984年。

長幸男「昭和恐慌２」隅谷三喜男編『昭和恐慌』有斐閣，1974年，197-245頁。

帝国農会『小作法に関する参考資料』帝国農会，1928年。

暉峻衆三『日本農業問題の展開』上巻，東京大学出版会，1970年。

内閣統計局編『日本帝国第９統計年鑑』東京統計協会，1890年。

内閣統計局編『日本帝国第21統計年鑑』東京統計協会，1902年。

内閣統計局編『第48回日本帝国統計年鑑』東京統計協会，1929年。

永井和『近代日本の軍部と政治』思文閣，1993年。

長岡新吉編『近代日本の経済：統計と解説』ミネルヴァ書房，1989年。

中村隆英『日本経済：その成長と構造』[第３版]東京大学出版会，1993年。

中村隆英『戦前期日本経済成長の分析』岩波書店，1971年。

中村隆英『昭和史：1926-1945』東洋経済新報社，1993年。

中村政則「大恐慌と農村問題」朝尾直弘他編『日本歴史』第19巻，岩波書店，1976年，135-185頁。

中村政則『昭和の恐慌』〈小学館ライブラリー　昭和の歴史　２〉小学館，1994年。

西田美昭「農民運動と農業政策」大石嘉一郎編『日本帝国主義史』第２巻，東京大学出版会，1987年，295-330頁。

西田美昭「農民運動の発展と地主制」朝尾直弘他編『日本歴史』第18巻，岩

波書店，1975年，141-181頁。

日本近代史料研究会，木戸日記研究会編『鈴木貞一氏談話速記録』上下巻，日本近代史料研究会，1971年，1974年。

日本国際政治学会編『太平洋戦争への道』第1，2巻，朝日新聞社，1962年，1963年。

農民組合五十周年記念祭実行委員会編『農民組合運動五十年史』御茶の水書房，1972年。

農民組合史刊行会『農民運動史』日本民政調査会，1960年。

秦郁彦『軍ファシズム運動史』河出書房，1962年。

林茂・辻清明編『日本内閣史録』第2-4巻，第一法規，1981年。

林宥一「階級の成立と地域社会」坂野潤治他編『日本近現代史』第3巻，岩波書店，1993年，25-64頁。

林宥一，安田浩「社会運動の諸相」歴史学研究会，日本史研究会編『日本歴史』第9巻，東京大学出版会，1985年，171-222頁。

原奎一郎編『原敬日記』第5巻，福村出版，1965年。

原田熊雄『西園寺公と政局』第1，2巻，岩波書店，1950年。

坂野潤治『明治憲法体制の確立』東京大学出版会，1971年。

坂野潤治『大正政変』ミネルヴァ書房，1994年。

坂野潤治『近代日本の国家構想』岩波書店，1997年。

坂野潤治「政党政治の確立」歴史学研究会，日本史研究会編『日本歴史』第9巻，東京大学出版会，1985年，83-121頁。

坂野潤治「『憲政常道』と『協力内閣』」近代日本研究会編『政党内閣の成立と崩壊』〈年報・近代日本研究　6〉山川出版社，1984年，183-203頁。

坂野潤治「外交官の誤解と満州事変の拡大」『社会科学研究』35巻，5号，45-68頁。

坂野潤治「政党内閣の崩壊」坂野潤治，宮地正人編『日本近代史における転換期の研究』山川出版社，1985年，349-401頁。

坂野潤治，宮地正人編『日本近代史における転換期の研究』山川出版社，1985年。

深山喜一郎「第1次大戦後のわが国における労働組合法案の展開」高橋幸八郎編『日本近代化の研究』下巻，東京大学出版会，1971年，89-116頁。

藤田嗣雄『明治軍制』信山社，1992年。

二村一夫「労働者階級の状態と労働運動」朝雄直弘他編『日本歴史』第18巻，岩波書店，1975年，93-140頁。

舩木繁『岡村寧次大将』河出書房新社，1984年。

古屋哲夫「金解禁，ロンドン条約，満州事変」内田健三，金原左門，古屋哲

夫編『日本議会史録』第3巻，第一法規，1990年，65-125頁。

前田蓮山『原敬伝』上下巻，高山書院，1943年。

増田知子「政党内閣と枢密院」近代日本研究会編『政党内閣の成立と崩壊』〈年報・近代日本研究 6〉山川出版社，1984年，143-181頁。

升味準之輔『日本政党史論』第3-5巻，東京大学出版会，1967年，1968年，1979年。

松尾尊兊『普通選挙制度成立史の研究』岩波書店，1989年。

松下芳男『明治軍制史論』下巻，国書刊行会，1978年。

松本清張『昭和史発掘』第1，4巻，文芸春秋社，1965年，1966年。

御厨貴「国策統合機関設置問題の史的展開」日本近代研究会編『昭和期の軍部』〈年報・近代日本研究 1〉山川出版社，1979年，122-172頁。

三谷太一郎「政党内閣期の条件」中村隆英，伊藤隆編『増補版 近代日本研究入門』東京大学出版会，1983年，68-86頁。

三谷太一郎「政友会の成立」同『増補 日本の政党政治の形成』東京大学出版会，1995年，1-46頁。

三谷太一郎「天皇機関説事件の政治史的意味」同『近代日本の戦争と政治』岩波書店，1997年，225-261頁。

御手洗達夫『南次郎』南次郎伝記刊行会，1957年。

美濃部達吉「正義に基づく政治」『改造』6巻7号，1924年7月，112-113頁。

美濃部達吉「挙国一致内閣の成立」『中央公論』47巻7号，1932年7月，30-33頁。

宮沢俊義校註，伊藤博文『憲法義解』岩波書店，1940年。

三輪良一「労働組合法制定問題の歴史的位置」安藤良雄編『両大戦間の日本資本主義』東京大学出版会，1979年，237-288頁。

三宅正樹「第二次近衛内閣」林茂・辻清明編『日本内閣史録』第4巻，第一法規，1981年，201-276頁。

宮崎隆次「大正デモクラシー期の農村と政党」『国家学会雑誌』93巻，7-12号，1980年，445-511頁，693-750頁，855-923頁。

宮崎隆次「戦前日本の政治発展と連合政治」篠原一編『連合政治I』岩波書店，1984年，197-256頁。

宮本盛太郎「広田内閣」林茂・辻清明編『日本内閣史録』第3巻，第一法規，1981年，393-419頁。

森島五郎，柳井久男編『日本外交史』第18巻，鹿島研究所出版会，1973年。

山浦貫一『森格』高山書院，1941年。

山川均「軍服の政治よりフロックコートの政治へ」『山川均全集』第2巻，勁草書房，1966年，109-118頁。

山川均「護憲内閣」『改造』６巻７号，1924年７月，113-115頁。

山口定『政治体制』東京大学出版会，1989年。

山本四郎「斉藤内閣の成立をめぐって」『史林』59巻，5号，1976年９月，42-78頁。

吉井研一「対中国政策の転換と議会」内田健三，金原左門，古屋哲夫編『日本議会史録』第３巻，第一法規，1991年，1-63頁。

吉野作造「原内閣に對する要望」『中央公論』33巻11号，1918年10月，80-87頁。

吉野作造（古川学人のペンネームで執筆）「原首相に呈する書」『中央公論』33巻12号，1918年11月，49-51年。

吉野作造『吉野作造選集』第３，４，別巻，岩波書店，1995-97年。

吉野作造「現内閣の運命を決すべき転機」『吉野作造選集』第３巻，岩波書店，1995年，321-325頁。

吉野作造「新内閣に対する期待」『吉野作造選集』第４巻，岩波書店，1996年，83-85頁。

吉野作造「現代政局の展望」『吉野作造選集』第４巻，岩波書店，1996年，247-299頁。

吉野作造「選挙と金と政党」『吉野作造選集』第４巻，岩波書店，1996年，353-360頁。

歴史学研究会編『太平洋戦争史』第１巻，青木書店，1971年。

歴史学研究会・日本史研究会編『日本歴史』第９，10巻，東京大学出版会，1985年
我妻栄他編『日本政治裁判史録：大正』第一法規，1969年。

我妻栄他編『日本政治裁判史録：昭和前』第一法規，1970年。

若槻礼次郎『古風庵回顧録』読売新聞社，1950年。